本书受上海对外经贸大学一流本科和应用型本科试点专业
建设项目支持

复旦卓越·21世纪管理学系列

跨文化管理沟通

马文杰　苏　勇　编著

Cross-cultural Management
Communication

内 容 提 要

本书在介绍跨文化管理沟通基本理论的基础上，通过大量翔实生动的案例、巧妙设计的模拟实践活动，帮助读者了解不同国家和地区的人们在管理和沟通上存在的差异，并提供与之相应的跨文化管理沟通技能，辅之以配套的自我测试，实现理论和实践相结合，提高读者的跨文化管理沟通能力。

全书共分 10 章，前三章为跨文化沟通的导论、基本理论和新兴理论，为读者学习跨文化沟通提供理论基础；随后介绍语言与跨文化沟通和非语言与跨文化沟通的内容和类型，进而介绍跨文化沟通中可能存在的冲突以及应对措施。在此基础上，本书还对跨文化谈判和其中的细节以及对跨文化团队的管理、人力资源实践进行阐述，为跨文化团队发展提供借鉴，最后为跨文化营销提出相应的建议与对策。

本书的适用对象为各大高校经管类学院的本科生以及研究生（含 MBA 和 EMBA 学员），尤其是国际商务专业与工商管理专业，同时也适用于从事国际商务活动或者跨国公司经营的管理者，以及在各类跨国公司工作的员工。

前　言

随着"一带一路"倡议的提出,依托企业经营打造与世界各国经济和文化相互融合的利益和责任共同体,成为企业发展经营的重中之重。与此同时,越来越多的企业意识到,跨国经营已经成为企业实现可持续发展的必然途径。

十九大报告提出,要培育具有全球竞争力的世界一流企业。虽然目前越来越多的中国企业开始走出国门,但是真正具有国际影响力的跨国公司还不多。因此,未来我们要努力培育在全球产业链中处于优势地位、掌握产业话语权、占据国际市场主要份额、具有世界影响的跨国公司。实现这一目标最终还是要落实到企业员工身上。然而,从上汽并购韩国双龙、TCL并购汤姆逊以及近期的福耀集团开设美国工厂等案例中可以看出,跨文化矛盾和冲突给中国企业走出去带来一定的障碍。因此,对于当代青年而言,掌握跨文化管理沟通技能,不仅仅是为了自己能够适应全球化竞争的大背景,成为一名优秀的跨文化经营和管理者,更是承载着祖国的希望,为中国企业成功实现"走出去"战略,实现社会主义伟大事业增砖添瓦。

基于此,我们编写了《跨文化管理沟通》,主要目的是希望读者能通过这本教材了解不同国家和地区的人们在管理和沟通上存在的差异,提高自己的跨文化管理沟通技能,进而成为企业跨国经营的栋梁之才。本书主要有如下四个方面特色:

1. 理论和实践相结合。"实践是检验真理的唯一标准"。基于此,本书设计了一些模拟实践活动,如传话游戏、跨文化谈判模拟实验等。在跨文化谈判模拟实验中,学生可以体验不同文化群体在谈判时可能面临的沟通障碍,有助于学生反思如何更有效地进行跨文化谈判,提高自己的跨文化管理沟通能力。

2. 客观阐述国家之间的文化差异。目前,跨文化管理沟通的相关教材或著作大多是从西方文化的视角出发,着重于对西方文化的阐述。由于文化、历史的不同,这些西方学者对中国文化的精髓把握不够,他们对以中国为代表的东方文化认识也失之偏颇,其梳理也缺乏系统性、深入性。事实上,中华民族的优秀文化是五千年来祖先精神和智慧的凝聚,蕴藏着中国实现可持续发展的重要基因。基于此,本教材希望在传授传统文化、跨文化知识的同时,引导学生们客观地对待西方文化,并能够在跨文化管理沟通中尊重文化多元性,把握文化差异性,强化文化引领性,以期在以后的工作中能够有效地推进企业之间的求同存异、合作共赢,为我国企业在国外的稳健发展提供有力的支撑。

3. 翔实生动的案例。本书引入大量翔实生动的案例来阐述跨文化管理沟通的相关理论,这些案例包含企业实践案例、作者和一些曾经深度融入不同文化的个体的亲身体会,以及跨文化管理沟通相关电影中的片段赏析等。通过这些翔实生动的案例,培养学生发现跨文化相关问题、分析跨文化管理与沟通问题并解决这种互动问题的能力,进一步培养学生发现问题、分析问题以及解决问题的能力。

4. 与理论配套的自我测试。在讲解跨文化基本理论时,本书也引入了相应的测试题,学生可以通过测试了解自己的价值观、文化智商以及自己对不同文化的熟悉程度等,增强了知识的应用性。

在本书的编写过程中,上海对外经贸大学的韩晓雪、黄璇、王嘉怡、刘金洋、袁铁以及上海工程技术大学的项晨、喻晓沁同学参与了有关资料的整理工作,曾就读于澳大利亚墨尔本皇家理工大学以及罗马尼亚萨格勒布大学的黄姝悦同学提供了有关澳大利亚和罗马尼亚的相关文化资料,旅居日本多年的庞丹女士以及韩国的毕桁女士提供了有关日本和韩国的文化资料,在法国一家外企工作的施瞳瞳女士提供了有关法国的文化资料,在此,向他们一并表示诚挚的感谢!本书参考了大量国内外论著、文献以及其他资料,谨向作者们致谢!最后,感谢上海对外经贸大学的各级领导对本书出版给予的支持,感谢高运胜教授在本书撰写过程中提供的大力支持和帮助!

编著者

2022 年 3 月

目 录

- 第 1 章　**导论** ········ 001
  - 1.1　文化的定义 ········ 002
  - 1.2　文化的层次 ········ 004
  - 1.3　文化的正态分布 ········ 006
  - 1.4　文化与沟通 ········ 007
  - 1.5　跨文化管理沟通 ········ 011
  - 思考题 ········ 015
  - 章末案例　肯德基卖螺蛳粉，百胜中国继续加码本土化 ········ 016

- 第 2 章　**文化差异基本理论** ········ 021
  - 2.1　文化维度理论 ········ 022
  - 2.2　六大价值取向理论 ········ 041
  - 2.3　文化架构理论 ········ 047
  - 思考题 ········ 054
  - 章末案例　吉利并购沃尔沃的跨文化管理 ········ 055

- 第 3 章　**跨文化管理新兴理论** ········ 061
  - 3.1　文化地图 ········ 062
  - 3.2　文化隐喻 ········ 078
  - 3.3　刻板印象 ········ 082
  - 思考题 ········ 085
  - 章末案例　印度人在美国 ········ 086

第 4 章　语言与跨文化沟通　096

4.1　语言沟通　098

4.2　语言交流障碍　101

4.3　对话范式障碍：插嘴与沉默　104

4.4　语言认知障碍：高语境与低语境　109

思考题　117

章末案例　日本乐天公司的英语化　118

第 5 章　非语言与跨文化沟通　124

5.1　文化与非语言沟通　125

5.2　非语言沟通的类型　128

5.3　跨文化沟通中的空间距离　133

思考题　137

章末案例　一次升职面谈带来的意外　138

第 6 章　跨文化冲突　142

6.1　冲突及跨文化冲突　144

6.2　跨文化冲突对跨国公司经营的影响　148

6.3　管理跨文化冲突　150

思考题　158

章末案例　福耀集团的全球化之路　159

第 7 章　跨文化谈判　164

7.1　谈判概述　165

7.2　文化差异对谈判的影响　170

7.3　跨文化谈判的策略　176

7.4　跨文化谈判的模拟练习　180

思考题　185

章末案例　加拿大坎沃公司与中国壁纸厂的谈判　186

第 8 章 跨文化团队管理 ································ 189

8.1 团队概述 ···································· 190
8.2 跨文化团队的类型和特征 ···················· 193
8.3 跨文化团队的优势和劣势 ···················· 198
8.4 跨文化团队管理 ······························ 202
思考题 ·· 208
章末案例 麦戈瑞公司的跨文化团队冲突 ········ 209

第 9 章 跨文化人力资源管理 ························ 212

9.1 跨文化人力资源管理的模式 ·················· 213
9.2 跨文化人力资源的招聘 ······················· 216
9.3 外派人员文化管理 ···························· 221
9.4 跨文化人力资源培训 ·························· 226
思考题 ·· 230
章末案例 何去何从的跨文化人力资源管理 ······ 231

第 10 章 跨文化营销 ································ 233

10.1 营销与跨文化营销 ·························· 234
10.2 跨文化市场调研 ····························· 237
10.3 跨文化产品研发 ····························· 240
10.4 跨文化促销 ································· 244
思考题 ·· 249
章末案例 宝洁公司的跨文化营销 ················ 250

参考文献 ·· 254

第1章 导　　论

教学目的和要求
1. 了解文化的定义；
2. 了解文化的层次和正态分布；
3. 掌握文化与沟通的关系；
4. 掌握文化对管理的影响。

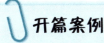开篇案例

安妮的一天

美国人安妮是一个在英国伦敦大学读书的留学生，今天是她新学期开学的第一天，让我们来跟着她一起从生活中感受全球化吧！

清晨，她在闹铃中醒过来，伸了个懒腰后，她立刻起床去卫生间洗漱。我们来看一下她的卫生间：松下智能马桶、飞利浦电动牙刷、斐珞尔洁面仪以及戴森吹风机。洗漱完毕后，她开始护肤和化妆，化妆桌上摆着资生堂、雅漾以及雅诗兰黛。收拾好后，她从海尔冰箱里拿出提前准备好的水果装进书包里，关掉美的空调，离开公寓去上学了。

从租房里出来后，她大概需要步行20分钟到学校。街道上车辆川流不息，有美国的别克、特斯拉、雪佛兰，德国的奔驰、宝马、大众、奥迪，中国的荣威，日本的丰田，英国的路虎、宾利，意大利的兰博基尼，法国的雷诺，韩国的现代等。为了节省时间，今天安妮决定去肯德基购买方便快捷的早餐，沿街有很多各个国家的餐饮加盟店，仅仅在一条街上就可以便利地享用全球各地的美食。乐购、家乐福等大型超市里也汇聚了许多国家的多种品牌产品。

到了教室后，同学们打开书包拿出自己的学习工具，大多数同学上课时会准备笔记本电脑，而这小小的笔记本电脑中也体现着生产全球化。拿安妮使用的联想笔记本电脑来举例子，它需要全球各地的多个合作伙伴来共同完成：CPU是美国生产的，内存条是韩国生产的，屏幕是日本生产的，操作系统是微软的，显卡是中国台湾

生产的。一个笔记本电脑的诞生凝聚了不同地区的力量,人们把工作拆解开来分配给更具有生产优势的地区来做。

这只是安妮普普通通的一天。从这个片段中,我们可以直观地感受到当今世界全球化的发展状态,全球化已然高度融合到人们生活的方方面面。安妮的衣食住行可以接触到各个国家各个品牌的产品,虽然仅仅生活在一个城市里,但是可以眼观世界并体会全球的联动。在全球化的时代下,资源与资本在全球范围内合理配置,全球产品是商品跨国生产的结果,越来越多的企业选择了跨国经营和商品跨国生产的发展形式,跨国公司越来越成为世界经济的主导力量。

在从事国际商务活动时,掌握跨文化管理沟通能力,了解其他国家和地区的文化,对于有效地管理来自全球的员工,精准地把握不同地区消费者的需求,实现不同国家和地区的协调合作、有效运营的重要性不言而喻。

1.1 文化的定义

文化是什么?就如同一百个人眼中可能有一百个哈姆雷特,不同的学者对文化的定义也不尽相同。最早对文化进行系统研究的是美国人类学家克罗伯(Kroeber)和克拉克洪(Kluckhohn),两位学者于1952年出版了《文化:一个概念和定义的评述》一书,其中收录了166条有关文化的定义。70年过去了,有关文化的定义更是达到数百条甚至上千条。

"文化"一词源自拉丁文"Cultura",其主要的含义是指经过人类的耕作、培养、教育以及学习等而发展出来的各种事物和行为方式。这一历史背景催生了诸多学者对文化的广义定义。其中具有代表性的是赫斯科维茨(Herskovits)对文化的定义,在《文化人类学》一书中,他指出,文化是由人类所创造的一切东西。换言之,除了原生态的自然之外,所有由人类创造的东西都可以称为文化,包括看得见、摸得着的物质文化,以及看不见、摸不到但却影响人们一言一行的社会规范和价值观等。然而,这一定义涵盖的内容过于广泛,后来没有被文化领域的学者采用。

部分学者认为,文化就是对某一民族和地区文明的描述。这一流派代表性的定义来自英国人类学家泰勒(Tylor),他认为文化或者文明是一个复杂的体系,包括知识、信仰、法律、艺术、伦理道德、社会风俗和作为社会成员的人通过学习而获得的任何其他能力和习惯。这也是较早提出的有关文化的较为科学全面的定义,被学术界广为认可,沿用至今。马林诺夫斯基(Malinzowski)在《文化论》一书中认为:"文化是指那一群传统的器物、货品、技术、思想、习惯及价值而言的,并且包括社会组织。"①

也有部分学者从历史的角度出发,认为文化是历史的传承。例如,美国文化语言学奠基人萨皮尔(Sapir)认为,文化是人类生活中任何通过社会遗传下来的物质和精神产品。这一流派更强调文化的传承性。

更多的学者将文化视为一种社会规范和价值观,是一个社会群体中的人们习得的知识在风俗、传统以及规制和制度方面的体现。例如,托马斯(Thomas)认为:"文化是指任何无论是野蛮人还是文明的人群所拥有的物质和社会价值观(他们的制度、风俗、态度和行为反应)。"②

以上视角似乎更为关注文化的历史性和描述性,这在很大程度上解释了文化为什么会存在以及文化是如何形成的。然而,却很难解释为什么文化会发生变化。为了解决这一问题,部分学者从心理学的角度来探究文化的可习得性。美国人类学家萨姆纳(Sumner)和凯勒(Keller)认为,文化是"人类为适应他们的生活环境所作出的调整行为的总和"。荷兰学者霍夫斯泰德(Hofstede)则认为文化是在一个地区或环境下人们共同拥有的心理程序,这种心理程序能将一群人与其他人区分开来,会影响人们关注什么、如何做事以及如何评判他人或事物。心理学家蔡·安迪斯(Cai Andes)也持有类似的观点,认为文化是那些已经被人们认同并内化的标准运作程序和行为处事方式,是无需言喻地对事物的基本假设③。法国学者维克多·埃尔(Victor El)在《文化概念》一书中认为:"文化就是对人进行智力、美学和道德方面的培养,文化并不是包括行为、物质创造和制度的总和。"④可以看出,这类定义更强调学习因素这一非遗传特性在文化中的重要性。

综合以上观点,文化可以被定义为由人类创造,经过历史检验后传承下来的物质和精神财富。文化主要具有如下特征。

(1) 群体共享。文化并不是某个特殊个体的特征,而是某一地区群体或民族所共享的一种东西。某个人或者某几个人具备某些特征,称不上是一种文化。只有当这个地区或群体中的大部分人都具备这些特征的时候,才能称得上是一种文化。文化是在群体成员的认知和行为基础上建立起来的观念体系。

(2) 外在显性和内在隐性共存。文化同时包括可以客观显性的物质文化和主观隐性的精神文化。人们的信仰、意识形态、价值观念以及思维方式等方面的文化,带有较强的主观性,很难观测到,但潜移默化地影响着人们的行为,这些主观隐性的精神文化通过人们的动作、行为以及决策,又可以以服饰、建筑物、音乐、食物等形式外显出来,形成客观的物质文化。

(3) 传承性。文化代代相传,上一代人的观念和价值观在很大程度上会影响下一代人的观念和价值观。回忆一下,人出生的时候就如同一张白纸,关于什么可以做、什么不可以

---

① [英]马林诺夫斯基著.文化论[M].费孝通,等译.北京:商务印书馆,1946:2.
② 郭莲.文化的定义与综述[J].中共中央党校学报,2002(01):115-118.
③ 陈晓萍.跨文化管理(第三版)[M].北京:清华大学出版社,2016:5-6.
④ [法]维克多·埃尔.文化概念[M].康新文,晓文,译.上海:上海人民出版社,1988:54.

做以及什么是对、什么是错的观念和价值观大都来自自己的家人。文化就是通过这种形式实现了其传承性。我们之前曾经在EMBA课堂上做过一次价值观的测试,测试结束后,有学生对这一测试特别感兴趣,跟我们要了一份材料,回家给自己的孩子去做这一测试,结果发现,孩子的价值观和他本人的价值观是高度相似的。从这个小案例中就可以看出文化的传承性。

(4)学习性。虽然文化是代代传承的,但并非永久不变。每一代人都可能会基于社会环境等不断地实践和学习,在这种实践和学习过程中形成新的文化。这种文化在很大程度上和自己的父辈相同,但也在一定程度上有了新的内涵。因此,文化会随着时代而发生改变,尽管其变化的速度非常缓慢。举个例子,在旧时,人们的物质资源较为匮乏,有句俗语叫"新三年,旧三年,缝缝补补又三年"。这个观念影响了那个时代的人们,勤俭节约是美德,消费似乎就是浪费。然而,随着经济发展水平的提升,人们的生活水平得到改善,物质上也较为富足,观念就慢慢发生了改变。在当下社会,很多人戏称,买衣服是为GDP做贡献。补丁衣也不再是因为穷,很可能是一种时尚。因此,文化具有学习性,会随着时代的改变而发生一定的变化。

1.2 文化的层次

基于文化的外在显性和内在隐性特征,文化研究学者将文化分为不同的层次,其中,有代表性的有博亚特兹(Boyatzis)的文化洋葱模型①以及麦克利兰(McClelland)的冰山模型②。本部分重点介绍这两个不同的文化层次模型。

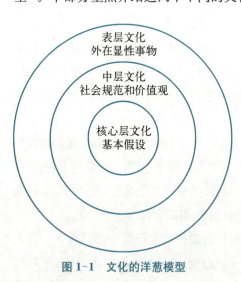

图 1-1 文化的洋葱模型

(1)文化洋葱模型。如图1-1所示,文化洋葱模型将文化从外到内分成三层。最外层的是表层文化,是那些人们可以看得见、摸得着、听得到的外在直观的事物。表层文化也是最容易理解的文化。当我们接触一种新的文化时,首先接触到的就是表层文化。举个例子,当你去一个地方旅游,一下飞机,映入眼帘的首先是当地的建筑物以及当地人的服饰。看到和服,马上意识到是在日本,同样地,当你听到一支曲子时,是悠扬的古筝还是如泣如诉的西塔琴?是欢快的爵士还是磅礴的交响乐?不同的音乐立刻可以让人

---

① Boyatzis, R. E. *The Competence Manager: A Model for Effective Performance*[M]. New York: John Wiley & Sons, 1982.
② McCelland, D. C. Testing for competence rather than for intelligence[J]. *American Psychologist*, 1973(28): 1-14.

们联想到不同的文化。这就是表层文化带给人们的冲击。需要注意的是,表层文化并不需要人们真正到那个文化群体中去才能了解,很多人从未出国,也可以从一些电影、纪录片以及新闻报道中了解和服是日本人的特色、咖喱是印度食物的标配、韩国人喜欢吃泡菜等这些不同国家的表层文化特点。因此,不同国家和地区的表层文化相对容易了解。

与表层文化相比,中层文化则没么容易被了解。所谓中层文化,是指一个地区的社会规范和价值观。陈晓萍(2017)认为,社会规范是"一个群体中的多数人在某一情形下应该做什么、不应该做什么,或者在某一情形下做什么合适或者不合适的约定俗成"。价值观则是指一个群体对于什么是好、什么是坏以及什么是对、什么是错的共同认识。例如,在深受儒家思想影响的中国、韩国以及日本等国家,一般认为,直呼父母的姓名是不礼貌的行为。在家要尊敬父母,在校要尊敬师长,在单位中要尊敬上级。不应当与长辈顶嘴。因此,我们经常看到当韩国人面对自己的领导或上级时,常常90度弯腰以示对对方的尊敬。如果不这样,在他们看来是不合适的。

然而,对于美国人来讲,就很难理解为什么韩国人面对领导或上级要90度弯腰。90度弯腰这一表层文化是中层社会规范和价值观的作用结果。因此,不同的国家可能有着迥然不同的社会规范。价值观也类似,如果仅仅通过电影、纪录片或者是新闻媒体的报道,甚至是去当地短暂旅游一周,我们都很难感受到当地的中层文化,更多需要长时间浸入当地的风土人情才能慢慢体会到这一地区的社会规范和价值观。

洋葱模型的第三层即核心层文化,是指人类社会共同的,关于人为什么会存在的基本假设。这一层触及的是这个社会当中人们最根深蒂固、习以为常、不容置疑、影响人们一言一行而不自知的东西。大多数时候,人们并不能意识到自己有这样的基本假设。比如,在中层文化中,我们举了人们应当尊敬长辈的例子,为了深入了解这个价值观,我们和学生展开了如下对话:

教师:你认不认同我们应当尊敬父母?

学生:当然认同。

教师:为什么要尊敬父母?

学生:因为父母养育了我们,对我们有养育之恩。

教师:为什么父母养育了我们,我们就要尊敬父母呢?

学生:这是大家都知道的啊。

我们在不同的班级里问过同样的问题,问到最后,学生的回答要么和上面这位同学一样,认为这是大家都知道的,要么就回答"我不知道"。不论是哪一个回答,实际上都触及了洋葱模型的核心文化:那些人们根深蒂固、习以为常、不容置疑的观点和态度。人们并不知道为什么是这样,但坚信这样是对的。因为基本假设就是这些自己很多时候都意识不到存在的理念,影响人们的一举一动而不自知。如果真的要追根溯源问一个"为什么",可能需要从这个社会的发展开始讲起,甚至是即便如此都很难讲清楚,这就是核心层文化的基本假设。

(2) 文化冰山模型。麦克利兰最初提出冰山模型是用来描述个体的素质，后来这一模型被运用到文化结构的描述上。如图1-2所示，冰山模型将文化分为水面之上的部分以及水面之下的部分。水面之上的部分和洋葱模型的表层文化非常相似，是那些人们可以看得到、摸得着、听得到的东西；水面之下的部分则和洋葱模型的中层文化以及核心层文化很相似，是那些很难观测到但却影响人们一言一行、一举一动的观念和态度。对冰山来说，水面之上的仅仅是整个冰山的一小部分，水面之下的才是冰山的绝大部分，这也是为什么会有"冰山一角"之说，因为表露出来的只是一小部分而已。文化同样如此。任何一种文化，显性文化仅仅是一小部分，更多的是难以观测的价值观、社会规范甚至基本假设等深层文化，而这些深层文化决定了表层文化的展示方式。

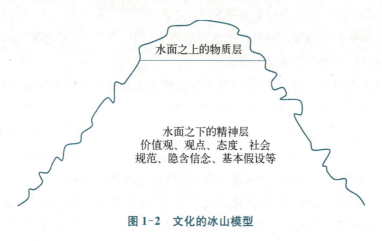

图1-2　文化的冰山模型

1.3　文化的正态分布

在一种文化中，并不是所有人都共享完全一样的社会规范、价值观和基本假设。每一个群体、民族或者地区的人们的社会规范、价值观以及基本假设等都分散在一定的范围内。既然如此，为什么不同的文化会有明显的区别呢？其原因就是：尽管一个文化群体中人们的观点和理念是分散的，这种分散在一定程度上可以看作符合正态分布的。如图1-3所示，我们以"个体主义—集体主义"为例，横轴的左端是个体主义，右端是集体主义，可以看出，从总体样本上来讲，A文化中的个体相比B文化的个体更追求个体主义价值观，而B文化中的个体相比A文化中的个体更追求集体主义价值观。但是，从个体角度出发，并不是A文化中的所有人都比B文化中的所有人更追求个体主义价值观。例如，A文化中处于e点的个体要比B文化中处于f点的个体的集体主义价值观更强。只不过，从总样本上来说，A文化中的大多数个体比B文化中的大多数个体都更追求个体主义的价值观。我们平时在讲A文化的人如何和B文化的人如何时，讲的就是这个文化中大多数个体是这样的。

细心的读者会发现，在图1-3中，A文化和B文化虽然都符合正态分布，但A文化和

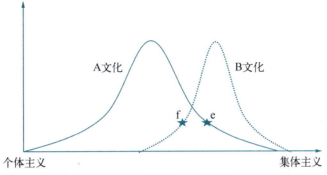

图 1-3 文化的正态分布图

B 文化的陡峭程度并不相同。B 文化明显要比 A 文化更陡峭。这种陡峭程度意味着这个社会群体的人们对这一文化的认同程度。也就是说,B 文化中的人们对集体主义价值观的认同程度要高于 A 文化中的人们对于个体主义价值观的认同程度。这一概念也即蔡·安迪斯(1994)提出的"宽松—严紧文化"。

"宽松—严紧文化"涉及两个不同的要素,一是社会规范的强和弱,二是人们对偏差行为的包容度高和低[①]。在宽松文化中,同一种价值观被大多数人拥有和共享,整个社会对于观点或者行为偏离这一文化的个体容忍度较高。然而,在严紧文化中,同一种价值观被绝大多数人拥有和共享,整个社会对于观点或者行为偏离这一文化的个体容忍度较低,一旦发现偏离,会及时给予惩罚以使其"回到正轨"。

杰尔芬德(Gelfand)于 2013 年在美国的《科学》杂志上发表了一篇有关不同国家文化宽松和严紧程度的研究,结果发现,乌克兰、匈牙利、以色列、荷兰、巴西、新西兰、希腊以及委内瑞拉等国家的文化相对宽松,而巴基斯坦、马来西亚、印度、新加坡、韩国、挪威、土耳其以及日本等国家的文化相对严紧。这也解释了为什么巴基斯坦的文化相对保守,女士上街不可以穿短裙等,一旦有这样的情况,可能会受到非常严厉的惩罚。

1.4 文化与沟通

课堂小游戏

传话游戏

将全班同学分成四组,每一组学生坐成一列,每一列的第一名同学到教师这里

---

① 卢俊,陈浩,乐国安.松—紧文化:跨文化心理学研究的新维度[J].心理科学进展,2017,025(005):887-902.

> 来抽签,签上有一句话,请迅速浏览这句话,并回到座位上传递给第二名同学,以此类推,每句话只能传递一次,不可反复核对,最后一名同学将听到的话写到黑板上。传递的四句话分别为:
> (1) 小良赶着一群羊,半路遇到一只狼。
> (2) 胖子爱吃肥肉,肥肉鼓成胖子。
> (3) 是你吃错药,不是我吃错药,就是要你吃错药,你一定会吃错药。
> (4) 那锁一捅就开,一包方便面能开一小区。

沟通是通过语言和动作来发送和接收信息的过程。跨文化沟通专家萨姆瓦(Samovar)将沟通定义为一种"双边的,影响行为的过程。在这个过程中,一方(信息源)有意向地将信息编码并通过一定的渠道传递给意向所指的另一方(接受者),以期唤起特定的反应或行为"①。完整的沟通过程不仅仅要求将信息从发送者传递到接收者,还要求接收者受其影响而作出相应的反应。沟通最基本的功能就是交换信息,这些信息包括观点、意见和情绪等。沟通的过程如图1-4所示。

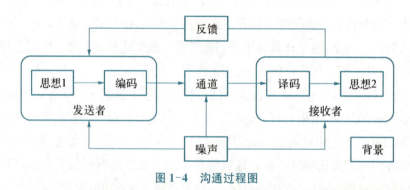

图1-4 沟通过程图

资料来源:苏勇,罗殿军.管理沟通(第二版)[M].上海:复旦大学出版社,2021.

我们以本节开头的传话游戏为例来解释沟通的过程。首先,发送者想要传递的思想1为信息的主体,也就是传递的四句话,这一主体经过发送者的编码,以文字等作为一定的载体,通过一定的媒介传递给接收者,在传话游戏中,媒介就是最简单的面对面直接交流。通过面对面交流,接收者接收到这一信息,并对这一信息进行解码之后,形成思想2,也就是实际理解的信息。完美的沟通过程应当是思想1和思想2完全一致。也就是说,当传话游戏结束时,同学们到黑板上写的文字应当还是这四句话,然而,现实生活中,由于从发送者到接收者的信息传递过程可能会存在很多噪声,导致传递的信息和接收的信息并不总是一致,甚至会发生严重的偏差。现在,请读者来猜测一下,传递到最后,这四句话

---

① [美]拉里·萨姆瓦,[美]理查德·波特,[美]雷米·简恩.跨文化传通[M].陈南,龚光明,译.北京:生活·读书·新知三联书店,1988:15.

中的哪几句基本正确？哪几句可能严重失真？

经过我们的调研，大概有几千名同学参与过这一传话游戏，最后的结论是，第一句和第二句基本能保持原意，而第三句和第四句则很容易失真，其中，第四句的失真程度最高，几乎没有哪一组能准确地传递第四句的信息。其核心问题可以用图1-4来解释。

第一句和第二句基本能保持原意，主要是因为这两句话的逻辑较为清楚，且内容简单，容易记住。在传递到最后，顶多也就是把"一群羊"传成了"一只羊"，或者把"一只狼"传成了"一群狼"，在单位上发生差异。

第三句的逻辑也很清楚，但经常容易传错，为什么呢？主要是因为这句话包含的信息量相对其他三句来说有点大，在传递的时候，教师要求学生只能单向传递，少了图1-4中的反馈环节，再加上其他同学都在观察着传递的同学，同学的压力也会比较大，一紧张就容易忘记。这种环境实际上就是图1-4中的噪声，噪声越大，给信息发送者和接收者带来的心理压力越大，信息传递越容易失真。所以，在有一次传递的过程中，最后上台的学生似乎不太能够接受自己听到的是这样一句话，他缓缓走上讲台，想了想，提笔写下了他认为听到的话："是你吃作业好，还是我吃作业好？？？"

第四句话几乎从未被正确地传递。这与沟通过程中的背景有密不可分的关系。这句话本身并没有任何逻辑性，因此，对信息的接收者来讲，当解码到一句几乎没有逻辑性的话时，总是下意识地以为是哪里出现了错误，试图用自己的知识背景来"纠错"，因此，在继续传递这个信息的过程中，就会加入自己的理解来对这一信息进行编码，传递的链条越长，解码和编码的过程越多，信息的失真程度就会越大。所以，在有一次传递的时候，有个同学非常自信地走上讲台，提笔写下了如下话语："大哥开一包方便面。"因为在他的理解里，方便面就是要开的。图1-5所示的是学生参与这一游戏时传递的有趣话语。

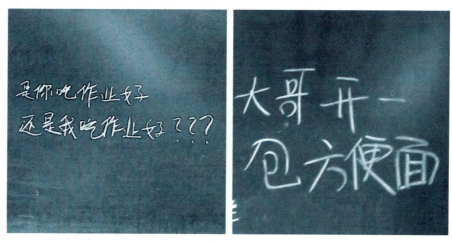

图1-5 传话游戏的有趣话语

除此之外，在传话游戏中，信息发送者本身的语言表达能力以及信息接收者的知识经验和局限性等都会导致信息传递过程中的进一步失真，游戏设定的单向传递更是加剧了这一问题的发生。如果教师允许信息接收者向信息发送者反馈自己听到的信息,有一个反馈和核对的过程,信息失真的可能性就会大大降低。

在同一文化背景下,信息的沟通尚且存在如此多的问题,当信息传递者来自不同的文化背景时,信息失真的可能性就更高了。跨文化领域的学者普遍认为,文化与沟通相辅相成,相互影响。沟通的方式以及沟通的内容很大程度上受人的文化的影响。基于文化对沟通的影响,很多人类学者甚至提出"文化即沟通"的观点。爱德华·霍尔认为,文化影响着人类生活的方方面面,甚至是决定了人的存在。微观层面上的人们的感情流露、思维模式、行为方式、解决问题的方式,宏观层面上的一个城市或地区的建筑风格、交通运输系统的组织和运行等,无不受到文化的影响。由于人们文化背景的不同以及思维模式的差异,来自不同文化的人们如何相互理解并能和睦相处始终是个难题。例如,跟别人讲话的时候,离别人多远才算礼貌?是否应该有目光接触?用什么语言来沟通和交流?不同的文化对这一问题的回答可能千差万别。总体上,文化既决定了人们发送信息的形式和内容,也决定了接收者对这一信息的解码过程。在信息传递的过程中,人们对于编码和解码的过程很容易产生误差,一点点误差就可能导致沟通的效果大打折扣。避免误差的关键因素就在于有效的跨文化沟通。正因如此,跨文化沟通作为一个专门的学科不断发展起来,并受到全球各大顶级商学院的重视①。

跨文化沟通是指具有不同文化背景的人相互之间进行的信息交流。随着全球化的发展,跨文化沟通和管理能力成为个体必备的基本素质之一。如本章开篇案例中,不论是安妮在学校里和周围同学的交流,还是这些跨国公司协调不同地区的子公司来生产产品,或者是产品在全球范围内的销售,都离不开与不同国家和地区的人有效地沟通和交流。萨姆瓦等人的跨文化沟通模型(如图1-6所示)形象地阐释了信息在不同文化之间的传递。

在图1-6中,有三种不同的文化分别用不同的几何图形来表示,其中,文化A和文化B相对来说较为相近,都是带有棱角的图形,文化C则和文化A以及文化B大为不同,用圆形来表示。这也就意味着文化C与文化A和

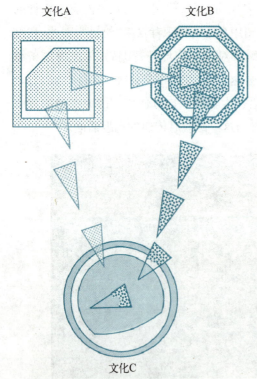

图1-6 萨姆瓦等人的跨文化沟通模型

---

① [美]拉里·萨姆瓦,[美]理查德·波特,[美]雷米·简恩.跨文化传通[M].陈南,龚光明,译.北京:生活·读书·新知三联书店,1988.

B 的距离较大(从图中也可以看出,C 与 A 和 B 的距离要远远大于 A 和 B 之间的距离)。在每一个文化内部,我们都可以看到一个和各自文化相似但并不完全相同的几何图形,这个图形代表的是受到本文化影响而塑造成的个人。这也代表了文化中的个人会受到这一文化的影响,但并不会和本群体的文化一模一样,因为总是有一些其他因素会影响这个人的文化观点,尽管如此,这个人的文化仍然在很大程度上和本群体的文化是类似的。

跨文化的沟通过程可以用图形中的信息流箭头来表示。箭头表示信息的传递方向。当信息从一种文化传向另一种文化后,信息的含义就发生了一定的改变,因为接收信息的人在解读信息时,会受到本文化的影响,因此,发出的信息和接收的信息之间就产生了差异,这种差异的大小和两种文化的相近程度的远近有很大的关系。如图所示,文化 A 和文化 B 的相似程度较高,因此,被接收的信息在很大程度上与原始信息保持一致。文化 B 和文化 C 之间的差异较大,因此,被接收的信息与原始的信息产生了较大的差异,在很大程度上更体现了文化 C 的烙印。

1.5 跨文化管理沟通

在全球化的大趋势下,文化对企业管理而言至关重要。文化主要从以下三个方面影响企业的管理与沟通。

1.5.1 文化影响企业的组织结构

企业有不同的组织结构类型,典型的包括层级式和扁平式。不同的组织结构各有优缺点。层级式结构的优点是层级之间的关系比较紧密,且管理者的管理幅度较小,每一层的管理者都能很好地对下属进行指导和控制,部门以及员工之间分工明确,协调起来较为容易。另外,较多的层级设计也为员工晋升提供了一定的渠道。层级式管理的缺点是信息经过层层传递可能会失真。相比之下,扁平式结构减少了沟通的层级,因此信息不容易失真。此外,在扁平式结构的组织里,员工有更多的决策自主权,因此会提高员工工作的积极性。这么看来,扁平式结构似乎相比层级式结构更受组织欢迎,事实的确如此吗? 不尽然。

斯坦福大学商学院的汉兹(Hinds)教授领衔的研究团队曾经对一家总部在德国,在全球十多个国家设立研发中心的高科技公司展开了一项调查。基于扁平式结构带来的优势,这家公司在德国、美国以及印度同时展开了组织结构的改革,将组织结构从原来的层级式调整为扁平式(如图 1-7 所示)。在高管团队下面,只分为副总裁、高级工程师以及工程师。

这一变革获得了德国总部以及美国研发中心工程师和管理者的好评。就像一位德国管理者说的,"作为一个管理者,我的任务就是给出大方向,真正作决策的人是我的员工,毕竟,是他们每天都在做着这些任务,他们懂得比我多,他们也应当懂得比我多"。然而,这一变革在印度研发中心则引发了完全不同的效果,印度的工程师们变得工作起来没什

图1-7　德国高科技公司的组织架构图

么动力了,甚至很多人提出了离职。为了了解原因,公司总部通过那些负责跟印度团队联系的工程师了解原因,结果发现,离职率过高是因为工程师非常不适应这种扁平化的组织架构,他们有问题不知道该问谁,即使想去问美国和德国的同事,但因为时差对方都睡觉了,然后就只能摸索着干。另外,他们把任务完成了,交给德国和美国的同事,他们收不到任何的反馈,非常没有成就感。另外,和大多数中国人类似,印度人从小一直读书,读到大学毕业后就直接进入公司,如同一张白纸。他们的成长更多取决于上级管理者的培养和帮助。很多人进入企业也并非仅仅为了薪酬,而是希望能积累一定的工作经验。当组织结构变成扁平化以后,他们很难从上级管理者那里获得指导和帮助,而IT人才是印度竞争最激烈的人才,因此,他们会选择离开公司,去能够给自己指导和帮助的组织里去。就像一位印度的管理者说的:

"在美国……读完大学已经二十五六甚至[年纪]更大……在印度,21岁你就已经读完大学了……当你在印度管理团队的时候,你必须每天都要跟员工沟通。不像德国,在德国,每个人都有能力完成既定的任务。在印度,员工仍然需要指导,像父亲、像老师那样手把手地指导。我们经常说,在印度,管理者就像爸爸一样……你不能像德国管理者那样说:'我们每周见一次。'这样行不通。"①

因此,不同的文化影响不同地区人们的沟通方式,而跨文化沟通方式的差异也在一定程度上决定了哪一种类型的组织结构更适合当地的企业。不是所有的组织结构在所有的文化当中都可以适用。哪一种类型的结构更适用,取决于该地区文化所塑造的管理和沟通方式。

1.5.2　文化影响员工的行为

不同的文化背景是否会导致组织里的员工行为?设想如下问题:如果你是某公司的员工,你在工作中发现有些地方存在不足之处,你是否会和领导提意见?香港城市大学的赵明旺(2017)曾经做过一项研究,他在长三角地区选择了十几家企业,对员工的提意见现

---

① Cramton C D, Hinds P J. An Embedded Model of Cultural Adaptation in Global Teams[J]. *Organization Science*, 2014, 25(4): 1056-1081.

象和管理者对员工的看法进行了调研,调查的企业涉及服装业、家具制造业、酒店、餐饮、互联网以及汽车销售等传统和新型行业。他把提意见分成锦上添花型和忠言逆耳型。所谓锦上添花型,是指员工为了提高组织效能,以合作为动机向上表达的创新性建议,如如何改善工作程序、如何帮助公司达成某一目标等;忠言逆耳型是指员工对那些使组织偏离正常发展方向的问题所向上表达的预防性建议,如哪些因素影响了公司的工作效率、哪些人可能损害了公司的利益等。他的结果非常有趣,发现在单位里经常提出锦上添花型建议的员工,往往被老板认为是"有想法",给员工的评价很高。哪些经常提忠言逆耳型建议的员工,则常常被老板认为是"刺头""无法融入群体"等,相应给出的评价也较低。其背后的原因有着深深的文化烙印:对于深受儒家思想影响的中国、韩国、日本等国家,领导者往往很重视自己的面子。而员工经常提出公司这里不行、那里不好,会让很多老板感觉自己丢了面子,好像公司没有管好一样,哪怕员工提出的问题的确很重要,他从心理上也较为排斥。而那些锦上添花型的建议,在很大程度上维护了老板的面子,还可以使公司效率更高,老板当然非常开心,何乐而不为?

陈晓萍(2016)也曾给出一个类似的跨文化沟通影响员工行为的例子。这个问题是:为了提高工作效率,有必要经常越级处理事情,你同意这一观点吗?对这一问题的回答,同样显示出不同文化群体的人们沟通方式的差异。74%的瑞典人认同这一观点,其次是美国人(68%),再次是英国人(65%)。在印度尼西亚,认同这一观点的不到一半,占49%,意大利是44%,中国是41%。而在西班牙,仅有26%的人认同这一观点。这一问题的回答差异可以用关系导向的文化以及工作导向的文化来解释。在瑞典、美国以及英国,工作任务导向的文化较为盛行,只要是为了更有效地完成工作,越级不是一个很大的问题。然而,对于西班牙、中国以及意大利来讲,更为重视人际关系,越级意味着对直接上级的不尊重,很少会越级处理事情。因此,文化的差异也影响了不同国家和地区企业里员工的行为。

1.5.3　文化影响组织战略决策

文化的差异导致跨国公司在拓展海外业务时不得不谨慎地进行战略决策。在进入新的市场时,公司不仅仅要考虑当地市场对公司产品的接受程度,更要从文化视角出发,评估公司的形象、公司的文化等是否契合当地文化,以及应当如何改进。以文化较为特殊的沙特阿拉伯为例,作为中东地区最大、最富有成长潜力的市场,许多跨国公司将进军沙特阿拉伯作为全球化扩张以及布局中东地区的重要战略节点。然而,由于文化的差异,这些公司在中东地区扩张时很难不受当地文化的冲击以及挑战,基于此,如何适应沙特阿拉伯的文化,并保持公司的文化成为跨国公司面临的难题。来自瑞典的宜家在进军沙特阿拉伯时,为了迎合当地的风俗习惯,删除了其在当地分发的宣传册、广告以及公司网站上的女性形象(图1-8),并在全球范围内引起了巨大的争议。

以图1-8为例,在美国版的宣传册中,是一家四口共同出镜。然而在沙特阿拉伯地区的宣传册中,只剩下爸爸和两个孩子,母亲的图像则被删除了。这一决策虽然适应了沙特

图 1-8　宜家在美国及沙特阿拉伯地区的宣传册差异

资料来源：http://www.chinadaily.com.cn/hqzx/2012-10/03/content_15795747.htm.

阿拉伯地区的文化，但是在全球范围内引起了轩然大波，因为宜家一直以来致力于性别平等，这一举措无疑让消费者质疑其承诺的可靠性。对此，瑞典贸易大臣爱娃·比约表示，删除女性图像的举动是一个"负面案例，它表明在男女平等方面，沙特阿拉伯还有很长的一段路要走"，"在现实中，女性是不可能被删除的……如果沙特阿拉伯不允许女性（在公共场合）出现，也不允许她们去工作的话，那么他们就失去了大概一半的智力资本"[1]。同时，宜家也公开为这一举动表示道歉。

面临同样困境的不仅仅是宜家，还有很多跨国公司也一样，比如来自美国的星巴克。在进驻沙特阿拉伯时，星巴克删除了其品牌标识中的美人鱼形象，仅留下了美人鱼头上的皇冠，如图 1-9 所示。

图 1-9　星巴克在美国（左）及沙特阿拉伯地区（右）的标志

资料来源：https://image.baidu.com.

---

[1] http://www.baijingapp.com/article/11724,2017-07-06.

因此，不同文化的差异影响了组织的战略决策。这也是为什么当代跨国企业"走出去"拓展海外业务的时候，不仅要做产品的市场调研，更要做文化上的评估，以探究应当如何选择正确的海外投资决策。

思考题

1. 文化和沟通有什么关系？
2. 文化对管理有什么影响？
3. 为什么跨国公司要注重跨文化管理沟通？

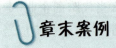

肯德基卖螺蛳粉，百胜中国继续加码本土化

"肯德基卖螺蛳粉"的消息自 2020 年 10 月 13 日传出后，持续在网络上引发热议。百胜中国在接受北京商报记者采访确认消息的同时，也揭开了预包装零售业务的新版图。此次新系列产品名为 KAIFENGCAI，目前正由百胜中国旗下的东方既白（上海）餐饮管理有限公司申请注册商标。对此，有分析人士认为，百胜中国或许有意利用零售业务进一步探索中餐市场。

"开封菜"来了

螺蛳粉无疑是近两年餐饮、食品行业内的爆品，近年来一直在追赶热度的百胜中国这次也没有错过。10 月 13 日，有网友发布微博表示"肯德基出螺蛳粉，还有鸡汤和面、炒饭"等产品，并在评论区晒出上市的新品图片，值得注意的是，这次上新的产品从图片来看均为预包装产品。

对此，北京商报记者联系到百胜中国方面，对方负责人回复确认了上述消息，并表示，现推出了一系列迎合中国年轻人需求的快煮包装食品。

从百胜中国的回复中不难看出，百胜中国此次推出预包装系列产品主要目的有两个：迎合国内年轻消费群体的喜好和需求；进一步探索多场景消费。百胜中国也对预包装系列产品做了较为详细的介绍。据了解，百胜中国首季推出的预包装产品中除了关注度颇高的螺蛳粉外，还包括鸡胸肉、鸡汤等产品，这也是肯德基一直以来的标签和擅长品类。

此外，百胜中国还将此系列新品归为 KAIFENGCAI 系列，玩起了被网友戏称为"开封菜"的谐音梗。

据百胜中国方面介绍，KAIFENGCAI 首季产品从 2020 年 10 月 12 日开始陆续在北京、上海、广州等 23 个城市的部分肯德基餐厅陆续上市。其中，优形鸡胸肉从 2020 年 10 月 12 日开始售卖，鸡汤系列将从 2020 年 10 月 19 日开始售卖，螺蛳粉系列从 2020 年 10 月 26 日开始售卖。已上市的地区，消费者可以在肯德基 App、肯德基微信公众号和肯德基小程序上通过自助点餐或者外送到家购买这些食品，也可以在门店里通过点餐机或者柜台购买，后续还会在其他渠道售卖。

在肯德基 App 上，北京商报记者注意到，目前已经上线了"零售好物"频道，首批鸡胸肉产品已经上架，该产品名为优型鸡胸肉（黑椒味），已经上线了单包装及 3 包装两种，售价分别为 9.9 元及 27.9 元，并且标注有明显的"冷冻"字样。

深度本土化

北京商报记者注意到,目前百胜中国正在申请注册KAIFENGCAI商标,并且是通过百胜中国旗下的东方既白(上海)餐饮管理有限公司申请注册,该公司为2020年7月30日正式提交的KAIFENGCAI国际分类为43、35、33等9类商标注册申请。

对于百胜中国为何选择通过东方既白作为申请新商标的主体,以及未来百胜中国零售业务的布局计划,北京商报记者也联系到百胜中国的相关负责人,但由于目前公司处于财报静默期,截至记者发稿前,对方并未对上述问题作出回应。

在和君咨询合伙人、连锁经营负责人文志宏看来,餐饮零售早已成为整个餐饮行业的重要发展趋势,餐饮行业看到了零售业务对于支撑企业发展以及带动企业增长的能力和空间,因此越来越多的餐饮企业在今年集中着手布局零售业务,有的企业甚至调整战略,重点发力零售业务。对于百胜中国而言,布局零售业务本身很可能并不是它的战略转型,而是它寻找新的可靠增长点的信号。对于首批预包装零售产品百胜中国就挑战螺蛳粉,一方面是因为目前螺蛳粉在国内食品、餐饮市场热度高涨,并且深受年轻消费群体的喜爱;另一方面则是因为百胜中国一直在强化自身的本土化发展,螺蛳粉就是百胜中国零售业务本土化的表现。

餐饮连锁顾问王冬明也认可上述观点,在他看来,百胜中国尝试推出螺蛳粉预包装产品还有一个可能性,是为了进一步挖掘年轻女性市场。

另有分析人士认为,百胜中国在今年成立了中餐事业部并将旗下东方既白、小肥羊、黄记煌三个品牌纳入其中,并且通过东方既白注册KAIFENGCAI商标,首批零售产品也多以中餐常见品类为主,从这也能看出百胜中国发力中餐业务的决心,但不排除KAIFENGCAI未来还会推出西餐品类的可能。

资料来源:郭诗卉,肯德基卖螺蛳粉,百胜中国继续加码本土化[N].北京商报,2020-10-15.

案例讨论

1. 肯德基为什么要注册"开封菜"商标?
2. 基于你对中国文化的理解,肯德基的优型鸡胸肉为什么定价以"9"结尾?
3. 案例体现了文化对肯德基在中国运营的哪些影响?
4. 基于你的实际体验,肯德基在跨文化沟通和管理方面还有哪些特色?

附录：跨文化知识小测试[①]

很少有什么传统与价值观能够放之四海而皆准。许多交易的成败取决于管理者是否能理解外国同行的传统与价值观。全球商业界相互依赖，紧密地交织在一起，因此，今天的管理人员必须意识到各国的传统和价值观存在的差异。你的文化意识有多强？试着回答下列问题。

1. 在日本，大声喝汤被认为是（　　）。
   A. 无礼而讨厌的　　　　　　　　B. 显示你对汤的喜爱
   C. 在家可以，但在公共场合不行　　D. 外国人才会做的事情

2. 在韩国，商业领袖常会（　　）。
   A. 鼓励人们致力于团队工作与合作
   B. 鼓励下属之间相互竞争
   C. 不鼓励下属直接报告，而是喜欢通过正式的渠道获得信息
   D. 鼓励下属之间保持良好的关系

3. 在日本，自动售货机几乎售卖所有的饮料，除了（　　）。
   A. 啤酒　　　　　　　　　　　　B. 含糖精的减肥饮料
   C. 加糖咖啡　　　　　　　　　　D. 美国公司的软饮料

4. 在拉丁美洲，管理者（　　）。
   A. 更喜欢雇用自己的家族成员　　B. 认为雇用自己的家族成员有欠妥当
   C. 强调雇用弱势群体成员的重要性　D. 通常应用超过实际需要的人

5. 在拉丁美洲，商业人士（　　）。
   A. 认为在交谈时进行目光接触是不礼貌的
   B. 总是等别人说完话后自己才开始讲话
   C. 在类似情形下，要比北美人更多地触摸对方
   D. 避免触摸对方，因为这被视为对私人空间的侵犯

6. 在泰国，（　　）。
   A. 经常看到男子手牵着手走路
   B. 经常看到男女手牵着手在公开场合行走
   C. 男女走在一起，很不礼貌
   D. 男女在大街上相遇时，传统上相互亲吻对方。

[①] [美]弗雷德·卢森斯，[美]乔纳森·P.多.国际企业管理：文化、战略与行为（原书第八版）[M].周路路，赵曙明，等译.北京：机械工业出版社，2015：500-503.

7. 在印度吃饭时,恰当的做法是（　　）。
   A. 用右手取食,左手进食　　　　　B. 用左手取食,右手进食
   C. 用左手取食、进食　　　　　　　D. 用右手取食、进食

8. 在泰国,将脚尖指着对方是（　　）。
   A. 尊敬的象征,就好像日本人鞠躬一样　B. 被视为无礼举动,即使是偶然的
   C. 跳舞的邀请　　　　　　　　　　D. 公开场合标准的问候方式

9. 美国管理者常根据下属业绩进行绩效评估,而伊朗管理者进行绩效评估更多是依据（　　）。
   A. 宗教　　　　B. 资历　　　　C. 友谊　　　　D. 能力

10. 在奖励一名西班牙裔工人出色的工作时,最好不要（　　）。
    A. 在公开场合表扬他　　　　　　B. 说声"谢谢你"
    C. 加薪　　　　　　　　　　　　D. 升职

11. 在一些南美国家,社交约会时（　　）被认为是可以接受的。
    A. 提前10~15分钟到达　　　　　B. 迟到10~15分钟
    C. 迟到15分钟~1小时　　　　　D. 迟到1~2小时

12. 在法国,当朋友相互说话时,（　　）。
    A. 站立时通常保持3英尺的距离　　B. 通常大喊大叫
    C. 站立时比美国人靠得更近　　　　D. 总有第三者在场

13. 在西欧送鲜花作为礼物时,注意不要送（　　）。
    A. 郁金香和长寿花　　　　　　　B. 雏菊和紫丁香
    C. 菊花和马蹄莲　　　　　　　　D. 紫丁香和苹果花

14. 如果你要送给一位拉美人一条领带或一块围巾,不要选择（　　）。
    A. 红色　　　　B. 紫色　　　　C. 绿色　　　　D. 黑色

15. 德国办公室和家里的门通常是（　　）。
    A. 大开着的,以表示欢迎客人和陌生人
    B. 虚掩起来,以表示访客在进来之前应当敲门
    C. 半开半闭,以表示有的人是座上宾,其他人则不受欢迎
    D. 紧紧关闭,以保护隐私和个人空间

16. 在德国,展现魅力的领导者（　　）。
    A. 并不是最让人喜欢的　　　　　B. 最受人尊重、追随
    C. 最常被邀请加入文化团体的会议　D. 被要求参与政治活动

17. 在墨西哥经营的美国管理者发现通过为墨西哥工人加薪,他们（　　）。
    A. 增加了工人愿意工作的时间　　B. 吸引更多的工人上夜班
    C. 减少了工人愿意工作的时间　　D. 降低了生产率

18. 不能送给中国夫妇的新婚礼物是（　　）。

A. 玉碗　　　　　　　　　　　　B. 钟
C. 一篮橘子　　　　　　　　　　D. 绣以龙纹的衬衫

19. 在委内瑞拉，人们度过除夕夜的方式是（　　）。
A. 安静的家庭聚会
B. 狂热的邻里聚会
C. 聚在餐馆里，带着喇叭、帽子，现场放着音乐，一起跳舞
D. 在海滩上烤猪肉

20. 在印度，一个陌生人想询问你的工作是什么以及你赚的钱有多少的时候，他会（　　）。
A. 问你的导游
B. 邀请你去他家，在认识之后再向你询问
C. 跑过来直接问你，不加自我介绍
D. 尊重你的隐私，尽管感兴趣

21. 在越南，如果在交易中你觉得自己被利用了，必须要（　　）。
A. 用脸色而不是言语表示自己的恼火
B. 说你很生气，但是面部表情平和
C. 不动声色
D. 立刻停止交易，转向走开

22. 在英国，将你的手背对人，举起食指与中指比 V 字形，这被视为（　　）。
A. 和平的手势　　　　　　　　　B. 胜利的手势
C. 表示你要两件某样东西　　　　D. 粗俗的手势

答案

扫描二维码获取相关答案与解析。

第 2 章　文化差异基本理论

教学目的和要求

1. 掌握文化维度理论的基本内容；
2. 掌握六大价值取向理论的维度和内涵；
3. 掌握文化架构理论的维度和内涵。

开篇案例

谷歌与欧洲文化的冲突

谷歌（Google）将业务拓展到欧洲市场已经 5 年了，现在起总部设在都柏林，在苏黎世、伦敦设有大型办公机构，在丹麦、俄罗斯、波兰等国家设有小型办公中心。但是，Google 目前面临着冒犯相关的隐私法律而影响公司的正面形象及继续发展的情况。

最近一次的冲突起因于 Google 的"街景"计划。该项计划将提供一个基于水平面的、360 度可旋转的、包含所有角落的生动的街道全景影像。但是，瑞士的数据保护办公室要求 Google 停止该项计划，原因是严格的瑞士隐私法禁止未经授权便使用个人的影像。在德国，"街景"计划也没有可行性，同样是因为这会侵犯关于隐私方面的法规。与此同时，欧盟的 Article 29 数据保护工作组（Article 29 Data Protection Working Group）——欧盟内部专门从事数据与信息保护的监督机构——同样向 Google 的这个计划提出了反对意见，欧盟的法律专员 Franco Frattini 主管此项事件的调查。Google 作为世界上最大的搜索引擎，在 2008 年 5 月引发了关于互联网隐私的争论，原因是 Google 宣布着手改变对于顾客个人信息的相关政策。政策的变化涉及了 Google 的服务器日志（当某人访问其网站后，将浏览器信息反馈回服务器）。目前，搜索引擎记录了大量搜索信息，涉及信息包括计算机地址、浏览器类型、使用的语言，而根据这些信息便能够精确地定位某台计算机。政策的变化主要是信息的保留时间从 18 个月变为 24 个月。

Article 29 的主席 Perter Schaar——德国联邦信息自由化委员，对搜索引擎商业模式与隐私法之间的关系进行了报告。该报告说明了IP地址属于私人信息,因为根据IP地址可以确定到具体的人。欧洲人严格地保护自己的隐私,并且相信政府能够严格执行相关法律。Schaar先生向Google法律事务团队的Perter Fleischer提出了挑战,要求其解释Google为什么将私人信息保留这么长的时间,并要求其说明日志记录的合法性。Google的反应很强烈,创始人谢尔盖·布林(Sergey Brin)和拉里·佩奇(Larry Page)出面对互联网隐私问题进行澄清。他们表示,在网络上发布的信息,包括年轻人的日常照片或醉酒照片等均属于高等级的隐私。他们也表示对用户信息的记录是为了更好地改善搜索引擎的效率,同时也谴责了许多公司将这些信息用于商业目的。这场关于跨文化的互联网冲突讨论远没有结束,我们拭目以待。有一点是明确的,欧盟已经向搜索引擎公司提出了严肃的警告。

资料来源:[美]海伦·德雷斯基,著.国际管理:跨国与跨文化管理(第七版)[M].宋丕丞,译.北京:清华大学出版社,2011:128-129.

2.1 文化维度理论

荷兰心理学家吉尔特·霍夫斯泰德(Geert Hofstede)的文化维度模型是用来衡量不同国家和地区文化差异的理论框架。自诞生以来,文化维度模型就受到理论界和实践界的关注,在跨文化沟通和管理研究中占有重要地位。霍夫斯泰德从20世纪60年代后期开始研究国家和地区之间的文化差异,并以IBM公司分布在全球的子公司员工为研究对象,从1967—1973年在IBM内部进行问卷调查,探究不同国家和地区的员工态度和价值观的差异。通过对样本量较大的50个国家和3个地区调查数据的整理,霍夫斯泰德归纳出四个随着国家和地区的不同而不同的文化维度:个体主义与集体主义、权力距离、不确定性规避、事业成功与生活质量。这一研究结论发表在1980年出版的《文化的效应》中。该书一经面世,就在管理学界引起了巨大的反响。80年代后期,霍夫斯泰德将样本扩大到60多个国家和地区复制这一研究,不仅证实了前四个维度,还发现了一个新的维度——长期导向和短期导向。2010年,基于迈克尔·明科夫(Micheal Minkov)对世界价值观调查(World Values Survey)的数据,霍夫斯泰德又为文化维度模型增加了第六个维度——放任与约束[①]。

2.1.1 个体主义与集体主义

个体主义与集体主义(Individualism VS Collectivism)反映的是社会中的个体关心自

---

① 本节理论及数据整理自:[荷]吉尔特·霍夫斯泰德,[荷]格特·扬·霍夫斯泰德,[保加利亚]迈克尔·明科夫.文化与组织:心理软件的力量(第三版)(修订版)[M].张烨,王烁,译.北京:电子工业出版社,2019.

己和个人目标(个体主义)或者群体和社会目标(集体主义)的程度。个体主义程度较高的国家呈现的是一种松散的社会框架。在这种框架中，人们更加关心自己和直系亲属构成的核心家庭的利益。与个体主义相反，集体主义程度较高的国家和地区呈现的是一种紧密的社会结构，在这种框架中，个体从出生后就融入群体当中，人们会期望与其关系紧密的其他人(如亲朋好友)或组织能够在他们遇到困难的时候帮助他们。换言之，持有个体主义价值观的人更加关心自己的目标能否实现，更强调个体的独立；持有集体主义价值观的人们则更提倡人与人之间的依赖性。

霍夫斯泰德的研究结果表明，美国、澳大利亚和英国的个体主义得分非常高(91/100、90/100、89/100)，而深受儒家思想影响的中国、新加坡和韩国等地区的个体主义得分则相对较低(20/100、20/100、18/100)。表2-1总结了不同国家和地区在个体主义—集体主义维度上的得分。

表2-1 个人主义—集体主义指数

排名	国家/地区	得分	排名	国家/地区	得分
1	美国	91	21	瑞士(法语区)	64
2	澳大利亚	90	22	芬兰	63
3	英国	89	23～26	爱沙尼亚	60
4～6	加拿大	80	23～26	立陶宛	60
4～6	匈牙利	80	23～26	卢森堡	60
4～6	荷兰	80	23～26	波兰	60
7	新西兰	79	27	马耳他	59
8	比利时(荷兰语区)	78	28	捷克	58
9	意大利	76	29	奥地利	55
10	丹麦	74	30	以色列	54
11	加拿大(法语区)	73	31	斯洛伐克	52
12	比利时(荷兰语区)	72	32	西班牙	51
13～14	法国	71	33	印度	48
13～14	瑞典	71	34	苏里南	47
15～16	爱尔兰	70	35～37	阿根廷	46
15～16	拉脱维亚	70	35～37	日本	46
17～18	挪威	69	35～37	摩洛哥	46
17～18	瑞士(德语区)	69	38	伊朗	41
19	德国	67	39～40	牙买加	39
20	南非	65	39～40	俄罗斯	39

(续表)

排 名	国家/地区	得 分	排 名	国家/地区	得 分
41~42	阿拉伯国家	38	58~63	中国大陆	20
41~42	巴西	38	58~63	新加坡	20
43	土耳其	37	58~63	泰国	20
44	乌拉圭	36	58~63	越南	20
45	希腊	35	58~63	西非	20
46	克罗地亚	33	64	萨尔瓦多	19
47	菲律宾	32	65	韩国	18
48~50	保加利亚	30	66	中国台湾	17
48~50	墨西哥	30	67~68	秘鲁	16
48~50	罗马尼亚	30	67~68	特立尼达岛	16
51~53	东非	27	69	哥斯达黎加	15
51~53	葡萄牙	27	70~71	印度尼西亚	14
51~53	斯洛文尼亚	27	70~71	巴基斯坦	14
54	马来西亚	26	72	哥伦比亚	13
55~56	中国香港	25	73	委内瑞拉	12
55~56	塞尔维亚	25	74	巴拿马	11
57	智利	23	75	厄瓜多尔	8
58~63	孟加拉国	20	76	危地马拉	6

注：分数为各个国家和地区个体主义倾向的得分。

有个小例子可以形象地说明美国个体主义和中国集体主义价值观的不同。哈佛商学院的一名教授曾经在中国工作过半年，她的研究主题是工作与生活的平衡。有一次她采访一名中国员工时，发生了如下对话：

美国学者：你成家了吗？

中国员工：成家了，小孩3岁了。

美国学者：小孩是自己带吗？

中国员工：我爸爸妈妈在，他们替我们带小孩。

美国学者：他们什么时候来的？什么时候走？

中国员工：从我太太怀孕就来了，目前还没想过啥时候走，应该等孩子大一点，不需要接送了再说吧。

美国学者：他们喜欢上海吗？

中国员工：哈哈，不喜欢。他们还是想念老家。中国人都讲落叶归根嘛，年纪越大，越想早点回去。但是情况不允许啊，他们要是一走，就没人替我们看孩子了。

美国学者：你们可以雇保姆啊！

中国员工：保姆哪有自己爷爷奶奶疼孩子，交给保姆多不放心！

采访结束后，她连连感叹，万分羡慕中国员工。原来，她经常因为孩子没人接送发愁，所以专门雇了临时工负责接送孩子上学放学，然后她下班后再回去接班，从未让爸爸妈妈住过来帮忙带孩子。她说："他们有自己的生活，我不想因为我的事情打扰他们。"这个例子侧面反映了美国的高个体主义文化，更加强调个人的独立性。而爷爷奶奶、姥姥姥爷帮忙带孩子之所以是很多中国家庭的常态，也侧面反映了中国更加强调人与人之间的依赖性。当年轻人由于上班没办法带孩子之后，自然而然地想到请亲近的父母来帮助，而父母则会不遗余力地过来帮忙带孩子，因为是一家人，一家人之间就是要相互帮助，这也是中华民族的传统美德。

透过电影看文化

实际上，高集体主义并不仅仅是亚洲国家的特点，南美洲的很多国家个体主义得分比一些亚洲的国家等更低。在欧洲，希腊也是一个典型的集体主义导向型国家。电影《我盛大的希腊婚礼》中有这样有趣的一幕：虽然被禁止找外族的男朋友，但希腊裔美国女孩图拉瞒着父母偷偷与一名美国男子谈起了恋爱。然而，有一天两个人的关系还是被发现了。她的表妹向她描绘被发现的过程："听着，全家人都知道你谈恋爱了。昨晚，巴维琪撞见你在快餐店停车场热吻这名美国帅哥，她就告诉了她妈，她妈告诉了我妈，我妈告诉了你妈，这样说吧，你被逮到了。"短短一句话，生动形象地描绘出集体主义文化中人与人之间的依赖性。

再比如，欧洲的克罗地亚就是有很强集体主义文化的国家。克罗地亚人把自己的家庭放在十分靠前的位置。不同于很多西方国家，核心家庭往往是人们生活的主要方式，当人们组建了自己的家庭以后，与父母之间的联系会变弱，祖辈与孙辈之间的关系没有那么密切。但在克罗地亚，家庭成员之间的相处模式与中国更为类似。克罗地亚的学生毕业的时候，毕业生几乎全家出动来参加毕业典礼。父母、兄弟姐妹，甚至是祖父母都会来到毕业典礼现场，手捧着鲜花送给毕业生，祝贺他们顺利完成了学业，并且一家人会拍照留念。对克罗地亚学生来说，没有家人来的毕业典礼是不完整的。因此在这一天，家人都会留出时间来参加毕业典礼。这也反映了家庭对克罗地亚人的重要性。正如萨格勒布大学的一位教授所言："我每周都会带孩子去看我的爸妈。我希望能有更多的时间来陪伴我的家人。对我们来说，家人很重要，我们的大家庭每隔一段时间就要团聚一下。"①

2.1.2 权力距离

权力距离(Power Distance)维度是指一个社会中的个体对权力分配不均这一事实的接受程度。权力距离小的国家,个体对权力分配不均的接受程度比较低,人与人之间相对比较平等;权力距离大的国家,个体对权力分配不均的接受程度也较高,人与人之间的社会层级比较分明。中国是权力距离相对较高的国家,《论语·颜渊》中讲,"君君臣臣,父父子子",意思是做君主要有做君主的样子,做臣子要有做臣子的样子,做父亲要有做父亲的样子,做子女要有做子女的样子,讲的就是人与人之间的社会层级,秩序分明。霍夫斯泰德探究了 76 个国家和地区在这一维度上的得分,结果如表 2-2 所示。

表 2-2 权力距离指数

排 名	国家/地区	得 分	排 名	国家/地区	得 分
1~2	马来西亚	104	21	斯洛文尼亚	71
1~2	斯洛伐克	104	22~25	保加利亚	70
3~4	危地马拉	95	22~25	摩洛哥	70
3~4	巴拿马	95	22~25	瑞士(法语区)	70
5	菲律宾	94	22~25	越南	70
6	俄罗斯	93	26	巴西	69
7	罗马尼亚	90	27~29	法国	68
8	塞尔维亚	86	27~29	中国香港	68
9	苏里南	85	27~29	波兰	68
10~11	墨西哥	81	30~31	比利时(法语区)	67
10~11	委内瑞拉	81	30~31	哥伦比亚	67
12~14	阿拉伯国家	80	32~33	萨尔瓦多	66
12~14	孟加拉国	80	32~33	土耳其	66
12~14	中国大陆	80	34~36	东非	64
15~16	厄瓜多尔	78	34~36	秘鲁	64
15~16	印度尼西亚	78	34~36	泰国	64
17~18	印度	77	37~38	智利	63
17~18	西非	77	37~38	葡萄牙	63
19	新加坡	74	39~40	比利时(荷兰语区)	61
20	克罗地亚	73	39~40	乌拉圭	61

---

① 来自 2018 年 9 月—2019 年 2 月在克罗地亚萨格勒布大学交换的黄姝悦(研究生阶段)。

(续表)

排名	国家/地区	得分	排名	国家/地区	得分
41~42	希腊	60	59~61	爱沙尼亚	40
41~42	韩国	60	59~61	卢森堡	40
43~44	伊朗	58	59~61	美国	40
43~44	中国台湾	58	62	加拿大	39
45~46	捷克	57	63	荷兰	38
45~46	西班牙	57	64	澳大利亚	38
47	马耳他	56	65~67	哥斯达黎加	35
48	巴基斯坦	55	65~67	德国	35
49~50	加拿大(法语区)	54	65~67	英国	35
49~50	日本	54	68	芬兰	33
51	意大利	50	69~70	挪威	31
52~53	阿根廷	49	69~70	瑞典	31
52~53	南非	49	71	爱尔兰	28
54	特立尼达岛	47	72	瑞士(德语区)	26
55	匈牙利	46	73	新西兰	22
56	牙买加	45	74	丹麦	18
57	拉脱维亚	44	75	以色列	13
58	立陶宛	43	76	奥地利	11

案例聚焦

马博士有两名美国老师,一名是华人学者,一名是本土美国人。她每次给华人老师写邮件,都是"亲爱的某某教授",而这位老师给马博士回信的时候,也都是以"亲爱的文杰"开头。从2014年开始马博士与一位本土美国教授和她的研究助理做研究,基本每天都要有很多邮件往来,每次写邮件时马博士也是写"亲爱的某某教授",而她发现她的同事,那位美国老师的研究助理每次给老师写信都是"嗨,莱斯利"。马博士第一次看到她写信的时候,感觉很别扭,怎么能直呼老师的大名呢。再后来也开始直接写"嗨,莱斯利",看老师也并没有觉得被冒犯,一样开开心心地回复邮件。直到这时,她的同事才忍不住跟她说:"嗨,文杰,你早就该这样称呼啦,我都别扭好久了。"原来对马博士来说,看人家直呼大名别扭,人家看她每次恭恭敬敬地喊某某教授也别扭。然而,对深受儒家思想影响的中国、韩国、日本等国家而言,就是要尊敬父母,尊敬师长,直呼师长的姓名是不礼貌的。上课的时候也要安安静静地聆听老师的教诲,不可随意打断老师。

在权力距离方面,澳大利亚和美国的文化是相似的,人与人交往的时候很少受到各种礼仪规范的拘束。熟人相见,不论身份与地位,一律可以平等地称呼"你好"以示礼貌问好;孙辈对祖父母、子女对父母、学生对老师都可以直呼其名,不必有过多的礼节。即便是在学校的课堂上,老师也普遍允许学生直接叫他们的名字。老师认为,直呼其名可以拉近他们与学生之间的距离,而学生愿意叫他们名字,也是学生愿意亲近他们的一种表现。这样可以使得师生之间像朋友一样相处,不显得生疏。同时,澳大利亚的老师很喜欢学生在课堂上随时打断他们的讲课直接提问,学生无需等到课后。他们还喜欢学生有想法随时提出,学生也无需像中国课堂一样先举手,得到老师的许可之后再发言,他们可以直接坐在位置上就说出自己的想法。

然而,是不是直呼姓名、随意打断老师的讲话就是好事情,对长辈用敬称、安静倾听不是好事情呢?正是因为我们的权力距离较高,我们尊敬长辈,更愿意聆听长辈的智慧,才能快速帮助年轻人成长。例如,"传帮带"不仅仅是中华民族的传统智慧,更是我们党的优良传统和经验做法。习近平总书记强调,"要发挥老年人优良品行在家庭教育中的潜移默化作用和对社会成员的言传身教作用,发挥老年人在化解社会矛盾、维护社会稳定中的经验优势和威望优势,发挥老年人对年轻人的传帮带作用。"这也充分印证了"传帮带"在促进个体成长过程中所起到的重要作用。

透过电影看文化

很多年前,有一部韩国电视连续剧叫《人鱼小姐》。女主人公结婚后一直被婆婆刁难,却从来不会反抗,不管再怎么为难她,仍然对婆婆尊尊敬敬的。后来编者遇到一名韩国同学,才知道韩国是权力距离非常高的国家,家里晚辈对长辈,学校里学弟学妹对学长学姐,工作场所下属对上级,都是非常尊敬的。哪怕高权力的人安排的事情毫无道理,低权力的人也会去执行。

管理上的应用

权力距离在企业管理上有什么样的应用呢?第一个就体现在企业的组织架构上。企业的组织结构分为金字塔式、扁平式、网状结构等,其中,金字塔式的组织结构往往在权力距离较高的国家和地区比较盛行,如在中国、日本、韩国等许多深受儒家思想影响的亚洲国家。在公司里开会时,你可以通过与会人员的座位和发言语气准确地判断对方在公司里的职位。扁平式的组织结构往往在权力距离较低的国家和地区比较盛行,如北欧的芬兰、挪威、瑞典等国家。以瑞典的宜家为例,公司开会的时候往往是一个圆桌,大家落座后就关心的议题进行七嘴八舌的讨论,很难通过其座位和发言来判断哪个是上级、哪个是下属。

权力距离对管理的第二个影响就是公司的决策风格。在权力距离较大的国家和地区,企业往往更加倾向于采用自上而下的决策方式,员工往往也更加偏好这种决策方式。公司领导决定的事情,员工往往不会说不。如果员工对这一决策提出反对意见,似乎是冒犯了领导的权威。在权力距离较小的国家和地区,公司往往倾向于采用自下而上的决策方式,决策过程善于吸纳底层的意见和建议,而作为下属的个体也敢大声地说出自己的观点,领导很少会因为你反对他/她的观点而不悦,更多关心的是建议和意见是否具有可操作性。

墨西哥小伙塞雷斯最近遇到了非常大的困扰。他被公司外派到挪威做项目经理。然而,他与项目团队的成员进行任务沟通的过程非常不顺畅,比如,这天他和挪威工程师卡鲁发生了如下对话:

塞雷斯:卡鲁,用户反馈说我们的网站有些不稳定,打开的时候经常会崩溃。你和阿卜杜尔一起,把源程序当中的支持部分改一下。

卡鲁:嗨,塞雷斯,我觉得应该重新做个程序。总是修改支持程序,还是会出现这个问题的。

阿卜杜尔:对,重新做个程序就好了。

塞雷斯:但是现在用户等着用,重新做个程序要很久不说,也不见得一定奏效。还是按我说的,把支持程序修改一下吧。

卡鲁:让我来给你解释一下我的计划……

塞雷斯长叹了一口气,恼火地想:外派经理太不好做了,我要跟公司打报告调回去。这里的人太不听话了。

上例当中的塞雷斯和卡鲁之间沟通不顺畅的主要原因是双方的文化背景不同。墨西哥是高权力距离国家,作为外派经理的塞雷斯理所应当地认为,当自己安排任务的时候,下属应该服从,并立刻去执行。他认为他的挪威团队成员总是在挑战他的权威,"不听话",对他不够尊重。然而,他忽略了挪威是典型的低权力距离国家,卡鲁并不是想要挑战他的权威或者是跟他唱对台戏,而是习惯性地提出自己认为更加有效的方案。因此,作为外派经理的塞雷斯,最好的办法是耐心地听完卡鲁的陈述,如果发现他的方案可行,那么可以执行这一方案;如果发现这一方案有其未想到的漏洞,则可以用事实说服卡鲁来执行塞雷斯提出的方案。

2.1.3 事业成功与生活质量

事业成功与生活质量(Masculinity Vs Femininity)这一维度反映的是社会中的个体是更加强调进取好胜、自信武断、物质主义(事业成功导向),还是更加强调合作、谦虚、关心他人并重视生活质量。在企业管理中,事业成功与生活质量有时也被称为"强硬文化与温柔文化"。事业成功导向较强的国家,人与人之间的竞争意识非常强烈,社会衡量个体是否成功的标准就是功名财富。社会鼓励和赞赏为了工作牺牲个人休息和生活的人。"工作狂"在事业导向较强的国家一定意义上有着积极的含义,例如日本。以前,只要一提到工作狂,人们就会想起日本人,称其为"拼命三郎"①。而在生活质量导向较强的国家,人与人之间的竞争意识相对并不强,更加强调关系与合作,看重工作氛围是否友好以及职业是否安全②,社会衡量个体是否成功的标准是人际友好交往和舒适的生活环境,认为人生中最重要的事情并非物质上取得多大成就,而是心灵上的沟通③。例如法国,人们并不愿意加班,闲暇和假期是生活品质的标志。1998年,法国国会更是强行通过法律,将每周的工作时间从原来的39个小时降到35个小时②。表2-3总结了各个国家和地区的事业成功—生活质量指数。

表2-3 事业成功—生活质量指数

排名	国家/地区	得分	排名	国家/地区	得分
1	斯洛伐克	110	22~24	瑞士(法语区)	58
2	日本	95	22~24	特立尼达岛	58
3	匈牙利	88	25~27	捷克	57
4	奥地利	79	25~27	希腊	57
5	委内瑞拉	73	25~27	中国香港	57
6	瑞士(德语区)	72	28~29	阿根廷	56
7	意大利	70	28~29	印度	56
8	墨西哥	69	30	孟加拉国	55
9~10	爱尔兰	68	31~32	阿拉伯国家	53
9~10	牙买加	68	31~32	摩洛哥	53
11~13	中国大陆	66	33	加拿大	52
11~13	德国	66	34~36	卢森堡	50
11~13	英国	66	34~36	马来西亚	50
14~16	哥伦比亚	64	34~36	巴基斯坦	50
14~16	菲律宾	64	37	巴西	49
14~16	波兰	64	38	新加坡	48
17~18	南非	63	39~40	以色列	47
17~18	厄瓜多尔	63	39~40	马耳他	47
19	美国	62	41~42	印度尼西亚	46
20	澳大利亚	61	41~42	西非	46
21	比利时(法语区)	60	43~45	加拿大(法语区)	45
22~24	新西兰	58	43~45	中国台湾	45

---

① 闻儿.美国:打拼才会赢;欧洲:不做工作狂[N].中国财经报,2001-10-27.
② 晏雄.跨文化管理(第2版)[M].北京:北京大学出版社,2016.
③ 王朝晖.跨文化管理原理与实务[M].北京:北京大学出版社,2014.

(续表)

排 名	国家/地区	得 分	排 名	国家/地区	得 分
43～45	土耳其	45	61～62	危地马拉	37
46	巴拿马	44	61～62	苏里南	37
47～50	比利时(荷兰语区)	43	63	俄罗斯	36
47～50	法国	43	64	泰国	34
47～50	伊朗	43	65	葡萄牙	31
47～50	塞尔维亚	43	66	爱沙尼亚	30
51～53	秘鲁	42	67	智利	28
51～53	罗马尼亚	42	68	芬兰	26
51～53	西班牙	42	69	哥斯达黎加	21
54	东非	41	70～71	立陶宛	19
55～58	保加利亚	40	70～71	斯洛文尼亚	19
55～58	克罗地亚	40	72	丹麦	16
55～58	萨尔瓦多	40	73	荷兰	14
55～58	越南	40	74	拉脱维亚	9
59	韩国	39	75	挪威	8
60	乌拉圭	38	76	瑞典	5

注：分数为各个国家和地区事业成功倾向的得分。

透过电影看文化

湖南卫视曾经有一档节目叫《爸爸去哪儿》，讲的是爸爸带孩子去旅行的故事。第三季请了四个中国爸爸和一个加拿大爸爸带娃旅行。在节目一开始，当被问到是否单独带孩子去旅行时，中国爸爸们和加拿大爸爸的对比非常鲜明：

胡军(中国，演员)：没有单独带他出去过。他妈不在身边，我会容易抓狂，心里有点怵得慌。

刘烨(中国，演员)：没有，这是第一次。这是大姑娘上轿头一回。没有太多的时间，也没有太多的真正交流。

邹市明(中国，拳击运动员)：从来没有。在他们第一次喊爸爸、第一次抬头、第一次爬、第一次走时我基本上都没在他们身边。

林永健(中国，演员)：还真没有，一年365天，我有350天在拍摄现场。

夏克立(加拿大，综艺主持人)：我是她的玩具，我花很多时间跟她在一起，比任何东西都重要。

通过这个例子可以看出，中国的爸爸花在陪伴子女上的时间普遍较少，更多的时候是努力工作,为孩子挣钱花,让孩子能有更好的物质基础,属于典型的事业成功导向文化。而节目中的加拿大爸爸则花很多时间来陪伴子女,并认为这比任何东西都重要,属于典型的生活质量导向文化。这就是文化和价值观的差异。

事业成功和生活质量哪一种价值观更好?没有哪一种价值观是优于另外一种价值观的,任何一种价值观都反映了当地人们固有的生活习惯。通过表2-3可以看出,中国人的"事业成功"得分并不是最高的,斯洛伐克、日本、匈牙利等国的"事业成功"指数要远远高于中国,说明他们更愿意为了事业而放弃很多生活。对于加拿大人来讲,如果父母天天忙着工作,无暇照顾子女,孩子可能无法接受。对于斯洛伐克、日本、匈牙利等国,如果父母天天忙于工作,无暇照顾子女,子女可能更会对父母心怀感恩,因为是父母的努力奋斗才换来了自己的幸福生活。

南半球最大规模的露天市场——维多利亚女王市场(Queen Victoria Market)日前计划推出一项有关延长营业时间的政策,这是近20年来首次提出的改革。

维多利亚女王市场的首席执行官斯坦·利亚科斯这样解释这项改革的原因:目前,维多利亚女王市场每天的营业时间并不固定(见图2-1),例如周二周四下午2点关门,周五下午5点关门,周六下午3点关门,周日下午4点关门,这给顾客带来了一定的困扰。这个计划是为了让营业时间更加灵活,让顾客更容易接受。新推出的政策(见图2-2)是周二、周四、周五都是下午3点关门,周六周日都是下午5点关门。这样每天的营业时间是固定的,且延长了周末的营业时间,能让摊贩们挣更多钱。

营业时间

	新鲜农产品	专业购物	豆角巷
星期二	6:00-14:00	8:00-14:00	关闭
星期四	6:00-14:00	8:00-14:00	关闭
星期五	6:00-17:00	8:00-15:00	8:00-15:00
星期六	6:00-15:00	8:00-15:00	8:00-15:00
星期天	9:00-16:00	9:00-16:00	9:00-16:00
星期三(季节性的)		17:00-22:00(夜市)	

图2-1 维多利亚女王市场旧营业时间

营业时间

星期二	7:00-15:00
星期四	7:00-15:00
星期五	7:00-15:00
星期六	7:00-17:00
星期天(专业购物在上午九点营业)	9:00-17:00
星期三	17:00-22:00(夜市)

图2-2 维多利亚女王市场营业时间修改提议

这项政策提议一经推出,就引起了摊贩们的不满。他们表示,尽管顾客有需求,他们并不希望延长开放时间。摊主利亚·摩尔(Leah Moore)告诉《先驱太阳报》,超过95%的摊贩们不希望延长营业时间。摩尔女士说:"我们都有家庭,这会占用我们与家人相处的时间。如果规定在下午5点关门,那么要到下午6点才能收摊,回到家就更晚了,回家后往往还要为第二天开市做准备……"

利亚科斯表示,对这项提议,摊贩们褒贬不一,不过这也是在预料之中的。公司将收集摊贩们的反馈,尽可能在10月底前实施新的营业时间。

经过长达6个月的协商,维多利亚女王市场新的交易时间在摊贩们的大力支持下于2019年10月29日星期二生效(如图2-3所示)。

维多利亚女王市场交易时间

星期二	6:00-15:00
星期四	6:00-15:00
星期五	6:00-15:00
星期六	6:00-16:00
星期天(专业购物上午九点营业)	9:00-16:00
星期三(季节性的)	17:00-22:00(夜市)

图 2-3 维多利亚女王市场新营业时间

资料来源:https://www.kiis1011.com.au/entertainment/.
https://www.sohu.com/a/330845480_170561.
https://qvm.com.au/news/new-trading-hours-to-commence-from-29-october/.

2.1.4 不确定性规避

不确定性规避(Uncertainty Avoidance)维度反映的是社会当中的个体能够忍受模糊和不确定性的程度。我们生活在一个充满挑战和不确定性的世界中,未来在很大程度上也是充满变数的,不确定性规避衡量的就是社会中个体对于这种不确定性和变数的反应。不确定性规避较高的国家,人们不太能忍受模糊和不确定性,做事更加保守;而不确定性规避较低的国家,人们更加能够忍受模糊和不确定性,敢于冒险,做事更加大胆,对未来充满了信心。表2-4总结了各个国家和地区的不确定性规避指数。

表 2-4 不确定性规避指数

排 名	国家/地区	得 分	排 名	国家/地区	得 分
1	希腊	112	8	萨尔瓦多	94
2	葡萄牙	104	9~10	比利时(法语区)	93
3	危地马拉	101	9~10	波兰	93
4	乌拉圭	100	11~13	日本	92
5	比利时(荷兰语区)	97	11~13	塞尔维亚	92
6	马耳他	96	11~13	苏里南	92
7	俄罗斯	95	14	罗马尼亚	90

(续表)

排名	国家/地区	得分	排名	国家/地区	得分
15	斯洛文尼亚	88	46	拉脱维亚	63
16	秘鲁	87	47~49	孟加拉国	60
17~22	阿根廷	86	47~49	加拿大	60
17~22	智利	86	47~49	爱沙尼亚	60
17~22	哥斯达黎加	86	50~51	芬兰	59
17~22	法国	86	50~51	伊朗	59
17~22	巴拿马	86	52	瑞士(德语区)	56
17~22	西班牙	86	53	特立尼达岛	55
23~25	保加利亚	85	54	西非	54
23~25	韩国	85	55	荷兰	53
23~25	土耳其	85	56	东非	52
26~27	匈牙利	82	57~58	澳大利亚	51
26~27	墨西哥	82	57~58	斯洛伐克	51
28	以色列	81	59	挪威	50
29~30	哥伦比亚	80	60~61	新西兰	49
29~30	克罗地亚	80	60~61	南非	49
31~32	巴西	76	62~63	加拿大	48
31~32	委内瑞拉	76	62~63	印度尼西亚	48
33	意大利	75	64	美国	46
34	捷克	74	65	菲律宾	44
35~38	奥地利	70	66	印度	40
35~38	卢森堡	70	67	马来西亚	36
35~38	巴基斯坦	70	68~69	英国	35
35~38	瑞士(法语区)	70	68~69	爱尔兰	35
39	中国台湾	69	70~71	中国大陆	30
40~41	阿拉伯国家	68	70~71	越南	30
40~41	摩洛哥	68	72~73	中国香港	29
42	厄瓜多尔	67	72~73	瑞典	29
43~44	德国	65	74	丹麦	23
43~44	立陶宛	65	75	牙买加	13
45	泰国	64	76	新加坡	8

注：本节数据整理自[荷]吉尔特·霍夫斯泰德,[荷]格特·扬·霍夫斯泰德,[保加利亚].文化与组织：心理软件的力量(第三版)(修订版)[M].张炜,王烁,译.北京：电子工业出版社,2019.

以中国和美国相比,中国是一个不确定性规避较低的国家,意味着人们更加能够忍受模糊性。比如,以做菜为例,下列词汇在中式菜谱中非常常见:"芹菜一把""盐少许""油适量""一勺生抽""炸至金黄色""大火煸炒""文火慢炖""小火收汁""香料凭个人喜好"等。我们在看菜谱的时候并无任何不适感。然而,"芹菜一把"到底是多大的一把?大手和小手一把抓的分量还是有很大差别的。"盐少许"到底是多少呢?"一勺生抽"用的又是多大的勺子呢?"大火、文火、小火"到底是多大的火呢?即便从菜谱中找不到这些问题的答案,并不影响我们把菜做出来,而且每个人做出来都觉得挺好吃。所以,你在"下厨房"这类软件上搜某一道菜,往往看到下面很多人留言说,按照菜谱做了,很好吃。但是当你看这些用户上传的图片时,却发现每个人做出来的菜的成色差别非常大。这就是为什么我们常说有一种菜叫"妈妈的味道",是哪个餐馆都无法做出来的。

相比中国,美国则是不确定性规避较高的国家(尽管美国的总体不确定性得分在76个国家里并不算高)。还是以美食为例,如果你想要做西点,会发现哪怕是厨房新手,做起来也非常简单。如果你想要做布朗尼蛋糕,从超市买回来的可可粉原材料包装盒上明确写着配多少毫升的植物油、多少克盐、烤箱加热到多少度、烤多少分钟,每个步骤都是非常精确地量化好,且家家户户的厨房里都有量杯和厨房秤,全程"傻瓜式"操作即可做出香喷喷的布朗尼蛋糕。这两个小例子可以侧面反映不确定性规避高和低的一点区别。

管理上的应用

反映到管理中,我们对于要"尽快完成"某项任务很少有疑义,不会追着对方问"尽快到底是多快";然而,对于不确定性规避非常高的国家,比如希腊,在安排任务的时候很少用"尽快""不急"这样的词汇,更多的时候是明确地安排好具体到什么时间完成哪一项任务。希腊文化中的"达摩克利斯之剑"更是形象地反映了希腊人对于模棱两可的状态极端不自在的特点。

2.1.5 长期导向与短期导向

20世纪80年代末到90年代初,霍夫斯泰德在一项专门针对华人开展的价值观调查问卷中发现一个新的价值观维度,这个新出现的价值观与经济增长有着显著的关系。他们最初将这个价值观命名为儒家价值观(Confucian Dynamism),强调的是一个社会培育和鼓励以追求未来回报为导向的品质,以及人们做事情坚持不懈、勤勤恳恳、兢兢业业、勤俭节约的品质。在霍夫斯泰德研究的这段时间,亚洲经济迅猛发展,其中,亚洲"四小龙"(中国香港、中国台湾、韩国以及新加坡)的经济腾飞更是令世界瞩目。霍夫斯泰德发现,这四个亚洲地区有一个共同的文化特点,就是凡事并不是仅考虑当下的"一锤子买卖",而是看得非常长远,以未来为导向,重视长期合作。这个价值观与国家和地区经济发展速度之间的相关系数非常高,解释了近50%的变异量[①]。霍夫斯泰德后来将这一维度命名为

---

① 陈晓萍.跨文化管理(第三版)[M].北京:清华大学出版社,2016.

长期导向和短期导向(Long Term Orientation VS Short Term Orientation)。表2-5总结了各个国家和地区在这一维度上的得分和排序。

表2-5 长期导向—短期导向指数

排 名	国家/地区	得 分	排 名	国家/地区	得 分
1	韩国	100	28～32	中国香港*	61
2	中国台湾	93	28～32	阿塞拜疆	61
3	日本	88	33	奥地利	60
4	中国大陆	87	34～35	克罗地亚	58
5	乌克兰	86	34～35	匈牙利	58
6	联邦德国	83	36	越南	57
7～9	爱沙尼亚	82	37	瑞典	53
7～9	比利时	82	38～39	塞尔维亚	52
7～9	立陶宛	82	38～39	罗马尼亚	52
10～11	俄罗斯	81	40～41	英国	51
10～11	白俄罗斯	81	40～41	印度	51
12	民主德国	78	42	巴基斯坦	50
13	斯洛伐克	77	43	斯洛文尼亚	49
14	黑山	75	44	西班牙	48
15	瑞士	74	45～46	孟加拉国	47
16	新加坡	72	45～46	马耳他	47
17	摩尔多瓦	71	47	土耳其	46
18～19	捷克	70	48	希腊	45
18～19	波斯尼亚	70	49	巴西	44
20～21	保加利亚	69	50	马来西亚*	41
20～21	拉脱维亚	69	51～54	芬兰	38
22	荷兰	67	51～54	格鲁吉亚	38
23	吉尔吉斯斯坦	66	51～54	波兰	38
24	卢森堡	64	51～54	以色列	38
25	法国	63	55～56	加拿大	36
26～27	印度尼西亚	62	55～56	沙特阿拉伯	36
26～27	马其顿	62	57～58	丹麦	35
28～32	阿尔巴尼亚	61	57～58	挪威	35
28～32	意大利	61	59～60	坦桑尼亚	34
28～32	亚美尼亚	61	59～60	南非	34

(续表)

排 名	国家/地区	得 分	排 名	国家/地区	得 分
61	新西兰	33	78～80	阿根廷	20
62	泰国*	32	78～80	马里*	20
63	智利	31	78～80	萨尔瓦多	20
64	赞比亚*	30	81	卢旺达*	18
65～66	葡萄牙	28	82～83	约旦	16
65～66	冰岛	28	82～83	委内瑞拉	16
67～68	布基纳法索*	27	84	津巴布韦	15
67～68	菲律宾	27	85～86	摩洛哥	14
69～71	乌拉圭	26	85～86	伊朗	14
69～71	阿尔及利亚	26	87～90	哥伦比亚	13
69～71	美国	26	87～90	多米尼加	13
72～73	秘鲁	25	87～90	尼日利亚	13
72～73	伊拉克	25	87～90	特立尼达岛*	13
74～76	爱尔兰	24	91	埃及	7
74～76	墨西哥	24	92	加纳*	4
74～76	乌干达	24	93	波多黎各	0
77	澳大利亚	21			

注：本节数据整理自［荷］吉尔特·霍夫斯泰德，［荷］格特·扬·霍夫斯泰德，［保加利亚］. 文化与组织：心理软件的力量(第三版)(修订版)[M]. 张炜，王烁，译. 北京：电子工业出版社，2019.

长期导向较强的国家和地区，更加强调未来，注重对未来的考虑，强调节俭且人们有较强的储蓄意识。对事则以动态的观点去衡量，因此，做任何事情都更倾向于留有余地。例如表 2-5 中得分较高的亚洲国家和地区，居民储蓄率居世界前列。2015 年年底，中国、日本、韩国、新加坡等国家的净对外资产头寸之和达到 7.3 万亿美元，几乎正好等于美国的净国际投资负债[1]，这就得益于这些国家居民较高的储蓄率。短期导向较强的国家和地区，更加强调当前，重视眼前的利益。例如，美国就是典型的短期导向国家。2019 年第一季度，剔除通货膨胀因素后，美国国民储蓄率仅为 2.4%，而其过去 30 年的居民储蓄率均值也仅为 6.5%，用于投资未来的资本十分匮乏[2]。

管理上的应用

长期导向与短期导向在管理中最典型的体现就是做生意的方式不同。中国是典型的

---

[1] 肖耿，沈联涛. 让亚洲的储蓄为亚洲做贡献[N]. 中国证券报，2017-3-8.
[2] 葛唯尔. 独家专访耶鲁大学高级研究员罗奇——美国对全球 102 个经济体赤字，国民储蓄率过低是硬伤[N]. 第一财经日报，2019-6-13.

长期导向较强的国家。以最近火爆的地摊经济为例，人们去买东西的时候常常喜欢说的一句话就是："老板，便宜点吧，我会常来的，或者我会介绍我的朋友过来的。"摊主打折的时候也常常说："给你便宜点，多帮我介绍两个客户。"这就暗含着长期导向的价值观。双方并没有将这笔买卖当成一次性生意或"一锤子买卖"，而是希望通过这次买卖能够为未来更多的买卖打下基础。这样的讲价或者谈判方式在短期导向较强的美国或者澳大利亚等国家就行不通。相反，如果想要讲价促成一笔生意，双方往往会就购买的数量进行谈判，而非考虑下一次或者再下一次的合作。

澳大利亚是一个短期取向的国家。澳大利亚人对生活、对工作往往都只有短期的规划。上课时，教授说澳大利亚人对生活的规划一般最长也就只有3—5年，与一届政府的任期差不多。澳大利亚人的生活态度比较随遇而安，他们很少去想10年以后、或退休以后的事，往往更倾向于享受当下。他们认为太多年以后的事情是无法掌控的，只需考虑近几年的事情即可。

澳大利亚人的短期取向还可以表现在发工资的方式上。澳大利亚的薪水是按周发放的。澳大利亚实行周工资制，每周四是人们领取周薪的时间。平时，澳大利亚的商场关门都很早。但在每周四的工资日，澳大利亚的商场都会延长营业时间。因为在这一天，拿到工资的人们都会去购物、消费，商场、餐馆、酒吧的生意在这一天是最为繁忙的。他们从未想过为自己儿女的未来打算，或者有意识进行储蓄，将来将这部分储蓄传给自己的下一代①。

2.1.6 放纵与约束

放纵与约束（Indulgence VS Control）是霍夫斯泰德与明科夫等人基于世界价值观调查数据提出的新维度。持有放纵价值观的社会允许个体相对自由地满足和享受与生活和娱乐有关的人类基本欲望或者自然欲望的倾向。持有约束价值观的社会则倾向于以严格的社会规范限制和调节这些满足个体欲望的举动。表2-6总结了不同国家和地区在这一维度上的得分和排序。

表2-6 放纵—约束指数

排 名	国家/地区	得 分	排 名	国家/地区	得 分
1	委内瑞拉	100	7	特立尼达岛	80
2	墨西哥	97	8	瑞典	78
3	波多黎各	90	9	新西兰	75
4	萨尔瓦多	89	10	加纳	72
5	尼日利亚	84	11	澳大利亚	71
6	哥伦比亚	83	12~13	塞浦路斯	70

---

① 来自本科就读于上海对外经贸大学和墨尔本皇家理工大学的双学位学生黄姝悦。

(续表)

排名	国家/地区	得分	排名	国家/地区	得分
12~13	丹麦	70	41~43	新加坡	46
14	英国	69	44	泰国	45
15~17	加拿大	68	45~46	波斯尼亚	44
15~17	荷兰	68	45~46	西班牙	44
15~17	美国	68	47~48	约旦	43
18	冰岛	67	47~48	马里	43
19~20	瑞士	66	49~51	赞比亚	42
19~20	马耳他	66	49~51	菲律宾	42
21~22	安道尔	65	49~51	日本	42
21~22	爱尔兰	65	52~53	联邦德国	40
23~24	南非	63	52~53	伊朗	40
23~24	奥地利	63	54	吉尔吉斯斯坦	39
25	阿根廷	62	55~56	坦桑尼亚	38
26	巴西	59	55~56	印度尼西亚	38
27~29	芬兰	57	57	卢旺达	37
27~29	马来西亚	57	58~59	马其顿	35
27~29	比利时	57	58~59	越南	35
30	卢森堡	56	60	民主德国	34
31	挪威	55	61~62	葡萄牙	33
32	多米尼加	54	61~62	克罗地亚	33
33	乌拉圭	53	63~64	阿尔及利亚	32
34~35	乌干达	52	63~64	格鲁吉亚	32
34~35	沙特阿拉伯	52	65	匈牙利	31
36	希腊	50	66	意大利	30
37~38	土耳其	49	67~69	捷克	29
37~38	中国台湾	49	67~69	韩国	29
39~40	法国	48	67~69	波兰	29
39~40	斯洛文尼亚	48	70~72	斯洛伐克	28
41~43	秘鲁	46	70~72	塞尔维亚	28
41~43	埃塞俄比亚	46	70~72	津巴布韦	28

(续表)

排 名	国家/地区	得 分	排 名	国家/地区	得 分
73	印度	26	83~84	伊拉克	17
74	摩洛哥	25	85~87	爱沙尼亚	16
75	中国大陆	24	85~87	保加利亚	16
76	阿塞拜疆	22	85~87	立陶宛	16
77~80	俄罗斯	20	88~89	白俄罗斯	15
77~80	黑山	20	88~89	阿尔巴尼亚	15
77~80	罗马尼亚	20	90	乌克兰	14
77~80	孟加拉国	20	91	拉脱维亚	13
81	摩尔多瓦	19	92	埃及	4
82	布基纳法索	18	93	波多黎各	0
83~84	中国香港	17			

注：本节数据整理自[荷]吉尔特·霍夫斯泰德,[荷]格特·扬·霍夫斯泰德,[保加利亚]. 文化与组织：心理软件的力量(第三版)(修订版)[M]. 张炜,王烁,译.北京：电子工业出版社,2019.

放纵型的社会中感到非常幸福的个体比例相对较高，他们认为个人的生活是由自己把握的，因此会将更多的时间用在自己较为看重的休闲和交友上，不是很看重勤俭节约，倾向于及时享乐，对待生活的态度更为积极，性格也相对更加外向，比如走在路上会愿意对陌生人微笑，生活中也更容易记住积极的情绪而非消极的情绪。

约束型的社会中感到非常幸福的个体比例相对较低，他们做事情更加考虑社会规范而非自己内心的想法，因此身不由己的无奈感会很强，性格也相对更加焦虑一些。在平时的生活中，人们认为节俭非常重要，而休闲和交友较为不重要。

管理上的应用

霍夫斯泰德曾经举过这样一个例子来解释放纵价值观与约束价值观在管理上的冲突。美国服务业有一条不成文的规定，就是要对消费者微笑。这个现象在持有放纵价值观的国家和地区非常常见。当麦当劳在俄罗斯开业以后，其美籍的管理人员同样要求当地的员工对消费者微笑，然而，俄罗斯是高度克制的社会，人们很少对陌生人微笑，这就出现了以下现象：

当进入俄罗斯时，他们带来了非常强烈的企业文化。他们决定去培训俄罗斯的销售人员。他们想让这些销售人员面带麦当劳式的微笑，露出满口32颗牙。然而，一段时间过后，麦当劳的专家发现俄罗斯消费者被他们灿烂的笑容吓到了，他们非常惊讶地盯着这些销售人员："为什么你们对我咧着嘴笑？"他们调查发现，在俄罗斯对一个陌生人灿烂微笑是没有用的。俄罗斯人遇到陌生人时从不会笑成这种样子,当一个人对俄罗斯人这么做的时候,俄罗斯人的反应是:"这个人怎么了?"[①]

2.2 六大价值取向理论

克拉克洪(Kluckhohn)和斯托特柏克(Strodtbeck)的六大价值取向理论也是跨文化沟通和管理领域的经典理论。两位学者认为,人类共同面对六个大的问题,这六个问题分别是:对人性的看法、对自身与外部自然环境关系的看法、对自身与他人关系的看法、人的活动导向、人的空间观念以及人的时间观念。不同文化群体对这六个大问题的观念、价值理念以及解决方法均存在一定的差异,正是这些差异将不同的文化群体区别开来。因此,不同国家和地区的人对这六大问题有着不同的观点和态度,而这些观点和态度也显著地影响了当地居民的工作、生活态度及行为。

2.2.1 对人性的看法

人性是善的还是恶的?抑或是两者的混合体?人性是可变的还是不可变的?不同的文化群体对这两个问题的看法存在很大的差异。

有些文化群体认为人性是本恶的,如以基督教为主要宗教的国家。基督教的《圣经》里是亚当夏娃偷食禁果,从而有了原罪,因此认为人性本恶。美国文化对人性的看法比较复杂,并非单纯地认为人性本善或者人性本恶,而是认为人性可善可恶,是两者的混合体,必须要小心谨慎才能不被利用。中国的《三字经》里第一句话就是"人之初,性本善",说明我们对人性的看法是积极的。

关于人性是否可变,不同文化群体的理解也不尽一致。基督教虽然认为人性本恶,但人们可以通过不断做好事和忏悔洗脱自身的罪孽,并在死后升入天堂,因此,认为人性是可变的。美国文化也持有这样的观点,认为人性的善和恶在出生以后会发生变化。中国的古话里"三岁看老"反映的则是人性不可变的假设。

马博士在美国访问时的导师是一位民族志研究者。她对人们到一个新地方去的第一印象非常感兴趣。在马博士到美国的第三天,她的导师问她对美国印象最深刻的地方是什么。她说:"印象最深刻的是路上的司机。每次我要过马路的时候,司机总是停下来,冲我摆摆手,让我先过去,然后他们才开车过去,好有礼貌啊!"导师听完,笑得眼泪都出来了,她说:"你知道吗,不是他们有礼貌,而是如果他们不先让你过去,会被罚500美元的!"500美元对美国人也不是一笔小数字了。

---

① [荷]吉尔特·霍夫斯泰德,[荷]格特·扬·霍夫斯泰德,[保加利亚]迈克尔·明科夫.文化与组织:心理软件的力量(第三版)(修订版)[M].张炜,王烁,译.北京:电子工业出版社,2019:216.

这个故事充分反映了美国的人性观。他们认为人性是可善可恶的，但必须要小心谨慎才能不被利用。因此会尽可能地考虑人性恶带来的后果，从而设计严谨缜密的制度，预防坏事的发生。在企业里也是一样，美国企业的制度非常规范，如果你想和美国企业做生意，要签的合同往往也有上百页厚。而在中国，基于人性善的视角，我们假设个体是不会做坏事的，因此我们的规章制度往往较为简单。很多时候是出现了问题，我们才会把相应的条款写入规章制度。因此，中国企业的规章制度往往伴随着企业成长由简变繁，慢慢完善。

管理上的应用

关于人性的看法不仅影响不同国家商业活动规章制度的严密程度，也影响到管理者的领导风格。如果某一文化群体更加关心的是人性恶的一面，则倾向于采取更加专制的风格来规范和约束人的行为；如果某一文化群体更加关心的是人性善的一面，则本着高度信任的原则，倾向于以授权式甚至是放任式的风格来管理员工；而在认为人性是善恶混合体的文化中，管理者则更倾向于进行参与式管理加以严格的控制，以期迅速地识别个体和组织的违规行为。

2.2.2 对自身与外部自然环境关系的看法

人是自然的主人还是应当屈从于自然，抑或是与自然和谐相处？不同的文化群体对这一问题的看法也存在非常大的差异。有些文化群体（如信奉伊斯兰教的国家）认为人应当服从自然，顺从自然，很多事情的发生是宿命，是真主的旨意，是不受人类控制的。有些文化群体（如美国和加拿大）则更倾向于认为人是自然的主人，人类可以控制自然、征服自然。而一些远东国家则持有更加中立的看法，倾向于寻求人与自然的和谐相处。

不同文化群体对自身与外部自然环境关系的看法影响到他们对待自然灾害的归因。以日本 2011 年的 3·11 地震及其引发的海啸为例（该事件导致一万多人丧失生命），对于信奉伊斯兰教的很多国家来讲，人们认为这么多人丧生是由于人类冒犯了自然而导致的，是天意，也是不由人所控制的。《古兰经》第三十章中说："灾害因众人所犯的罪恶而显现于大陆和海洋，以至真主使他们尝试自己的行为的一点报酬，以便他们悔悟。"也就是说，自然灾害（地震、海啸等）产生的原因是人们做了不好的事情而遭到了真主的惩罚。对美国和加拿大这样的国家而言，人们更倾向于认为这么多人丧生是由于人类预测不够准确或者对可能发生的灾难准备不足。而在追求人与自然和谐相处的国家，比如中国、日本、韩国，人们更加关注如何在顺从自然的情境下达到自身的目的。在中国，居民建房子、企业选址的时候往往很讲究"风水"，如果某一地方风水不好，往往不会强行改变风水，而是换一个风水好的地方。日本茶室也是空间风水的典范，蕴含着人与自然和合的精神因素①。

---

① 李琦珂，曹幸穗.中日韩三国"风水"文化比较研究[J].东北亚论坛，2013，22(01)：108-118；129.

管理上的应用

不同文化群体对自身与外部自然环境关系的看法对企业管理也有着深远的影响。以目标管理为例，在人应当屈从于自然的文化理念影响下，企业往往不太注重目标的设置，认为做什么、怎么做要顺其自然。在人和自然和谐相处的文化理念影响下，企业倾向于设置目标，但对未完成目标的惩罚并不严厉，因为有很多无法控制的外部因素可能会影响到这个目标的完成。在人是自然的主人文化理念的影响下，企业非常注重设置目标以及目标的完成，未达到目标的惩罚也是非常严厉的[①]。

丹麦知名的服装品牌公司 Bestseller 驻沙特阿拉伯的经理尼尔森最近非常困扰。基于公司的生产计划，他们最近需要加急生产一批服装。当他与沙特当地经理加萨尼沟通时，发生了如下对话：

尼尔森：嗨，加萨尼，今天我刚接到总部电话，这一批 ONLY 女装要求这个月能完成进度。

加萨尼：哦，如果真主愿意，工厂将按时完工。

对尼尔森而言，"如果真主愿意"分明就是为无法及时完工而找的借口，毫无意义。可是，对加萨尼而言，工厂工作的进度有很多人无法控制的因素，如果上帝愿意让他们按时完工的话，自然不会有一些意外出现而影响任务进度，可是如果上帝不愿意让他们按时完工的话，一定会有一些意外或者突发状况影响任务进程，因此，任务进度取决于上帝的抉择[②]。

2.2.3　对自身与他人关系的看法

个体和群体的关系是怎样的？当个体利益和集体利益发生冲突时，应该怎么选择？不同文化群体对这两个问题的回答存在显著的差别。有些文化群体（如中国、日本、韩国）倾向于把个体看作群体的一员，认为个体离开群体是很难生存的。因此，这些文化群体的国家看重群体的统一与和谐，忠于群体是评价个体品质优劣的要素。个体应当尽可能地"合群"，不要有太多突出的个性，不要在群体里格格不入。例如，日本人喜欢的颜色以白色、黑色等素色为主，不喜欢特别艳丽的颜色，其主要原因就是不希望在人群中特别扎眼。当个体利益与集体利益发生冲突时，社会赞许牺牲个体利益来保全集体利益的行为。有些文化群体（如美国）认为每个人都是一个独立的个体，应该有自己的个性，应当与众不同。要先对自己负责任，再对别人负责任。因此，美国人常常把个人价值凌驾于集体价值之上，个人对群体、团队或者社区的忠诚度较弱。此外，美国人也经常将集体的成就归功于个人，通过突出个体的作用来显示集体的成就。例如，1993 年，两名美国学者写了一本

---

① 王朝晖.跨文化管理原理与实务[M].北京：北京大学出版社，2014.
② 基于 Adler, N.J. and A. Gundersen, *International Dimensions of Organizational Behavior*[M]. Boston：Cengage Learning. 2007：85 改编。

书,书名就叫《杰克·韦尔奇如何使通用电气成长为世界最具有竞争力的公司》①。

对自身与他人之间关系的看法不同,影响到父母对孩子的期望。如果在中国你说:"小朋友好乖啊",你的朋友会很高兴;相反,如果你说:"你的孩子好有个性啊",朋友可能不是很开心。因为"有个性"对强调个体要合群的国家和地区并不是一个褒义的词;相反,它对强调个体应当与众不同的美国则是一个褒义的词汇。

在这方面,日本和中国的文化很类似。日本人聚会喝酒,大部分时候,第一杯大家都会不约而同地点啤酒。不是因为所有人都爱喝,只是因为爱喝啤酒的人多,一旦指明要喝啤酒的人为超过2人,剩余的人基本也都会点啤酒。这些剩余的人是这么想的:"要是第一杯我点别的,就跟别人不一样了,那他们会怎么想我呢,会不会认为我难相处、不合群呢?那我以后就难融入这个团体了呀!那些比我年长的前辈也会认为我桀骜不驯,我说不定还会被欺负呢……为了一杯酒太不值得了,我还是点啤酒吧!"②

管理上的应用

在个体主义取向的加拿大,员工是否被雇佣取决于个体能力,这种能力受个人经历、教育背景以及过往的职业成就影响;企业是否合作则更多取决于对方企业的条件和双方谈判的结果。在亚洲和拉丁美洲等国家,公司在重要的岗位上更喜欢雇佣家人或亲戚,因为他们相信,家人和亲戚更值得信赖;在做生意的时候,也更倾向于和熟人进行合作;此外,在招聘一般员工的时候,虽然也很重视个体的能力,但相比之下,更看重个体是否忠诚可信,是否善于与同事合作等。

从前南斯拉夫移民到德国西部的工程师拉德在一家知名的德国工程公司工作。他的女儿拉娜最近刚刚从知名学府——德国大学毕业。拉德认为,帮女儿找工作是他的职责,他希望他的德国老板能够雇佣拉娜。尽管他的老板认为拉娜完全胜任公司的工作,但还是拒绝了父女在同一办公室工作。对他而言,雇佣家族成员非常令人反感。拉德认为他的老板做事不公平,他认为他和女儿在同一办公室工作没有任何问题。

最后,拉德的老板没有雇佣拉娜。此后,拉德也没有像之前那样尊敬老板了。拉德非常沮丧,申请调到其他部门。不管是拉德还是他的老板,都没有意识到这个冲突实际上是由于他们的价值取向根本不同而导致的③。

2.2.4 人的活动导向

基于文化中的个体是否倾向于不断行动,人的活动导向可以分为行动型(Doing)、维

---

① Tichy, Noel & Sherman, S. *Control Your Destiny or Someone Else Will: How Jack Welch Is Making General Electric the World's Most Competitive Company*[M]. New York: Currency/Doubleday, 1993.
② April Ye: https://www.zhihu.com/question/35529380/answer/66388054.
③ Adler, N. J. and A. Gundersen, International Dimensions of Organizational Behavior[M]. Boston: Cengage Learning, 2007: 29.

持型(Being)和控制型(Being-in-becoming)三种价值观。行动型文化中的人重视做事或活动,强调用客观标准来衡量行动的结果。持有行动型价值观的管理者往往倾向于用升职、加薪、提高福利或者其他社会大众认可的方式来激励下属努力工作,因此,行动型文化强调成就的重要性,倾向于不断行动并通过努力工作来完成生活中的大部分目标。例如,美国是典型的行动型文化,强调人们必须不断做事才会创造价值。肯德基、麦当劳等快餐就是这种行动导向的产物。与之相反的则是维持型文化,在这种文化中,事情是自然而然发生的,人们追求放松,释放压力,及时享乐,享受当下,强调体验生活并追求对欲望的满足。持有维持型价值观的管理者如果不喜欢当前的项目或者周围的同事,他们很可能会主动放弃甚至辞职,不会仅仅为了薪酬工作。此外,在很多亚洲社会,静态取向、安然耐心被视为美德之一。在中国的道家哲学理念中,更是提倡"以静制动""以不变应万变",强调无为而治[1]。在控制型文化中,人们倾向于将期望的客观目标和自己割裂来看,限制自己的某些个人意愿或者追求,强调使自己远离物质从而约束自身的欲望。

在管理上,持有行动型价值观的管理者相信,努力工作能够尽快完成目标,因此,他们倾向于采用严密的工作计划来完成任务,比如事先设定好目标,对工作进度进行细致安排并严格设计和控制程序。当发现问题的时候,他们倾向于立刻找出解决办法,然后实施。持有维持型价值观的管理者则认为来日方长,大部分项目的完成都需要相当长的时间才能产生效果,因此无需急于求成。当发现问题的时候,有时候会选择先静观其变,待时机成熟再去解决问题,讲究顺势而为。

这里分享一个在墨西哥工作的美国管理者杰克的故事。因为墨西哥工人表现很好,杰克开心地给他的员工们加薪,本以为会激起员工更大的工作热情,结果发现工人们反而不愿意工作那么长时间了,杰克非常郁闷。其实,当了解了墨西哥和美国的活动导向价值观以后,杰克就明白问题到底出在哪里了。大部分墨西哥人是典型的维持型价值观,更重视享受生活。在这样的价值观影响下,工作的目的就是为了能够更好地生活,与工作相比,与家人和朋友在一起消遣娱乐更重要。因此,当给他们加薪之后,对他们来说,花费更少的时间和精力在工作上就可以挣够原来的目标工资,也就意味着可以有更多的时间来享受生活。因此,加薪带来的并非更加努力地工作,而是降低了愿意工作的时间长度。

2.2.5 人的空间观念

人们如何使用物理空间?一间办公室、一个会议室、一栋建筑物,应该被看作公共空间还是私人空间?什么时候可以进去?什么时候需要在外面等候许可?对这些问题看法的不同可以区分不同的文化群体。有些文化群体(如美国的企业)常常给一些重要的员工配备私人办公室。很多时候,人们可以通过一个人使用的办公室和拥有的秘密来判断这

---

[1] 陈晓萍.跨文化管理(第三版)[M].北京:清华大学出版社,2016.

个人在公司中的地位。重要的会议往往都要在关着门的房间里进行。物理空间常常是除本人之外其他人无权使用的。在一些高科技企业，员工的办公桌往往被一个个厚重的隔板隔开，有较强的隐私性。而在科威特，人们通常不会把办公室的物理空间人为地隔开，经理和下属往往也不会分开，大家在一间大的办公室里进行办公，彼此可以看得见，一转头就可以和同事讨论问题或者聊天。在德国，则更加强调隐私性，办公室的门都是紧紧关着的，未经允许不可擅自闯入。

2.2.6 人的时间观念

文化群体如何看待时间？是更加重视过去还是现在？抑或是未来？不同的社会群体对时间的价值观存在一定的差异。一些文化群体更加重视过去，他们相信，读史使人明智，创新和变革的价值取决于他们在多大程度上与过去的经验相吻合，换言之，应当基于计划与传统和历史智慧的一致程度来评价计划的优劣。相反，对于更加重视未来的文化群体而言，衡量一个计划优劣的标准是其未来的盈利能力。未来导向的文化群体对待创新与变革的标准是能否在未来产生可观的经济收益，而往往不会过多考虑过去的社会文化和传统以及习惯做法。

以美国人和欧洲人为例，美国人更重视未来，欧洲人则更重视过去。对欧洲人来讲，比如意大利、希腊，保留过去的历史传统非常重要，大部分美国人则不这样认为。北美商人做生意时聚焦于当下以及近期的未来，他们可能会谈论五年计划或者十年计划，然而在日常工作中他们更加看重的是这个月、这个季度的任务是否完成。在一家美国高科技企业，目标是两周一定，且每天项目团队都要开一个短暂的碰头会，每个人都讲一讲昨天的目标完成了没有，今天打算做什么，有没有遇到什么困难。美国企业的人力资源管理也反映了这种重视当下的短期导向。年度考核不合格的员工往往面临被辞退的境地，往往不会给员工5年或者10年的时间来证明自己的能力和价值。他们把时间看作一种紧缺的资源。"时间就是金钱"，且必须加以高效利用。因此，美国企业花费大量精力研究和开发时间管理工具，如记事本、电话、电子邮件和传真机等。相反，日本公司则持有长远和面向未来的价值观，他们希望员工能够在公司工作30年、40年，甚至工作到退休。因此，大部分日本企业会投入很多资本来培训自己的员工，也会给员工更多的时间，常常是10年以上来证明自己的能力和价值。

时间观念的不同在影视作品中也可见一斑。美国的影视作品往往是未来导向的科幻大片，如《星球大战》《生化危机》《复仇者联盟》等。美国人对于未来可能会发生什么比较好奇。中国人则对我们的祖先发生过什么事、是怎样生活的更加好奇，因此，我们有大量的历史剧，如《秦始皇》《武则天》《康熙王朝》等。当然，除了不同的时间价值取向之外，中国和美国的历史也是促成这一影视作品区别的原因：中华民族有着5 000多年的文明史，美国仅有200多年的历史，因此，我们有大量的历史可供回忆，可供参考，美国却没有，故只能往前看，设想未来的场景。实际上，重视过去也的确给这些文化群体带来一定的收益。例如,中国的气象学家从中国历史档案中收集和整理了最近300多年来的气象资料,来帮助国家气象部门预测未来的干旱和洪涝灾害等,并取得了令人鼓舞的成效。

一家日本企业的管理者和一家加拿大企业的管理者在温哥华就从不列颠哥伦比亚省应该向日本出口的煤炭运价问题进行谈判。在签订合同的合约时间上,两个公司陷入谈判僵局。出于煤炭供应稳定性以及保证本国企业生产连续性的考虑,日本企业希望能与加拿大签订一个长达10年的合同。然而,加拿大管理者则担心这种长期合约会约束加拿大企业的自主性,万一将来有更赚钱的机会呢?尽管日本人是希望能够降低本地供货的风险,加拿大人则宁愿损失一个稳定的客户,也希望能够增加企业应对未来的灵活性,期望从未来的客户中获得更多的潜在利润。

谈判遇到了意料之外的困难。除非时间取向导致的文化冲突能够解决,否则,合约将无法签订。最终,一份双方都可能受益的合同却无法做到让双方都满意[①]。

2.3 文化架构理论

文化架构理论是荷兰学者丰斯·特龙彭纳斯(Fonts Trompenaars)提出的。1993年,特龙彭纳斯出版了《文化踏浪》,一上市就引起了非常大的反响。在这本书中,特龙彭纳斯提出了后来在跨文化管理和沟通领域知名的理论——文化架构理论。特龙彭纳斯认为,不同国家和民族的文化差异主要体现在以下七个维度上:[②]

(1) 普遍主义—特殊主义(Universalism-Particularism);
(2) 个体主义—集体主义(Individualism-Communitarianism);
(3) 中性文化—情绪文化(Neutral-Emotional);
(4) 关系特定—关系弥散(Specific-Diffused);
(5) 成就文化—归属文化(Achievement-Ascription);
(6) 长期导向—短期导向(Long-term-Short-term Orientation);
(7) 人与自然的关系(People and the Nature)。

其中,个体主义—集体主义,长期导向—短期导向以及人与自然的关系在之前的研究中已经详细阐述,本部分就不再赘述了。

2.3.1 普遍主义—特殊主义

不同国家和民族的人们在对事对人的时候是秉持"一碗水端平"的原则还是认为"具

---

① Adler, N. J. and A. Gundersen, International Dimensions of Organizational Behavior[M]. Boston: Cengage Learning. 2007:32.
② 本节理论和数据整理自:[荷]丰斯·特龙彭纳斯,[英]查理斯·汉普登-特纳.在文化的波涛中冲浪:理解工商管理中的文化多样性(第二版)[M].关世杰,主译.北京:华夏出版社,2003.以下不再赘述。

体问题具体分析"？这个问题的回答反映出两种不同的文化价值观，前者是普遍主义，后者则是特殊主义。请同学们思考以下问题：

你坐在你的好朋友驾驶的车上，他撞到了一个行人。你知道他当时的车速至少每小时35公里，而这一地区允许的最高时速为每小时20公里。现场没有其他证人。他的律师说，如果你能宣誓作证他的时速只有20公里，那他就能免除严重的交通肇事后果。

请问：1. 你的朋友有什么样的权利希望你保护他？
  A. 我的朋友有绝对的权利希望我证明他低速行驶
  B. 作为朋友，他有一些权利希望我证明他低速行驶
  C. 作为朋友，他没有权利希望我证明他低速行驶
  2. 你会为他作伪证吗？
  D. 会
  E. 不会
  3. 如果把你的朋友换成你的父亲，你的答案会发生变化吗？
  4. 如果你还是乘坐你朋友的车，但是，这个行人不是仅仅被你朋友撞到了，而是被撞死了，你的答案会发生变化吗？

对这个问题的回答就能看得出普遍主义者和特殊主义者的区别。普遍主义者强调规则面前人人平等，因此，对待所有的事情都要采取客观的观点和态度，不管在什么情况之下，真理只有一个。因此，普遍主义者认为，朋友超速撞了人，不论是撞伤还是撞死，犯了错就是犯了错，他没有权利希望自己为他证明是低速行驶，即使他有一些权利希望自己去作伪证，自己也不会去做。对这个问题的回答不会因为这个人是自己的父亲就发生改变，因为法律面前人人平等。特殊主义者则认为，凡事都不能一概而论，需要基于不同的情境来分析，情境不同，对象不同，答案就可能不同。在我们之前的调研中，很多选择特殊主义者的学生认为，作为朋友，他有权利希望自己证明他低速行驶，当然，作为朋友，自己也有责任和义务去为他作伪证。虽然撒谎是不对的，但自己的行为是为了帮助朋友，是讲义气的表现。如果是自己的父亲，那自己更是义不容辞（去作伪证）。但是，如果行人不是被撞伤，而是被撞死，那就要另当别论了。可以看出，对特殊主义者而言，这个问题的答案会因为对方是自己的朋友还是父亲、行人是被撞伤还是撞死等发生变化，淋漓尽致地体现了什么是"具体问题具体分析"。图2-4是特龙彭纳斯在不同国家和地区对"汽车与行人"这个

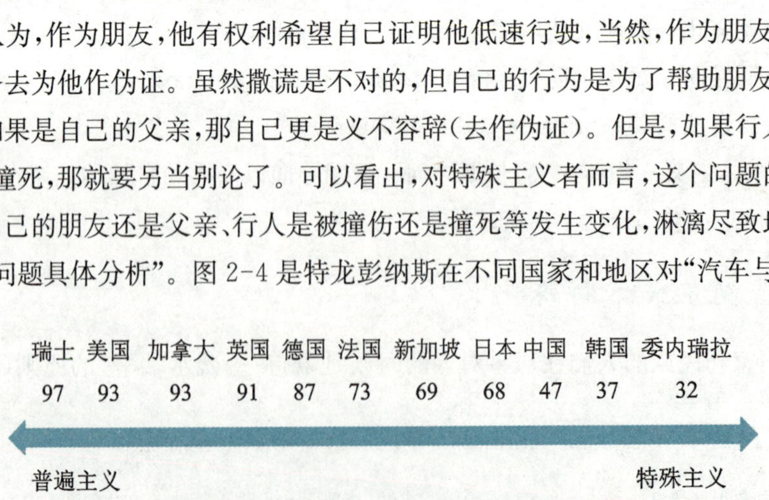

瑞士	美国	加拿大	英国	德国	法国	新加坡	日本	中国	韩国	委内瑞拉
97	93	93	91	87	73	69	68	47	37	32

普遍主义 ←――――――――――――――――――――→ 特殊主义

图 2-4　不同国家的受访者选择普遍主义而非特殊主义的百分比

问题的调查结果,他们将答案选择"C"或者"B+E"的人界定为普遍主义者,可以看出,不同的国家和民族的人对这一问题的回答差异非常大:97%的瑞士人的回答体现了普遍主义的价值观,而在委内瑞拉,仅有32%的被试持有普遍主义的价值观。

盖迪·托克是一位美籍华人,他目前是一家总部在美国新泽西的跨国公司在日本东京开设的分厂的雇员。他的主要任务是促进日本最大的制药商与自己公司的合资。历经4年的谈判和协商,盖迪与这家公司的首席执行官建立了非常好的关系,双方终于决定要签约。新泽西总部已准备就绪,在签约之前一周就已经将合同寄给了盖迪。

然而,盖迪在接到美国寄来的文件后大吃一惊:这些文件有足足几百页。和日本人打了4年交道的他清楚地知道,日本人的合同非常简单,常常只有几页纸。他说:"我甚至数不清这些文件一共有多少页。太多了,但我记得把它放在桌子上时,它有几英寸高。我都能猜到每读一英寸一个日本人就会绝望地离开房间。"

盖迪·托克决定给总部打电话以寻求帮助。然而,总部的法律部门说这种关系很复杂,所以合同需要涉及可能的方方面面。而且,一家经常为其公司提供建议的咨询公司说:"一般亚洲人,特别是日本人,常常分不清哪些是他们需要做的,哪些是我们美国人做的。所以,我们最好现在多下些功夫,将我们的关系说明,总比以后因为误解而自找麻烦要好。如果他们愿意签约,至少说明他们是认真的。"

听到总部的回答,盖迪不知怎么办了,他心想:"不管我怎样做,我的事业都会受影响:如果我坚持让日本人签订这样一份合同,他们会认为是我们不信任他们,才需要签订这么厚的合同。这就意味着谈判的延期,甚至最糟糕的是停止这笔生意。如果我将合同减少到一两页,并呈交给总部,总部或者更糟的是法律部会指责我,这将危及我的事业。"

如果你是盖迪,你会怎么做呢①?

2.3.2 中性文化—情绪文化

在探讨这个价值观之前,我们先做一个小测试:

如果你对工作中的一些事感到非常沮丧,你会公开地表露自己的感受吗?

A. 会

B. 不会

对上述问题的回答反映出两种不同的价值观:中性文化和情绪文化。中性文化也称情感内敛型文化。中性文化的个体一般不会轻易流露出自己的情感,甚至试图将它们掩饰起来,不留痕迹。他们认为,在工作中表现出自己的情绪是不专业、不够成熟的表现。

---

① [荷]丰斯·特龙彭纳斯,[英]查理斯·汉普登-特纳.在文化的波涛中冲浪:理解工商管理中的文化多样性(第二版)[M].关世杰,主译.北京:华夏出版社,2003:44-45.

在中性文化主导的国家,如果你在上班的时候经常公开地表露自己的感受,别人会认为你太不成熟了。《三国志·蜀书·先主传》中有:"喜怒不形于色,好交结豪侠,年少争附之",说的就是刘备不轻易表现出自己的喜怒,并喜欢结交豪侠之士,不少年轻人都争相归附,为其所用。与之相对的是情绪文化,也被称为情感外露型文化。情绪文化中的个体往往不会压抑自己的感情,如果沮丧就一定会表露出来。例如,如果你和法国人发生车祸,他可能会立马破口大骂,你可能会担心他马上会动手,而实际上,他不过是抢先表明他的态度①。图2-5是特龙彭纳斯在不同国家和地区对"工作中沮丧的情感表露"这个问题的调查结果,可以看出,81%的埃塞俄比亚被试的回答体现了中性文化价值观,其次则是日本,而在科威特,仅有15%的被试持有中性文化价值观。当然,这里的中性文化和情绪文化并非指个体本性如此,实际上,中性文化的个体并非本性冷淡,而是他们更倾向于压制自己的感情,控制情绪的能力较强。一旦发泄起来,会相当强烈。比如,在《超级魔鬼干部》这部影片里,日本人在工作场所一丝不苟,然而到了酒吧里开始喧哗,喝到醉醺醺的时候开始跳舞,吓周围人一大跳。

图2-5　不同国家的受访者在工作中感到沮丧不会公开表露自己情感人数的百分比

日籍小伙吉田正一从伯克利大学毕业后,加入一家法国高科技公司,成为一名工程师。然而,刚上班的他就因为一场会议感受到文化上的冲击。在会议上,来自法国的勒戈夫和来自菲律宾的萨尔瓦多就到底该如何修复一个故障发生了激烈的争执。

勒戈夫(提高声音):我已经说得很清楚了,这个故障修改接口程序是最简单的办法!!!

萨尔瓦多(脸涨得通红,拍桌大喊):但是如果不修改底层资源池,只修改接口程序是治标不治本!用户已经报了多少次这个问题了?每次都是修改接口程序,过一段时间问题还会再出现!

---

① [荷]丰斯·特龙彭纳斯,[英]查理斯·汉普登-特纳.在文化的波涛中冲浪:理解工商管理中的文化多样性(第二版)[M].关世杰,主译.北京:华夏出版社,2003.

勒戈夫("啪"的一声从椅子上站起来,走到屏幕前):这是一个优先级最高的故障,用户等着处理!按照你的方法,要等到什么时候才能弄好?

……

勒戈夫和萨尔瓦多还在大声争吵,吉田正一感到非常不适,然而他瞥了一眼其他人,大家似乎没有任何不适,随着两个人的发言或者点头或者摇头,似乎这是非常正常的现象。再看一眼办公室外面忙碌的程序员们,似乎也没有人因为这边的声音而受到干扰或者好奇,大家仍然有条不紊地做着自己的事情。

工作了几个月以后,吉田正一才发现,原来对法国人来讲,在工作场所中表露情绪是一件非常正常的事情,与日本完全不同。

透过电影看文化

有一部电影《我盛大的希腊婚礼》,讲的是一名希腊裔女孩爱上了一名美国男孩,当两个人第一次见双方家长的时候,场景的对比特别有趣:女孩见男孩家长的时候,在男方父母家中就餐,四个人冷冷清清地吃饭,男方父母尽可能地找话题与女孩聊天,但仍然因为对希腊文化的不了解而无法理解对方。当男孩和男孩父母一同去女方家中时,女方亲戚朋友又唱又跳等待男方父母的到来,女方父亲上来就给了男方父母大大的拥抱,更是让对方非常惊讶。

2.3.3 关系特定—关系弥散

关系特定和关系弥散这一维度可以解释不同国家和民族的人们在人际交往方式上的差异。这一维度源自德裔美国社会心理学家卢温(Kurt Lewin)的拓扑理论。卢温通过比较美国人和德国人在人际交往方式上的差异,提出了两类交往方式:U 型交往方式(关系特定)和 G 型交往方式(关系弥散),如图 2-6 所示。

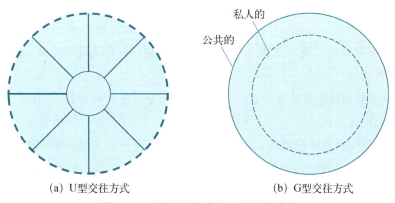

(a) U 型交往方式　　　　(b) G 型交往方式

图 2-6　U 型交往方式和 G 型交往方式

卢温认为,美国人的交往方式大多属于 U 型。其中,最外层的虚线圆表示美国人的生活领域,中心的实线圆则表示美国人的私人生活领域,两者之间的部分则是美国人的公共生活领域。可以看出,美国人的公共生活领域要远远大于私人生活领域,而他们的公共生活领域被实线分割成不同领域,意味着不同的领域之间有着严格的界限,美国人在不同的生活领域中可能有完全不同的声誉和地位。例如,杰克和约翰两个人既是同事,也是保龄球俱乐部的队友。在工作中,约翰是杰克的上司,杰克要听从约翰的安排;在保龄球俱乐部中,杰克是队长,比赛中约翰就要听从杰克的建议。实际生活中,美国人一般不太会把自己在某一特定领域交往的朋友带到其他领域去,工作的同事是一群人,保龄球队的队友又是另外一群人,舞蹈队的队友又是一群不同的人。

再回到图2-6,最外层的虚线意味着美国人际交往的门槛并不高,你可能很容易被美国人允许进入他生活的某一个层面。比如,行走在路上,美国人见到陌生人也会微笑示意,甚至是打招呼,他们也很愿意帮助陌生人。到美国人家里去做客,如果你想喝饮料,他可能会让你自己去冰箱里拿。但是,美国人有一部分核心的私人空间,轻易不会对他人开放,哪怕是自己的父亲母亲,未经允许也不得进入。

与美国人相比,德国人的人际交往方式则属于典型的G型交往方式,最外层的圆是实线,意味着即使是公共空间,一般人也不能轻易进入,而且在进入的时候需要得到对方的允许。内层的圆是虚线,意味着一旦你获得了对方的许可,进入了他的领域,你就可以进入对方几乎全部的生活领域,没有明确的界限。换言之,你可能很难成为对方的朋友,但一旦成为对方的朋友之后,对方就什么都愿意和你分享。另外,公共空间之内没有明确的界限分隔,意味着不同领域之间是相互渗透的。你的声誉在各个生活领域都会有影响。例如,慕尼黑工业大学的康拉德教授不仅仅是在学校里、在授课的时候被认为是康拉德教授,在去餐馆吃饭、去4S店买车或者是去商场购物等,仍然被认为是康拉德教授。"教授"这一声誉在他的各个生活领域都会有影响。因此,在G型交往方式的德国文化中,人们一般不会对陌生人微笑,只有熟悉的人才会打招呼,只有特别熟悉的人,才会邀请到自己家中做客,进而会被介绍给他的其他朋友,慢慢渗透到他的其他社交圈。以下的小测试可以帮助你了解关系特定和关系弥散价值观:

如果你的老板想请你帮他粉刷房子,你内心不太愿意去,你会怎么做?

A. 如果不想去就不用去。在公司里工作的时候,他是你的老板,在公司外面,他无权指挥你。

B. 尽管你内心并不想去,但还是要去。他毕竟是你的老板,即使是在公司以外,也不能无视他的权威。

这个问题的回答反映出两种不同的价值观:关系特定和关系弥散。基于特龙彭纳斯和汉普登-特纳(2003)的调查(见图2-7),可以看出,91%的瑞典被试体现出关系特定的价值观,仅有32%的中国被试体现出这一价值观。编者在课堂上也做过这个测试,测试结果和这一调查结果基本一致,大部分的中国人仍然会选择去帮助老板粉刷房子,学生给出的理由是:老板让我去粉刷房子,说明老板信任我,我当然要把这件事情做好,而且他是我的老板,我要听从老板的安排。

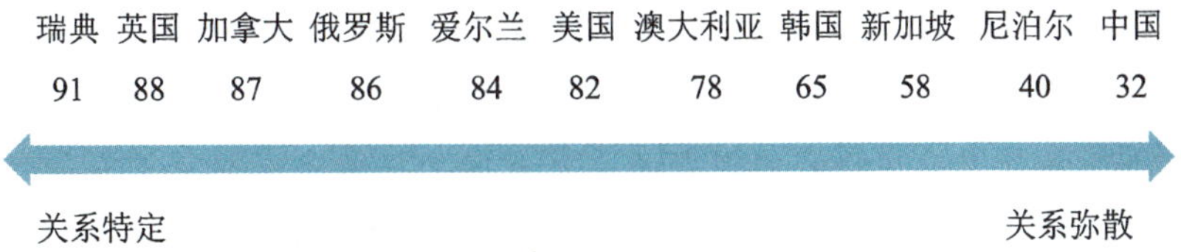

瑞典	英国	加拿大	俄罗斯	爱尔兰	美国	澳大利亚	韩国	新加坡	尼泊尔	中国
91	88	87	86	84	82	78	65	58	40	32

关系特定 ←————————————————————————→ 关系弥散

图 2-7　不同国家的受访者选择不会帮老板粉刷房子的百分比

马博士在读书时认识一位美国学者安妮,有一次她们一起晨跑,因为是清晨,人很少,她们穿过一条小巷时,迎面走来一位提着木桶的阿姨,安妮就和阿姨笑着点了点头,阿姨也笑着回应了她。马博士很奇怪,心想你认识的中国人还不少嘛,于是就问安妮:"你认识她啊?"安妮回答说:"我不认识啊。"马博士就更奇怪了:"你不认识她,你为啥跟她打招呼呢?"听到马博士的话,安妮停下跑步,也奇怪地看着马博士:"我不认识她,为啥就不能和她打招呼呢?"她们都对对方的回答感到匪夷所思,主要是他们的价值观不同,安妮的行为反映的是关系特定价值观,马博士的行为反映的则是关系弥散价值观。

这一价值观在不同学校的建筑风格上也有所体现。以复旦大学和哈佛大学为例来进行说明。我们都知道,哈佛大学的校园是没有围墙的,也没有警卫或者保安,不会阻止大家进入,想要进入学校参观非常轻松。然而,如果你想要走进其中的某一座建筑,会发现楼下有警卫,要刷卡才能进入,安保措施还是比较严格的。中国的高校几乎都有高高的围墙,门口有保安值班,想要进入校园并不容易。然而,当你进入校园以后,想要进入不同的教学楼轻而易举,也可以去不同的班级里听课。

2.3.4　成就文化—归属文化

成就文化是指个体的社会地位主要基于其最近所取得的成就和个人业绩。换言之,寒门也可以出贵子,人们欣赏通过努力奋斗而取得成就的个体。在成就文化的国家,很多人甚至在求学、工作的时候故意隐藏自己的家庭背景,以证明自己的工作成就来自自己的努力,而不是其他因素,这样的行为会更受社会赞誉。

归属文化是指个体的社会地位主要基于这个人的出身、血缘关系、年龄、性别等因素,或者是由这个人的社会关系以及教育背景决定的。可以看出,归属文化中,有部分因素看起来并不"合理",如性别、血缘关系或者是出身。这就意味着个体的出身已经决定了个体的社会地位,比如在印度,有明确的高种姓和低种姓,你的性别也在一定程度上决定了将来的社会地位。然而,我们也可以看到,在归属文化中,也有部分因素与工作能力是有关系的,比如社会关系和教育背景。例如,在日本,人们倾向于在名片上印上自己的各种头衔,包括教育背景、曾经担任和现在正在担任的各类职务等,因为人们会通过你的学位、职位和头衔来判断你的社会地位,名片上的内容甚至决定了别人对你的尊重程度,包括应当鞠躬的程度等。

  英国乐购公司打算和泰国一家本土零售企业莲花集团建立合资公司,以扩大其在泰国的业务范围。乐购公司对这次合作非常重视,派出来本公司仅三年就已经在亚洲市场取得了赫赫战绩的经理朱莉来与泰国莲花集团谈判。然而,还未进行实质性的接触,莲花公司就有些恼怒了,后来才得知,莲花公司的董事长一看乐购派来的谈判人员是年纪轻轻的一名女士,认为对方不尊重自己,完全不知道对方是特意派出公司最受尊敬的一名管理者过来的。

  从这个例子可以看出,成就文化中的人们尊重那些有知识、有技能的人,不论这些人是年轻还是年长,是男性还是女性,毕业于名校还是非科班出身。归属文化中的人们更加尊重那些资历较深的员工。一定程度上讲,英国是典型的成就文化,泰国则是典型的归属文化。

思考题

1. 本章的三个理论中哪一个令你印象最深刻?为什么?
2. 这些文化理论的局限性是什么?
3. 除了这三个理论提到的文化价值观之外,你还观察到哪些文化差异性?
4. 尝试用本章的三个理论解读《刮痧》这部电影。

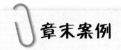章末案例

吉利并购沃尔沃的跨文化管理[①]

2010年3月,在瑞典哥德堡,浙江吉利控股集团有限公司(以下简称吉利控股集团)与美国福特汽车公司就沃尔沃汽车公司签署了正式并购协议,以18亿美元的价格全资收购了沃尔沃的股权。一家仅有十几年造车史的青年企业以蛇吞象的方式收购了世界驰名的北欧汽车品牌。这一并购开创了中国汽车企业历史上的多项第一:第一次收购全球知名汽车品牌,第一例对国外汽车企业的全资收购,沃尔沃变成中国最高端的自主品牌[②]。

1. 东方青年:吉利集团

1982年,年仅19岁的李书福开启了他的创业生涯。在经历了冰箱配件、废金属提炼、高档装潢材料、摩托车等诸多行业的磨砺之后,35岁的李书福决定要造汽车。彼时的中国,汽车还是奢侈品,昂贵的价格让诸多中产阶级"望车兴叹"。李书福不仅想造车,还想"造中国最便宜的轿车"。放眼全国,尚未有民营企业造车的先例,且不说获得轿车生产资格有多难,单单论造车技术,早已被西方国家所垄断,诸如长春一汽这类国企也是通过与国外企业合作的方式来运营。因此,这个决定一出来,很多人都不看好,甚至直言会失败。然而,李书福并不认输。2001的11月,吉利成为中国首家获得轿车生产资格的民营企业。次年,吉利汽车就进入中国汽车企业十强名单,这就是后来大名鼎鼎的浙江吉利控股集团有限公司。

2006年,吉利购买了英国锰铜公司19.97%的股份,成为锰铜控股的最大股东,随后,两者成立合资公司生产伦敦经典黑色出租车,并在中国市场销售,这也标志着吉利集团正式开始实施国际化战略。2009年,吉利集团收购澳大利亚自动变速器公司。2010年,吉利集团从福特汽车公司手中全资收购了沃尔沃汽车公司,这场并购引起了全球的瞩目。并购的成功给了吉利更多的信心,随后,吉利集团在全球的并购发展势如破竹:2013年,吉利全资收购英国百年企业——锰铜控股的核心资产与业务,并将其改名伦敦出租车公司,从而完全拥有了伦敦经典出租车及其附属资产;同年,吉利汽车在欧洲成立研发中心;2017年,吉利控股集团收购了马来西亚宝腾汽车49.9%的股份、豪华跑车品牌路特斯51%的股份以及美国太力飞行汽车公司;2018年,吉利收购戴姆勒公司9.69%具有表决权的股份,成为其第一大股东;2020年,吉利控股与梅赛德斯·奔驰正式创建合资公司SMART。目前,吉利控股

[①] 感谢喻晓沁同学为本文撰写搜集和整理资料,文责自负。
[②] 柏丹,孙方方,曲红艳.中国企业跨国并购的文化冲突和整合方法探究——基于对吉利收购沃尔沃案例的分析[J].改革与战略,2012(10):113-116.

集团旗下各品牌在全球累计销售汽车超217.8万辆,有超过12万名员工,其中包括超过2万名研发和设计人员,连续8年成为"财富"全球500强企业①。如今,作为中国汽车行业的后起之秀,这家企业已经成为一家集汽车整车、动力总成和关键零部件设计、研发、生产、销售和服务于一体,涵盖出行服务、线上科技创新、金融服务、教育、体育等在内的全球知名跨国公司。然而,不可否认的是,相比起年销量600多万辆的上汽集团,吉利汽车的发展仍然任重而道远。

2. 北欧公主:沃尔沃集团

1924年,两名瑞典人阿瑟·加布里尔森和古斯塔夫·拉尔森看到美国汽车风靡全球,立志要用高品质的瑞典钢材制造汽车,击败美国车。3年后,第一辆车在瑞典哥德堡生产线下线,沃尔沃品牌就此诞生。此后的近百年里,沃尔沃集团以"品质、安全、环保"的核心价值观铸就了享誉世界的品牌,并取得了多个第一:在工程师尼尔斯·博林发明汽车三点式安全带之后,沃尔沃成为全球首个把三点式安全带作为标准配置的汽车厂商;其144车型被评为"全球最安全车型";沃尔沃是汽车行业中第一个提出环保理念的厂商;是全球第一个使用催化式排气净化器和氧气传感器的汽车厂商,将有害废气排放降低了90%;1991年,沃尔沃首次推出侧撞保护系统;1998年,沃尔沃发明了头颈部安全保护系统,其S80成为基于全球共享技术的大型车系列中的首款车型;2002年,沃尔沃新车型实现了整车85%的回收率;2008年,沃尔沃全部车型的所有织物均通过了国际环保纺织协会的Oeko-Tex100防过敏标准认证,并推出二氧化碳排放低于120克/公里的环保超低排放柴油车,进一步践行其环保理念②。截止到被吉利并购的2010年,沃尔沃已经是拥有多年历史的豪华车品牌、全球名列第三、安全技术世界排名第一的老牌欧洲名企。

3. 并购沃尔沃

吉利控股集团对沃尔沃的整个并购过程并不轻松,经历了漫长的努力和谈判。1999年,沃尔沃集团将旗下的沃尔沃轿车业务出售给美国福特汽车公司。2008年的金融危机使得美国汽车业深陷泥潭,福特不得不断臂自救,出售沃尔沃轿车业务。消息一出,李书福就敏感地意识到这对于吉利来讲是一个机遇。然而,彼时的吉利仅有十几年的造车史,而沃尔沃已经是享誉全球的汽车制造商。虽然国内不少观察家为吉利喝彩,但很多国外分析家对吉利能否管理好沃尔沃这家瑞典汽车企业提出了质疑,认为吉利汽车缺乏管理国际企业的经验。瑞典国务秘书约兰·哈格隆就曾在瑞典报纸上公然反对中国企业来收购沃尔沃,声称吉利和沃尔沃不论在文化上还是企业管理理念上,均存在巨大差异,因此,中国人来收购并不是沃尔沃的最佳选择③。

---

① http://zgh.com/zh-hans/our-achievements.
② https://www.sohu.com/a/126360899_613086.
③ 王自亮.风云纪:吉利收购沃尔沃全记录[M].北京:红旗出版社,2011.

事实上，不仅国外分析家不看好这次收购，沃尔沃的工程师们最初也对这次并购表现出明显的抵触。当沃尔沃的高级工程师麦格纳斯·桑德默（Magnus Sundemo）得知沃尔沃将被出售给吉利时，这位工程师工会负责人第一个带头叫板并强烈反对。据瑞典《工业日报》报道，桑德默表示虽然中国的吉利控股集团目前看起来非常有希望买下沃尔沃，然而，工会的立场非常坚定，就是不欢迎中国企业来当沃尔沃汽车的老板。由1 800名工程师组成的沃尔沃轿车工程师工会，仍然希望公司能够由与沃尔沃企业文化相吻合的欧洲人来管理。为了阻止吉利并购沃尔沃，桑德默所在的工程师工会甚至联合了瑞典雅各布财团（Konsortium Jakob AB）在最后一次竞标前半路杀出，参与到收购沃尔沃的争夺中来。然而，因为无法筹措到足够的资金，他们没能与吉利进行竞争①。

那么，吉利和沃尔沃存在哪些文化差异，导致沃尔沃的工程师们如此反对这场收购呢？沃尔沃的工程师们说，文化是一种生活方式，必须尊重公司文化和国家文化。桑德默说，西方著名的汽车品牌经常被中国公司模仿。而在他们的文化里，保持自己的独特性很重要。他的主要担心就是来自东方的吉利是否懂得沃尔沃的文化、理解沃尔沃的品牌价值、理解沃尔沃员工的工作方式。从公司外部来看，他也担心并购后沃尔沃是否还能够与原来的供应商继续保持合作，并从中获得先进的技术。从整个社会来看，对瑞典人来讲，沃尔沃是其国宝级的汽车品牌，是可信赖的、安全的民族工业品牌，也是瑞典人的骄傲。这也是沃尔沃文化的一部分②。

李书福深知，西方的工会力量很强大，他们可以和雇主谈判、可以发起罢工、可以左右公司对产品的调整，甚至可以对潜在的新主人说"不"。如果工会有太大的意见，并购是很难实现的。在吉利并购沃尔沃之前，上汽集团并购韩国双龙汽车因为工会原因而铩羽而归的惨痛经历时刻提醒着李书福要重视并处理好工会问题。他说："现在的问题是如何和工会取得良好的沟通，如何听取工会的意见，他们的工会代表工人的利益，一旦谈好了，达成一致了，工会将会义不容辞地、不折不扣地去做他们应该做的工作。反过来，如果不跟工会沟通好，玩小聪明，去跟他们对着干，我想那就不要去并购沃尔沃，或者说企业也就不可能形成强大竞争力和强劲生命力。"因此，当福特宣布吉利控股集团成为沃尔沃首选竞购方之后，福特高管同李书福一起，共同飞赴比利时的沃尔沃根特工厂，同那里的工会代表进行了对话。

针对沃尔沃工程师们担心的管理问题，李书福给出了坚定的回答：并购之后，吉利就是吉利，沃尔沃就是沃尔沃；吉利是大众化汽车品牌，沃尔沃是豪华汽车品牌；吉利不生产沃尔沃，沃尔沃不生产吉利；吉利与沃尔沃是兄弟关系，不是父子关

---

① http://tv.cntv.cn/video/C33910/20e72b5a5ead444b9574af15c734dbcd.
② http://tv.cntv.cn/video/C33910/20e72b5a5ead444b9574af15c734dbcd.

系。在央视的采访中,李书福表示,人类文明的进步是一个潜移默化的过程,而不是强制地融合。如果强迫融合,不但达不到正面的效果,反而形成负面的阴影。所以在这个问题上,他们采取的是非常简单的方法,根本不考虑或者说根本不急于研究文化融合的问题。简言之,就是"沃人治沃"。这一思路大大消除了沃尔沃工程师们的顾虑,也深深赢得了他们的认同。沃尔沃汽车公司全球总裁兼首席执行官斯蒂芬·雅各布认为,吉利与沃尔沃的文化各有各的特点,各有各的智慧,独立是并购后最好的选择。瑞典驻中国大使罗瑞德说,不管来自东方还是西方,并没什么不同,大家来自同一个星球,都想为重要的公司工作,都希望得到认同和尊重。并购后,李书福这样评价沃尔沃的工会:"工会是一个很好的组织,我们要向他们敞开心扉,我们也要认真地去倾听他们想什么,他们希望得到什么信息,他们有什么要求。西方经济的运营和西方企业的管理有一套自身的规律,我们不要把中国那套东西拿过去,那一定是行不通的。不要看到工会就怕,好像它是一个不讲道理的组织,不是这样的。西方工会是一个非常讲道理的、非常好的组织机构。如何充分地去发挥他们的作用,这才是我们要做的功课。"

4. 并购后的整合

吉利控股集团在"婚后"给沃尔沃充分的自由,这是短期战略妥协还是长期战略选择?不可否认的是,吉利并购沃尔沃也是为了能够让沃尔沃和吉利汽车取长补短,强强联合:吉利可以帮助沃尔沃拓展中国市场,而沃尔沃可以帮助吉利汽车更好地成长。吉利汽车与沃尔沃汽车同属于吉利控股集团,与其他汽车同行一样,双方尽最大可能地寻求合作。无论在技术研发领域还是在对外采购领域,都希望能建立在相互尊重、相互支持的基础上实现双赢。然而,只要合作,就涉及不同文化的沟通,双方能合作成功吗?基于霍夫斯泰德的研究,我们对比了中国和瑞典文化在不同维度上的差异,如图 2-8 所示。

可以看出,中国和瑞典在很多维度上还是存在非常大的差异的。首先,相比起集体主义的中国,瑞典可以称得上是典型的个体主义国家——当个人利益和组织利益发生冲突的时候,往往先考虑保护好自己,中国员工则更多以大局为重,很多时候愿意牺牲自己的利益来维护组织利益。这样两种不同的思想在一起工作,是否会引发很多问题?

从权力距离上看,中国的权力距离非常高,相比之下,瑞典的权力距离得分仅为 31 分。实际上,瑞典的低权力距离几乎是闻名于世。在瑞典社会当中,没有非常明显的阶级或等级差别。瑞典政府的办公大楼往往不设置警卫,许多公务人员也都是骑自行车上班。办公室开会的时候往往是圆桌,发言也不分先后,不论对方的职位,据理力争,往往让高权力距离国家出来的员工分不清谁是经理谁是下属。

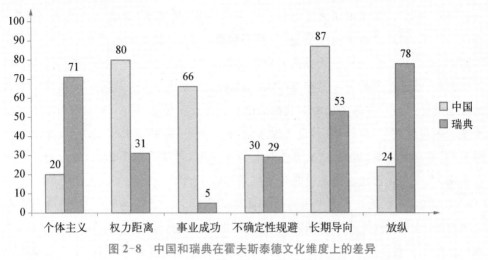

图 2-8 中国和瑞典在霍夫斯泰德文化维度上的差异

资料来源：https://www.hofstede-insights.com/country-comparison.

  对于工作，瑞典人并没有那么强的进取心和事业心，更多希望能够过随心所欲、自由自在的生活。这一点，从瑞典的法律规定上可见一斑。瑞典是世界上节假日比较多的国家，全年算下来，除每周的双休日外，人们一年里享受到的法定节假日长达 38 天。除去正常的节假日，员工一年当中有 6 周的带薪年假。为鼓励休假，休假法还规定，人们休假期间的工资要比平常高出很多。要是实在因工作需要而无法休假，雇主须付给雇员高出其正常收入近 50% 的工资。另外，瑞典政府还推出了一项新的劳动管理政策，即那些自愿脱离工作岗位、休 12 个月长假的员工，可以领取 85% 的失业保险金[①]。而中国只有最高 15 天的带薪年假，还是根据不同工龄来计算的，普通员工工作一年以上仅有 5 天的带薪年假。在中方团队管理者的眼里，频繁休假势必会影响到团队的工作进程。

  可以想象双方合作过程中沟通时的磕磕绊绊。以吉利汽车和沃尔沃汽车首款合作车型——天地（Concept Universe）这款车为例，在研发和设计的时候，双方因为对沃尔沃品牌价值的认识不同而产生争执：因为更了解中国市场，以李书福为代表的吉利汽车团队希望沃尔沃能够生产符合中国人心理需求的大车，以进一步打开中国市场，并与宝马、奥迪等竞争豪华车市场；沃尔沃的工程师们则坚持其"品质、安全、环保"理念，倾向于做能耗少的小车。合作一年之后，在 2011 年的上海车展中，沃尔沃首发一款全新概念车——天地。吉利汽车团队曾就英文译名问题与沃尔沃团队进行协商，希望能够使用 Universe 的原名"宇宙"，然而，瑞典工程师们却想把名字翻译为"天地"，代表着沃尔沃的宇宙观，即人类对于自然需要担负起应有的责

---

① http://news.cri.cn/gb/42071/2013/11/28/2225s4337533.htm.

任;天地,加上人,就组成了完整的世界;"以人为尊"的理念,造就了沃尔沃汽车"安全、低调、高品位"的品牌核心价值①。值得注意的是,这款概念车定位于大型豪华轿车,外界普遍解读为是沃尔沃团队对中方收购者"妥协"的结果。在沃尔沃汽车公司原副总裁、总设计师彼得·霍布里(Peter Horbury)的眼里,这是沃尔沃汽车斯堪的纳维亚设计风格与中国文化的首次融合之作。彼得·霍布里说,天地概念车是一个典型的瑞典模式车,设计简约,没有过多装饰。但是,在中国文化中,后座与前座同样重要,甚至更重要,因此,这款车型设计得非常大,尤其是车尾部分,更为舒适。可以看出,东方文化已经在悄无声息地影响着"沃人治沃"下的沃尔沃人。

2013年,沃尔沃汽车在中国的销售量增长了45%。2019年,在中国汽车行业整体下行时,沃尔沃汽车在中国大陆的销量达15.5万辆,较上一年度增长18.7%,实现逆势增长。在并购后的10年里,沃尔沃汽车的全球销量翻了一番,全球销量实现连续6年创纪录增长。目前,沃尔沃的估值已经达到180亿美元,是当年吉利收购价格的10倍②。收购10年,李书福和吉利控股集团提交了一张满意的答卷。

案例讨论题

1. 从并购事件中,你可以看出吉利和沃尔沃存在哪些文化差异?
2. 如何评价"沃人治沃"的管理策略?
3. 目前,吉利和沃尔沃已经签署技术转让协议,开启双方深入合作的大门。为了实现跨文化有效沟通,你对吉利有哪些建议?
4. 吉利并购沃尔沃带给中国企业哪些启示?

---

① https://www.autohome.com.cn/info/201201/286165.html.
② https://baijiahao.baidu.com/s?id=1660937743066453097&wfr=spider&for=pc.

第3章 跨文化管理新兴理论

教学目的和要求
1. 掌握文化地图的维度和内涵;
2. 了解文化隐喻的基本内容;
3. 掌握跨文化管理中的刻板印象。

开篇案例

如何说服他人？

卡拉·威廉姆斯是一名美国工程师,最近在一家德国汽车公司担任研究经理。作为该领域的领先专家之一,在如何向她的美国同事提出建议并说服他们支持她的想法方面,威廉姆斯拥有丰富的经验。

在来这家德国企业之前,她曾在波士顿为一家澳大利亚公司工作,经常需要前往悉尼总部进行演示并为客户提供建议。"我的工作的绝大部分都取决于我推销我的想法的能力,以及引导内部客户采取最佳解决方案的能力,"她解释说,"我很擅长我的工作,但我讨厌频繁的长途旅行。当德国汽车供应商向我提供类似职位的时候,我立刻抓住了这个不用远途出差的工作机会。"

威廉姆斯接手的第一个项目是,就如何减少集团的一款"绿色"汽车模型的碳排放量提供技术建议。在访问了几家汽车工厂,观察了那里的系统和流程,并与数十位专家和终端用户会面后,威廉姆斯制定了一系列建议,她认为这些建议符合公司的战略和预算目标。她前往慕尼黑,向决策者——一群德国总监们——进行了一小时的演示。

"这是我的第一次内部演讲,它的成功对我在公司内的声誉很重要。"威廉姆斯回忆道。为了准备会议,威廉姆斯仔细思考了应该如何给出最有说服力的演讲,她不断地练习她的论点,为总监们可能会提出的问题做准备。

威廉姆斯的演讲在一个小礼堂里进行,总监们坐在一排软垫椅子上。她直切要点,给出了根据调研结果她所推荐的策略。但在她讲完第一张幻灯片的内容之前,一位总监举起了手并提出异议:"你是如何得出这些结论的?你向我们提供了你的建议,但我不明白你是如何得出这些结论的。你采访了多少人?你问过他们什么问题?"

另一位总监也插话道:"请解释一下你用了什么方法来分析你的数据,以及这又是如何使你得出这些结论的。"

"我吃了一惊。"威廉姆斯回忆道,"我向他们保证,我分析时采用的方法是合理的,但问题和挑战仍在继续。他们越是提出疑问,我越觉得他们在质疑我的人品,这让我感到困惑和恼火。我有工程博士学位并且我的专业能力也得到了广泛认可。我觉得,他们对我的结论提出质疑的行为是对我个人的不尊重。他们竟然傲慢地以为自己在这个领域比我更有资格得出结论!"

威廉姆斯激动地为自己辩护,整个演示也自此变了味。"我十分后悔当时让他们把我的观点带偏了。"她说,"毫无疑问,他们并没有采纳我的建议,三个月的研究都前功尽弃了。"

简斯·胡伯特是威廉姆斯所在公司的一位德国总监。在美国生活了许多年的他,在试图说服别人时也吃过不少亏,与威廉姆斯的区别是胡伯特的文化脱节发生在相反的方向。胡伯特回忆起他最初几次试图在他的一群美国同事面前做出有说服力的论证时遇到的问题。他在演讲中为他的结论做了铺垫,设定了参数,概述了他的数据和方法,并解释了他的论点成立的前提。令他大吃一惊的是,他的美国老板告诉他:"以后在做演示的时候,直接说重点。不然在进入重点以前,你就会失去听众们的注意力。"

胡伯特觉得有点不解。"大家都是很有自己想法的人,"他想,"如果我不好好地论证我的结论是如何来的,他们凭什么会直接接受我的观点呢?"

3.1 文化地图[①]

国际商务领域的学者艾琳·迈耶(Erin Meyer)在过去 20 多年的时间里一直关注文化是如何影响全球化组织的,《文化地图》就是其研究成果之一。迈耶认为,一种文化或者国家的人所认为的理所应当的行为或者一些常识,可能与另一种文化或者国家的人的理解完全不同,这种文化差异很可能会影响人们的沟通和合作。因此,迈耶提出了八个文化差异较大的方面,每个方面都是一个连续的度量尺,每个文化群体或国家都可以在这个度

[①] 本节理论和数据整理自:Meyer, E., The Culture Map: Breaking through The Invisible Boundaries of Global Business[M]. New York: Public Affairs, 2014. 以下不再赘述。

量尺上找到自己的位置。迈耶称之为文化地图,通过这种文化地图来解释不同文化群体或国家之间的差异,同时也可以让每个个体找到自己的文化特征,以及自己的文化特征与本国文化和其他国家文化之间的异同,在跨文化沟通中,个体可以通过调整自己的文化行为来适应文化群体的沟通方式。这八个文化尺度分别是:

(1) 沟通尺度:高语境与低语境;
(2) 评价尺度:直接负面反馈与间接负面反馈;
(3) 说服尺度:原则优先与应用优先;
(4) 领导尺度:平等主义与等级主义;
(5) 决策尺度:自上而下与团队共识;
(6) 信任尺度:基于信任与基于关系;
(7) 冲突尺度:针锋相对与避免对抗;
(8) 计划尺度:线性时间与弹性时间。

3.1.1 沟通尺度:高语境与低语境

文化语境即沟通中的语境文化,最早是由爱德华·霍尔在1976年出版的《超越文化》(*Beyond Culture*)一书中提出的。霍尔先是在1957年出版的《无声的语言》(*The Silent Language*)中将文化分成显性、隐形以及技术性三个层次,精心研究"超越知觉"的非语言文化,首倡时间语言和空间语言,开辟了跨文化研究的全新领域。而后,霍尔在《超越文化》一书中进一步完善了自己的理论,提出了语境论、情景论、高语境和低语境等崭新的概念,为跨文化传播的发展作出了较大的贡献。

语境是两个人在进行有效沟通前所需了解及共享的背景知识,即需要具备的共同知识点。在双方沟通时所依赖的这些共享知识背景越高,沟通的语境就越高;双方沟通时所依赖的这些共享知识背景越低,语境就越低。具体来讲,高语境沟通是指在沟通当中,大部分的信息或存在于物理环境之中,或内化在个体身上,很少清晰地通过所传递的语言文字来实现。也就是说,你需要读懂对方的言外之意,要懂得察言观色。例如,在讲这句话的时候,对方的语气如何、表情怎样。再例如,一家三口在看电视,妈妈手一抬,当你还在纳闷妈妈要干什么的时候,你的爸爸可能已经准确地把妈妈需要的东西拿过来了。这就是典型的高语境沟通,大部分信息是依赖于双方共享的背景知识而非语言文字所传播的,基于多年的生活经验,他们只需要极少的语言和文字就可以完成大部分的沟通和交流。要沟通的信息中只传达了极少的要素,剩余的要素蕴含在个人的身上和背景之中,需要共享的背景知识来传递。低语境沟通则是把大量的信息通过语言和文字的编码清楚地传递出来,大多数的要素都包含在传达的信息当中,不太需要共享的背景知识来传达信息。举个例子,法庭上的律师就需要清楚地描述案件的每一个细节,而在回答律师问题的时候也要清楚地表明"是"或者"否"。

艾琳·迈耶将高低语境作为沟通的第一个尺度。高低语境是影响跨文化沟通的重要因素，我们将在第 4 章"语言与跨文化沟通"中详细阐述这一文化差异要素。

3.1.2　评价尺度：直接负面反馈与间接负面反馈

英国易世达公司的经理威廉最近非常苦恼。恰逢年末，公司在给员工进行绩效评估。按照惯例，威廉也预约了一个一对一的会议，对几个月前刚入职的德国员工安德亚斯这几个月的绩效进行评估。在长达半小时的绩效评估过后，安德亚斯高兴地跟威廉说："谢谢老板对我的肯定！"他唱着小曲儿离开了会议室。看着安德亚斯开开心心地离开，威廉则非常郁闷。他纳闷地想：刚刚我跟他说了那么多需要改进的地方，他怎么还说是我对他的肯定呢？谈话的时候没感觉他有一点意识到自己做得不好，为什么呢？为什么两个人参加的是相同的会议，却以不同的见解离开呢？

过了一个月之后，威廉再一次确认，上次的会议完全是无效的。关于自己提出的安德亚斯要改进的地方，安德亚斯并没有任何改进。迫不得已，威廉又跟安德亚斯进行了第二次谈话。这一次，威廉换了一种谈话方式。他直接将员工对安德亚斯的意见告诉了他。这一次，轮到安德亚斯郁闷了。他靠在办公椅上，深深地叹了口气。缓了好久，安德亚斯走出会议室的门，脑子里还回旋着刚刚威廉跟他讲的话。"安东尼、马修、迈克尔都来找我，说你对他们的绩效评估太苛刻了。他们感到非常委屈。他们都做了大量的工作，但你好像并没有看到他们的付出，在评价的时候几乎没提，反而是不断地在说这里需要改，那里需要改，他们感到你的评价太苛刻了，也不公平。"

安德亚斯傻眼了。在此之前的十几年，他在德国一直采用的就是这种评价方式，成效斐然。员工接收到他的建议之后对他非常感激，改进之后绩效也有大幅度的提升。卓越的管理经验也是他得以应聘进易世达公司的原因。为什么同样的绩效评估方式，在这里就不奏效了呢？为什么这会引起英国员工们的抱怨呢？安德亚斯特别困惑。

案例中威廉和安德亚斯出现的问题涉及不同文化群体在给予个体负面反馈时的方式。当需要给对方负面反馈的时候，有些文化群体中的人们习惯于直接给对方负面反馈，不会对信息进行正面的修饰，而且常常会使用一些表达出肯定和绝对意义的词语。在团队工作中，这一文化群体的人不会顾忌场所，经常会当面给予别人批评。有些文化群体的人们习惯于委婉地给对方负面反馈，经常使用温和、缓和的语气，也会斟酌自己的用词，用正面的词汇加以掩饰。在团队工作中，这种温和群体的人往往也不会当面指出对方的问题，而更倾向于在私下给对方提出建议。

当两种不同文化群体的人在一起沟通和交流时，矛盾就自然产生了。相比德国，英国人在给予负面反馈的时候较为温和，德国人在给予负面反馈的时候则更加直接。因此，当英国人先扬后抑、委婉地提出改进建议的时候，倾向于直接沟通的德国人可能无法感受到这种建议。这也是为什么案例中的安德亚斯第一次没有接收到威廉给他提出改进意见这一信息的原因。同样地，当安德亚斯按照德国的习惯，没有任何铺垫，直截了当地提出团队员工需要改进的地方时,由于说话过于直接,反而导致员工的不适应,认为自己的努力付出没有得到相应的认可,对工作士气带来了消极的影响。图3-1总结了部分国家在直接负面反馈和间接负面反馈维度上的相对尺度。

图3-1 部分国家的评价尺度

直接负面反馈与间接负面反馈和高低语境并没有直接的关联。例如,以色列人在沟通的时候倾向于高语境,不会把信息清楚、明确地传递出来,而是倾向于让对方去领悟。然而,在给予他人负面反馈的时候,以色列人则更加倾向于直接负面反馈。因此,沟通的高语境不代表在给对方负面反馈的时候更间接。

管理上的应用

在管理多元化团队时,团队领导要基于团队成员的特点针对性地进行绩效评估,并采用适当的方式来给对方提出改进建议。对于来自倾向于直接负面反馈文化的员工,在提出建议的时候要尽可能直接、准确,要一针见血地提出问题所在以及未来的改进方向。在工作过程中,如果发现对方存在的问题,也可无需顾虑太多,当面提出即可。然而,对于来自倾向于间接负面反馈文化的员工,在提出建议的时候则要"三思而后行",首先对对方的努力和成果给予肯定,在此基础上,再侧面地提出哪些地方可以做得更好,对方自然就了解这是自己做得不够好的地方,需要改进。同时,在工作过程中,如果发现对方存在的问题,不要当面指出,而是在只有两个人的私下场合提出,对方会对你保护其公众形象的行为更为感激,也更倾向于努力改进所存在的问题。换一种思路,团队领导在给予员工工作反馈之前,也可以预先说明一下自己的沟通风格,这样接下来沟通的时候,对方会对你的沟通风格有明确的认知,也就大大降低了错误理解反馈内容的概率。

3.1.3 说服尺度:原则优先与应用优先

在工作场所中,说服他人是最重要的沟通技能之一。在高度动荡、不确定和复杂的外部环境下,组织内部也需要适时调整战略甚至是实施变革来应对外部环境的变化,这也是组织韧性的重要标准。无论你是想要说服他人执行组织的变革,还是想要说服他人支持自己的观点,都需要较强的说服他人的能力。在如何说服他人接受自己的观点上,不同国家和地区的人们存在偏好差异,在一个国家和地区奏效的说服能力到了不同的文化当中很可能被认为是无效的。这种说服能力的不同主要体现在寻求说服他人的方式以及个体认为什么是有说服力的论据上。

　　梅耶认为,在说服方式这一尺度上的两个极端分别是原则优先与应用优先。原则优先的文化群体在说服别人的时候着重于通过大量的理论推演或者数据演算,讲清楚为什么要设定这个目标以及为什么要这样做。应用优先的文化群体在说服别人的时候着重于通过观察现实世界的模式或者事实,讲清楚应当如何实现目标。举个例子,以学习物理为例,当新学了一个物理公式以后,原则优先的文化群体倾向于了解为什么这个公式会成立以及这个公式背后的原理是什么,了解了之后,才会将这个公式应用到具体场景之中去解答各类问题。应用优先的文化群体关注点则在这个公式在何种情境下应用以及应当如何应用。

　　实际上,不同文化群体的人都会运用原则优先或者应用优先的方式说服他人接受自己的观点,然而,更倾向于用哪一个则体现的是文化差异。正如章前案例中,美国人在说服别人的时候往往是倾向于应用优先,直接告诉对方如何操作;德国人在说服别人的时候往往是倾向于原则优先,希望告诉对方为什么要这样做。因此,当威廉姆斯将说服美国人行之有效的方法运用到说服德国人身上,则导致了误解和冲突。威廉姆斯认为自己为客户节约了大量时间和精力,直接切入主题来谈应当如何减少"绿色"汽车模型的碳排放量,德国客户却不明白为什么要这样做,其背后的原理是什么。当了解了原理之后,如何做就是自然而然的事情了。然而,当德国客户提出这一问题后,深受美国文化影响的威廉姆斯则认为是对方不认可自己的劳动成果,认为对方在质疑自己。威廉姆斯没有意识到的是,她面对的客户并不是自己之前熟悉的、有过诸多成功说服经历、应用优先的美国客户,而是习惯于原则优先的德国客户,需要改变自己的说服方式才能奏效。可想而知,这一说服过程是失败的。这也进一步证明了在跨文化沟通的时候,说服他人的能力不仅取决于自己所掌握信息的质量,更取决于个体如何建立论点以及所采用的说服技巧。后来,在反思这次失败的说服经历时,威廉姆斯说:"当我回想起我对我的新德国老板的第一次演示时,我希望我当时可以早一点发现这种说服方式上的差异,这样我就不会被大家给我的反馈激怒。如果当时保持冷静,我也许能够挽救局面。"

　　同样,当德国人胡伯特试图采用原则优先的方式来说服美国同事的时候,美国同事对于他如何得出这一结论并不感兴趣,相反,他们认为这是在浪费时间和精力,他们更想知道的是,到底应该怎么办。在原则优先的国家,诸如德国、意大利、法国、西班牙以及俄罗斯等,人们更加注重理论,普遍试图在将理论应用到实践之前先理解理论的概念。因此,在得出结论之前,首先要分析相关的概念、数据、资料。相反,美国、英国、加拿大、澳大利亚等国家倾向于应用优先,更加注重实践,如何做才是他们更关心的事情。因此,当来自美国或加拿大等国家的员工跟来自意大利、德国等国家的员工沟通的时候,如果不论证而直接给出结论,后者往往会无法接受,甚至会感到受到了"侮辱"。在很多人看来,这种方式就默认了后者会接受前者的结论和建议,而不去管是否合理。图 3-2 总结了部分国家在原则优先和应用优先这一维度上的相对尺度。

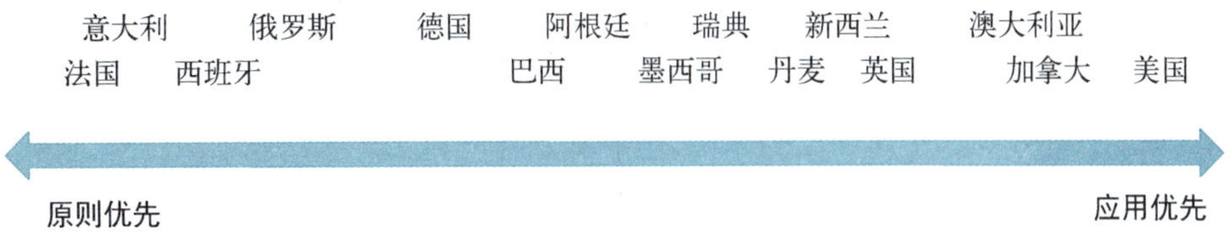

| 意大利 | 俄罗斯 | 德国 | 阿根廷 | 瑞典 | 新西兰 | 澳大利亚 |
| 法国 | 西班牙 | | 巴西 | 墨西哥 | 丹麦 | 英国 | 加拿大 | 美国 |

原则优先 ←——————————————————————→ 应用优先

图 3-2 部分国家的说服尺度

3.1.4 领导尺度：平等主义与等级主义

"早上好，夏洛特！"一身休闲装的奥利弗开心地与正在打扫卫生的清洁工夏洛特打了个招呼，健步如飞地走向办公区域。"早上好，奥利弗！"夏洛特朝他点头示意。

奥利弗在新西兰著名的护肤品公司帕尔斯集团工作。虽然仅仅三十来岁，但凭借其卓越的绩效，已经成为公司的区域销售经理，负责公司在新西兰本部以及在澳大利亚地区的产品销售工作。当问起为什么其绩效如此卓越时，奥利弗分享了他的管理经验："我的经验很简单，就是尽可能地授权。我的下属更了解市场，他们更知道消费者需要的是什么，应该设定何种策略促进产品的销售。所以，我不会过多干涉下属的工作。我只需要告诉他们目标，他们就会呈现出完美的销售方案。"正说着，实习生吉姆走了过来："嗨，奥利弗，关于你昨天提到的帕尔斯有机护手霜销售，我有一个想法，是不是可以针对利基市场进行策略性营销？""听起来很有趣，"奥利弗环顾了周围，大家都在忙碌着，"来，我们到会议室去仔细讨论一下可行性……"几个月后，帕尔斯有机护手霜的销售成功证实了吉姆建议的销售方案非常成功。这是奥利弗工作的日常。在公司总部，奥利弗是非常受员工欢迎的领导。每年的绩效评估，奥利弗都是优秀。鉴于他出色的领导能力，公司决定派他去韩国子公司做总经理，为公司开拓韩国市场。

奥利弗踌躇满志地来到了首尔。刚来第一天，他就感受到与之前在新西兰完全不同的文化氛围。当他像往常一样跟公司的清洁工裴永勋打招呼时，裴永勋将手里的扫帚放到一边，一边说："早上好，尊敬的社长先生！"一边深深地鞠了个躬。裴永勋的行为将奥利弗吓了一大跳。然而，马上他就发现，他走过的区域，每一个员工都恭恭敬敬地深鞠躬，问他早安："早上好，社长！"走到办公区域，他正要坐下，秘书赶忙过来说："社长，您的办公室在这边。"她指向一间办公室。奥利弗走过去，打开门，办公室气派敞亮，舒适的老板椅，最新款的电脑，可以午休的沙发，再看一眼外面工作着的员工，每个人就一个办公桌而已，奥利弗感到非常不舒服，连忙说："我在外面跟大家一起办公就行。"秘书一惊："社长，是不是有哪个地方您不满意？您提出来，我们马上就改。"奥利弗连连摆手："不，不，我习惯于和大家一起工作，在这里（办公室里）不舒服。"

开始工作后，奥利弗感到困难更多了。他感到韩国员工和新西兰员工很不一样，韩国员工缺乏主观能动性,遇到事情后的第一反应不是想应该怎么办,而是跑来问他该怎么办,导致奥利弗几乎没有自己的时间,不管大事小事,下属都来征求他的意见。得到他的允许之后,下属才会开始落实行动。尽管他说了无数遍,"你是这个领域的专家,而我不是,所以你来决定采取哪个方案就好",下一次遇到类似的事情,他们还是会跑过来征求他的意见。长此以往,奥利弗感到苦不堪言。与此同时,他的韩国下属对他也有诸多不满。销售组部长郑炎彬说:"社长先生似乎并不太知道如何管理团队,很多时候都不给我们工作上的指引,我们问他应当如何决策的时候,他总是说让我们自己定,搞得我们都不知道该怎么办好了。"

上面这个案例反映的就是不同国家和地区领导风格的差异。梅耶将领导风格这一尺度的两个极端定义为平等主义与等级主义。这一维度与霍夫斯泰德的权利距离有着天然的关系。在平等主义的文化中,老板与下属之间的距离很近,人们认可的往往也是没有架子、能和员工打成一片的老板。如果你有信息要向高你两级甚至是董事长汇报,可以直接讲,无需顾虑太多。在公司里,也不需要对老板用敬称,直接喊名字就可以。如果有与老板不同的意见,可以直接在公开场所提出来。员工在行动的时候也不必请示,以获得老板的许可。如果与外部的供应商或者客户洽谈业务,也无需过多关注双方的职位,更关心洽谈的内容。然而,在等级主义的文化中,老板与下属之间的距离非常远,优秀的老板往往是高高在上的,和普通员工并无过多交流。在公共场所,不允许挑战上一级领导的权威。员工在行动之前需要获得老板的认可。组织的等级结构是分层且较为稳定的,跨等级的沟通往往是遵循某个等级方向的。如果你有信息要向高你两级甚至是董事长汇报,最好是逐层传递,而非直接对话,对高一级的领导往往采用敬称。如果与外部的供应商或者客户洽谈业务,需要对双方的职位给予关注,这关系到如何落座以及如何交流。

是平等主义更好一些还是等级主义更好一些?看上去,平等主义的文化似乎每个人都有更多的机会去表达自己的观点和看法,更能够发挥主观能动性。等级主义的文化似乎压制了低一级员工的主观能动性,让他们无法更好地施展自己的才华。然而,梅耶认为,换一种角度来看,个体所拥有的权利与其所承担的责任是一致的。等级主义下,虽然个体很多时候无需过多考虑战略和运营决策,这也意味着他们的领导承担了更多的责任,压力也更大。且领导往往是由于工作经验丰富、取得的成效显著而被提升上来的,因此,在追随老板进行日常工作的过程中,下属可以从上一级领导的工作和决策模式中学习经营和管理知识,对于下属的成长有较大的帮助。因此,不论是平等主义还是等级主义,文化并无优劣之分,只有是否适合当下的情境之分。如果在等级主义的韩国和日本贸然实施平等主义的领导风格,会导致员工的工作无法正常开展,不清楚工作的方向,员工的成长更多依赖于上级领导对他们工作方向的指导和帮助。如果在平等主义的丹麦和新西兰贸然实施等级主义的领导风格,同样会导致员工无法适应。图3-3总结了部分国家在平等主义和等级主义这一维度上的相对尺度。

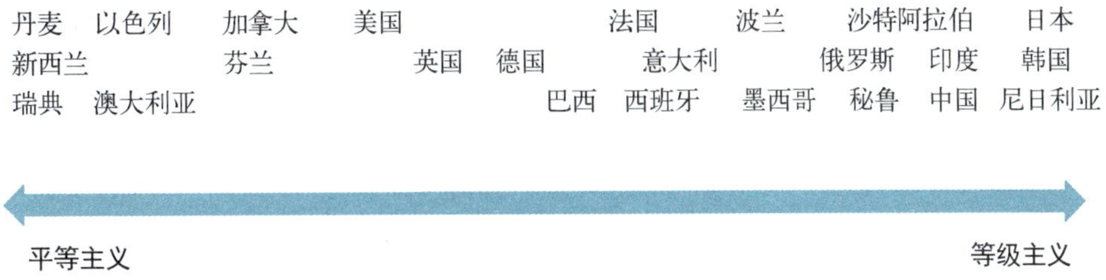

丹麦	以色列	加拿大	美国		法国	波兰	沙特阿拉伯	日本
新西兰		芬兰		英国	德国	意大利	俄罗斯	印度	韩国
瑞典	澳大利亚				巴西	西班牙	墨西哥	秘鲁	中国	尼日利亚

←――――――――――――――――――――――――――――――→

平等主义　　　　　　　　　　　　　　　　　　　　　　　　　　　　　等级主义

图 3-3　部分国家的领导尺度

3.1.5　决策尺度：自上而下与团队共识

"难以置信！这些德国人如此讲究等级制度。"尼科利惊呼道，"我和一位来自慕尼黑总部的分析师共进午餐——只是共进午餐而已，之后我就被他老板的老板训了，仅仅是因为这位分析师比我低了几级，所以，我没有遵循正确的规章制度。谁在乎他的级别？如果要说有人在乎，那么可以的肯定是——一定是这些德国人！"

几天后，艾琳同德国人力资源主管马蒂亚斯·沃尔夫碰了面，他在整个合并中负责牵头慕尼黑那一方。他这样评价他的美国合作方：

这些美国人给你的印象是他们崇尚平等主义，上级在办公室时不关门，让下级直呼他们的名字，上班穿得也不拘束。但不要被这些现象欺骗了。他们其实比我们更加等级化！当美国老板说"向左边前进"时，他的美国下属都会就地立正，然后向左转——不会有人提出问题，也不会有人质疑。我从未在别的文化中见过这样服从上级命令的。如果你是德国人，并且敢于像在德国老板面前那样挑战你的美国老板，你会发现你离失业又近了一步。我知道这是真的——因为它曾经发生在我身上！

以上案例反映了不同文化群体的人们决策尺度的差异。在组织面临变革或者团队面临决策时，有些文化群体倾向于进行自上而下的决策方式，组织当中高层级的领导作决策，低层级的下属只负责执行。这一决策方式最大的优点就是决策速度快，不需要涉及太多团队成员进行过多的讨论，因为随着团队成员掌握的信息更加多元化，产生的执行计划在之后的讨论与执行过程中经常发生改变，所以，这样的决策需要更多的时间才能完成。人们认为这样做太浪费时间，很多时候机会是稍纵即逝的，一旦错过了最佳时机，决策的效应也无法发挥出来。然而，由于决策是由高层领导或管理者作出的，负责执行的下属并不一定了解这一决策的背景以及决策制定的原因，可能会因为对决策理解得不够彻底而无法使决策最大可能地发挥其影响，也有可能会因为不理解决策的意义而抗拒执行决策。相比之下，有些文化群体倾向于团队共识的决策方式，组织中的团队成员共同商议，达成一致后作出决策，然后来执行。因此，在协商一致的文化中，制定决策因为需要征求每个人的意见，可能需要相当长的时间。这种决策方式的特点是经过团队共同商议之后，决策的认可度较高，一旦作出决策，实施是相当迅速的，因为每个人都已完全了解为什么需要作出这样的决策，所以执行起来相对更加轻松。缺点是决策耗时过久，甚至很多时候无法达成一致意见。图 3-4 总结了部分国家在自上而下与团队共识这一维度上的相对尺度。可以看出，日本、瑞典、新西兰、德国都是更加倾向于团队共识的决策方式，尼日利亚、中国、印度、俄罗斯等国家则更倾向于自上而下的决策方式。

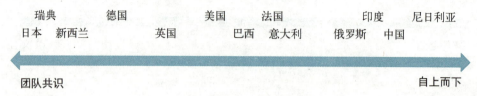

图 3-4　不同国家的决策尺度

决策方式是采用自上而下还是团队共识往往与领导方式有关。一般而言，在采用平等主义领导方式的文化中，团队往往更重视协商一致的政策，决策方式往往更倾向于团队共识型。在采用等级主义领导方式的文化中，团队往往更重视高层级管理者的想法，决策方式往往更倾向于自上而下型。这其中也有一些国家是例外。例如，美国企业的管理者在管理团队的时候，倾向于采用平等主义的领导方式，将权力下放给下属；在决策的时候，却倾向于自上而下的决策方式，正如前述案例所描述的，当美国管理者说"向左前进"的时候，他的美国下属就会立即执行，而不会有人提出问题或者质疑。究其原因，美国文化认为优秀的领导具备普通员工不具备的一些特质，他们的视野和眼光是一般员工无法比拟的。这也是领导力这门课程最初由美国商学院开发出来的原因。正因如此，美国企业虽然是遵循平等主义的管理哲学，决策仍是由团队负责人来完成。另一个特殊的案例是日本。日本企业在管理的时候，倾向于等级主义的管理方式；在制定决策的时候，却更加倾向于团队共识的方式。这是因为日本企业更加注重团队的和谐和每个员工的投入，因此，当需要制定决策的时候，往往会将方案分享给低层级的员工，收集他们的意见，基于他们的意见再对方案进行调整。

3.1.6　信任尺度：基于任务与基于关系

在澳大利亚皇家墨尔本大学就读的中国女孩韩晓梅和同一宿舍的刘莉莉是好朋友。在异国他乡，两个人一同上课，一同吃饭，结下了深厚的友谊。在大三下学期，两个人同时选择了一门跨文化管理的选修课，选修课上，老师公布了成绩比例：小组分数占 70%，在课程辅导时间，老师留给同学们一定的时间，请同学们自行组成课程小组。让两个女孩意想不到的事情发生了：班级里的同学几乎挨个站起来介绍自己的基本情况——来自哪个国家，掌握的语言，自己的特长是什么。在同学们介绍完成之后，马上，同学们自动地向那些特长和自己不一样的同学靠拢，组成了学习小组。第一个组成的小组里，有两名来自澳大利亚的同学，一个曾经在跨文化团队工作过，对跨文化的知识有较深入的实践认识，一个曾经做过记者，有很高超的访问技巧；有一名来自德国的同学，擅长制作 PPT，以及制作漂亮的课程报告；有一名来自英国的同学,擅长阅读文献并整理文献。韩晓梅和刘莉莉看大家都很快组成了队伍,立刻加入组队伍的活动中,她们两个不约而同地看向教室另一侧的两名中国同学,四个人一合计,队伍也很快组成了。

上述案例深刻地体现了不同国家和地区的人们在信任他人上的区别。梅耶的研究发现,在信任量表上,两个极端分别是基于任务的信任与基于关系的信任。有些国家和地区的人们对他人的信任是基于对他人的成就、技能以及可靠程度而产生的信心,是以知识为基础的信任。这种信任关系往往是通过彼此的业务合作建立起来的。有些国家和地区的人们对他人的信任是基于与他人之间的亲密关系而产生的信心,是以情感为基础的信任。在这个案例中,中国同学体现出了以关系为基础的信任,在选择队友的时候,选择那些来自同一国度的同学,澳大利亚、德国以及英国的同学则体现出以任务为基础的信任,以彼此的特长为基础来选择队友。

基于定义可知,任务信任来自个体对他人完成工作或任务的能力的信心,在诸如美国、新西兰、澳大利亚这样的国家,人们倾向于将个人关系和商业活动分开来看,认为"生意是生意,感情是感情"。私底下可能是非常好的朋友,而当进行商务合作的时候,虽然彼此关系非常好,但经过权衡,如果认为与另一个企业合作更合适,仍会选择另一个企业。从朋友的角度来讲,即便你选择另一个企业合作,也不会影响他/她与你的关系。另一方面,关系信任则来自个体对他人的喜爱。在诸如尼日利亚、印度这样的国家,可能在工作当中,两个人一起合作的时间很久,彼此性情相投,就变成很好的朋友。随着人们彼此了解,信任逐渐建立。在这些文化中,业务交互依赖于彼此之间的真实关系。因此,当组织中有一个晋升职位,而你的好朋友和另外一位普通同事共同竞争的时候,即便你可能觉得自己的好朋友没有另外一位普通同事的工作能力强,在基于关系的国家中,你仍然会选择推荐自己的好友,这也是社会大众对你的预期。将这一问题拓展到企业层面,在选择合作伙伴的时候,个体往往更倾向于选择有着深厚友谊或者自己熟悉的企业,而不是从业务能力出发来进行选择。图3-5总结了部分国家在基于任务和基于关系这一维度上的相对尺度。

图3-5 部分国家的信任尺度

3.1.7 冲突尺度:针锋相对与避免对抗

泰国小伙颂恩从伯克利大学毕业后加入硅谷的领英公司,这也是颂恩心仪很久的公司。第一天去公司上班,颂恩认识了自己团队的小伙伴:三个美国人代维、威廉、珍妮,一个俄罗斯人马克西姆,一个澳大利亚人杰克。同事对自己都非常热情,颂恩对自己这份新工作充满了期待。然而,在第二天参加团队会议的时候,颂恩就被震惊到了,杰克、代维和马克西姆因为一个项目的分歧"吵得"不可开交。

代维:这个程序在运行了一段时间之后出现问题了,用户抱怨说有时候相片大小明明符合要求,却总是传不上去。我打算把后台的程序修改一下。

马克西姆:你这个解决方案治标不治本,我不认同。

代维:只要把第二段程序修改一下就可以了。

马克西姆(着急):但是这个问题用户也不是第一次反映了,每一次反映完就修一下,结果现在补丁越来越多,你还要去打补丁,这次打完又能撑多久呢?

代维(提高声音):这是快速解决问题的办法,现在用户在那边等着啊!

杰克:对啊,用户在那边等着呢!

马克西姆(站起来,在会议室里敲着桌子大声说):那这次快速解决了,下一次遇到问题怎么办呢?用户报错的频率越来越高,还去打补丁,太不明智了!

杰克(提高音量):那你说应该怎么办?

马克西姆:非常简单,换一套系统啊,重新再做一套!

代维(站起来,在会议室来回走动,声音很大):我不同意!如果现在不赶紧修好,用户那边抱怨会非常严重,后果你承担得起吗?

杰克:我也不同意!你怎么能保证新的系统一定能够运行良好呢?万一新系统还没有这个系统好呢?简直是开玩笑!这是拍拍脑袋就可以决定的吗?

颂恩被震惊了,三个同事在那里为了到底应该怎样解决用户反映的问题争得面红耳赤,颂恩在会议室感到极度不舒服,然而,剩下的两名同事貌似已经见惯了这种场面,非常淡定地在听他们争辩。颂恩正想着,马克西姆冒出了一句:"简直是不可理喻!你们非要打补丁就去打吧,一定会后悔的!"说完,他大步迈出了会议室,重重地摔门而去。

中午,大家一起在食堂吃饭,讨论到接下来的圣诞节要去哪里度假,马克西姆说想带家人去夏威夷,代维马上说起夏威夷值得玩的地方以及自己和家人之前去玩过的经历,马克西姆和代维开始了热烈的讨论。颂恩又一次震惊了,这两个刚刚还在会议室争吵到不可开交的人仿佛什么事情都没有发生过,分享起了假日安排,笑声传遍了整个食堂。看上去,刚刚的争吵完全没有影响他们的感情。

上面这个案例反映了不同文化背景的人们对待分歧的不同观点和态度。梅耶认为,在面对冲突的时候,不同文化的人们如何应对有着明显的差别,其两个极端分别是针锋相对与避免对抗,也称之为对抗型和回避型。有些文化背景的人们在面对分歧的时候倾向于针锋相对,坦率地讲出来,双方就问题应该如何操作进行讨论甚至争论。他们认为,公开的争论能够让对方清楚自己的想法,有助于真正解决问题,对团队而言是一件积极的事情,并不会影响到双方的关系。梅耶将这种应对分歧和冲突的方式命名为针锋相对。有些文化背景的人们在面对分歧的时候倾向于回避冲突或者避免对抗。回避型文化的人们认为,争论和冲突对于团队而言是非常不利的,公开的争论或冲突会破坏团队的和谐氛围,影响团队成员之间的友好关系。图3-6总结了部分国家在这一维度上的相对尺度。

颂恩的案例就体现了不同文化背景的人们在应对冲突上的不同。亚洲国家(如泰国、日本、印度尼西亚、中国等)大都是倾向于回避冲突,在遇到问题的时候不太愿意公开表示对对方提议的反对或质疑,担心这种争论会影响自己和对方的关系。因此,当颂恩看到团队成员因为一个项目问题应该怎么解决产生激烈争执的时候,会十分震惊。当他看到刚刚还在因为工作争执的同事在吃饭的时候仍然能相谈甚欢更是觉得不可思议。在泰国的文化中,如果在工作的时候争吵到这个程度,很可能私下里都不会再讲话了。然而,团队中的美国人和俄罗斯人显然并没有觉得争执有什么不妥。因为在他们的文化中,这种争执只是为了找到更好的解决方案,对于团队的绩效影响是正面的而非负面的,且这种争执完全不会影响到彼此私下的关系。

图3-6 部分国家的冲突尺度

3.1.8 计划尺度:线性时间与弹性时间

当艾琳第一次搬到法国时,其他美国人提醒她法国人总是迟到。虽然这并不会对艾琳的日常工作有太大的影响,但法国人确实总比美国人晚了那么几分钟。有一次,在抵达巴黎后不久,艾琳计划去巴黎商业区拜访一位专门从事外派工作的人力资源经理。她与经理约了上午10:00会面,她在9:55就到了,并紧张地在脑中练习着生疏的法语。即将会面的那位经理叫桑德琳·盖根,是公司的长期客户,与艾琳的老板私交甚好。老板向艾琳保证,盖根女士会热情地接待她。

艾琳在上午10:00准时打电话给盖根女士,在电话接通后,接待员礼貌地对艾琳说:"请耐心等待。"艾琳便小心翼翼地坐在皮沙发上,假装在看报纸,就这样耐心地等了5分钟。但是等到了10:07,她渐渐失去了耐心。是记错了会面时间吗?难道发生了什么不可避免的紧急事件吗?等到了10:10,她想,今天还会面吗?盖根女士在10:11时走出了电梯,她并没有为她的迟到道歉,而是直接热情地欢迎艾琳的到来。在美国和法国工作了很多年之后,艾琳现在可以确信,在大多数情况下,你在法国通常可以比在美国多争取到10分钟(晚10分钟出门,晚10分钟开始,晚10分钟结束)。在了解了这一点之后,在大多数情况下适应起来并没有那么困难。

几天后,艾琳正和一位充满魅力、比她年长几岁的巴西人弗拉维奥·拉纳托在玻璃墙餐厅用餐,俯瞰巴西第五大城市贝洛奥里藏特的夜景。他们正在就第二天将向一群南美同事做的演示做筹划。"这个演示要表达的内容对我们的组织非常重要,"拉纳托告诉艾琳,"参会者都会喜欢这个演示内容的。如果你愿意,大可比计划的时间多讲一些。大家都会受益匪浅的。"

艾琳不太理解,因为她已经与IT支持人员测试了她的演示文件,会议议程已经打印并张贴在会议室的门上。"我的演示在议程上写着45分钟。你指的多讲一些是多久?我可以花60分钟吗?"艾琳大声问道。

拉纳托轻轻地耸了耸肩,回答说:"当然是你需要讲多久就讲多久。"

因为不确定他的意思,艾琳再次确认,"太好了,我大概会讲60分钟。"拉纳托点头同意。艾琳回到了她的酒店房间,并将她的演示文稿的内容调整到60分钟。

第二天在会议上,艾琳注意到门上的议程仍然写着演示会持续45分钟。艾琳感到有点不安,于是在人群中找到了拉纳托。"我只是想确保我的理解是正确的,"艾琳说,"你是希望我上午的演示讲45分钟还是60分钟呢?"

拉纳托被艾琳的问题逗笑了。"别担心,艾琳。"他试着向艾琳保证,"他们肯定会喜欢你的演示的。你需要讲多久就讲多久。"

"我会讲60分钟。"艾琳再次重复。

在艾琳的演讲开始前发生了一些小意外,导致演示比原定的时间推迟了一会儿才开始,大家非常喜欢演示的内容——就像拉纳托预测的那样。在演示结束后的提问环节,大家积极地举手提问并补充了一些与演示内容相关的例子。艾琳时不时地看着房间后面的大钟,在65分钟后结束了她的演示。全程比预计的多花了几分钟,因为对一个问题的解释多花了些时间。

拉纳托走向艾琳。"你说得很棒,效果正如我所预料的那样。但你结束得太早了!"

早?艾琳真的很困惑。"我以为我应该花60分钟,更何况我花了65分钟。"艾琳冒昧地说。

"你当然应该多讲一些!他们很喜欢你的内容!"拉纳托坚持道。

那天晚上晚些时候,拉纳托和艾琳就她们之间相互不理解的地方进行了交流。

"我不想在未获得明确许可的情况下占用小组的任何额外时间。"艾琳解释道,"你给了我60分钟。对我来说,如果我没有得到你的许可就花比预计更多的时间,这是对团队的不尊重。"

"但我不明白。"拉纳托回应道,"在这种情况下,我们是客户。我们付钱给你,让你来给我们做演示。如果你发现我们有更多疑问并希望继续讨论,那么延长演示时间以回答我们的问题并满足我们的需求,这难道不是良好的客户服务的体现吗?"

艾琳很困惑。"但如果你没有明确告诉我可以再花15分钟,我怎么知道你到底希望我讲多久呢?"

拉纳托好奇地看着艾琳,因为他似乎才开始明白,艾琳作为一个外国人与他们的差异有多大。"他们显然很感兴趣,也很投入。你难道看不出来吗?"

艾琳这才开始意识到对时间的不同态度会带来多大的影响。拉纳托和艾琳对既定议程的时间观念使他们对"良好的客户服务"有了截然不同的定义。这个故事强调了解你的同事如何看待时间安排,并相应地调整你的期望有多重要。

文化地图的第八个维度是计划尺度,涉及不同文化的人对时间的不同看法。计划尺度的两个极端分别是线性时间和弹性时间。线性时间是指安排的所有事项处理均按照一定的顺序进行,完成一件事情后方可处理下一件事情。基于这一定义可以知道,线性时间文化中的人们做事情习惯于严格遵循计划流程,遵守时间表和截止日期,并且一次只专注于一项任务。在线性时间文化的代表性国家和地区中,德国当之无愧成为典型。德国人的"死板"也是全球闻名的。说好的9点开会,一定会卡点准时到。如果老师设定交作业的时间是某一天,哪怕超过这一时间几分钟,作业都无法提交成功。因此,线性时间文化的人们非常重视自己的时间规划,因为他们需要仔细安排、认真规划才能最大化自己的时间利用效率。与之对应的另一种时间规划则是弹性时间。弹性时间也被称为灵活时间,顾名思义,这一文化中的人们时间安排往往比较灵活,没有固定的流程表,也不强求一定要一件一件地完成任务,他们会选择最为顺畅的方式来完成工作,很可能同时并行处理多种任务,也有可能突然放下手头的工作去完成另一件他们认为更紧急的事情。弹性时间文化的人们对于截止日期也没有那么严格,早几分钟晚几分钟对他们而言均可以。例如,在秘鲁,人们戏称自己的国家以"不准时"而闻名,实际上,如果会议安排在9点开,你准时出现在会议室门口,反而被认为是不合适的行为,因为他们的商务礼仪之一就是要比计划时间稍晚点出现。相似的国家还有埃及、菲律宾和肯尼亚。在肯尼亚,如果会议约定的是9点,而你9点30分出现,对方不会说:"你怎么才来",而是会说:"哦,你来了。"除此之外,弹性时间文化的人们认为,同时处理多件事情是个人有能力、有效率的体现。如果他们在开会途中接到一个电话,会很自然地接起电话,打完之后继续开会。而在遵循线性时间的德国、新西兰、瑞典等国家,这种情况会被认为是非常不礼貌的行为,同时处理多件事情对他们而言也不是个体有效率的体现,而是个体没有时间规划能力、效率低下的体现。图3-7总结了部分国家在线性时间与弹性时间这一维度上的相对尺度。

图3-7 部分国家的计划尺度

管理上的体现

线性时间和弹性时间对管理的影响十分深远。线性时间文化的人们倾向于开会的时候严格按照议程进行,如果有人提出不在议程中的话题,其他与会者会快速将话题拉回主题。弹性时间文化的人们则常常会在开会的时候偏离议程,人们甚至认为这种偏离会激发更多全方位的思考,是非常有必要的。因此,他们的会议议程仅仅供参考所用,并不会那么严格地执行。这也解释了本节案例中美国人艾琳和法国人盖根以及巴西人拉纳托之间的沟通误解。当艾琳比约定时间提前 5 分钟到达会议室时,面对迟到 10 分钟还未出现的盖根,开始担心会议是否能如期进行。而在与巴西客户开会的时候,面对原本 45 分钟的议程被拖延到 65 分钟,开始担心自己占用了对方太多的时间,对方却认为艾琳结束得太早了。当线性时间文化的人们在商业活动中遇到弹性时间文化的人们,双方都需要事先了解对方的文化,适当作出调整,才能适应合作的模式,否则,很可能因为对对方一些行为的不理解而导致沟通误解,甚至影响双方的商务合作。

附录　文化地图测试量表

为了准确地判断个体在八个跨文化沟通维度上的得分,艾琳开发了一套 24 道题目的测试量表,读者可自行检测自己在沟通尺度、评价尺度、说服尺度、决策尺度、领导尺度、信任尺度、冲突尺度以及计划尺度八个维度上的得分。

1. 我力求简单、清楚、明确地沟通,避免字里行间的解读(和说话)。

　　A. 强烈不同意　B. 不同意　C. 中立　D. 同意　E. 强烈同意

2. 最有效率的演讲者先说出他们要告诉你什么,然后再告诉你内容,最后总结他们告诉你的内容,以确保交流清晰明了。

　　A. 强烈不同意　B. 不同意　C. 中立　D. 同意　E. 强烈同意

3. 在开会或打电话后,重要的是要准确地写出所说的内容,以免引起误会或混乱。

　　A. 强烈不同意　B. 不同意　C. 中立　D. 同意　E. 强烈同意

4. 如果我做得很差,我更喜欢被直言不讳地告诉,而不是委婉或外交的辞令。

　　A. 强烈不同意　B. 不同意　C. 中立　D. 同意　E. 强烈同意

5. 我更喜欢立刻给出负面的反馈,而不是一点点地随着时间的推移逐步累积起来。

　　A. 强烈不同意　B. 不同意　C. 中立　D. 同意　E. 强烈同意

6. 当我给出负面反馈时,我会更多地关注接收消息的人的感受,而不是我表达批评的程度。

　　A. 强烈不同意　B. 不同意　C. 中立　D. 同意　E. 强烈同意

7. 好的演讲者会通过具体的例子、结论、工具和后续步骤来直达主题,从而发挥影响力。

　　A. 强烈不同意　B. 不同意　C. 中立　D. 同意　E. 强烈同意

8. 对于小组作出的业务决策,至关重要的是,在提供所有证据后,留出足够的时间来辩论这些概念。

A. 强烈不同意　B. 不同意　C. 中立　D. 同意　E. 强烈同意

9. 一个好的演讲者在分享例子或得出结论之前,通过解释和验证基本概念来影响听众。

A. 强烈不同意　B. 不同意　C. 中立　D. 同意　E. 强烈同意

10. 如果我不同意老板的意见,我会公开说出来,即使是在别人面前。

A. 强烈不同意　B. 不同意　C. 中立　D. 同意　E. 强烈同意

11. 在与同事、客户或供应商的会议中,我不太注意与会者的等级地位。

A. 强烈不同意　B. 不同意　C. 中立　D. 同意　E. 强烈同意

12. 如果我有想法要与我之上或之下几个级别的人分享,我将直接与该人交谈,而不是通过直属上司或直属下属进行交流。

A. 强烈不同意　B. 不同意　C. 中立　D. 同意　E. 强烈同意

13. 即使需要很长时间,也最好让每个人都参与决策,因为这最终会产生更好的决策和更可靠的认同。

A. 强烈不同意　B. 不同意　C. 中立　D. 同意　E. 强烈同意

14. 建立共识最终导致平庸的决定并浪费时间。

A. 强烈不同意　B. 不同意　C. 中立　D. 同意　E. 强烈同意

15. 如果老板单方面作出我不同意的决定,我仍然会遵守该决定。

A. 强烈不同意　B. 不同意　C. 中立　D. 同意　E. 强烈同意

16. 最好不要在情感上与同事、供应商和客户过于亲近。

A. 强烈不同意　B. 不同意　C. 中立　D. 同意　E. 强烈同意

17. 我经常花时间与同事、供应商和客户一起喝咖啡、吃饭或喝饮料——不过多讨论工作,只是相互了解。

A. 强烈不同意　B. 不同意　C. 中立　D. 同意　E. 强烈同意

18. 如果我在上午9点开会,那是我到达的时间,而不是9点之前或者之后。

A. 强烈不同意　B. 不同意　C. 中立　D. 同意　E. 强烈同意

19. 在花时间了解他个人之前,我无法真正信任同事、供应商或客户。

A. 强烈不同意　B. 不同意　C. 中立　D. 同意　E. 强烈同意

20. 经常与其他团队成员公开表达不同意见,可能会对团队的成功机会产生积极的影响。

A. 强烈不同意　B. 不同意　C. 中立　D. 同意　E. 强烈同意

21. 当我强烈反对一位同事在发言中提出的观点时,我会明确地表示反对。

A. 强烈不同意　B. 不同意　C. 中立　D. 同意　E. 强烈同意

22. 公开辩论会导致团队成员互相挑战对方的想法和观点,这很可能会引起不良情绪并破坏人际关系。

A. 强烈不同意　B. 不同意　C. 中立　D. 同意　E. 强烈同意

23. 专业精神与其说是灵活和被动的,不如说是有组织和有条理的。
   A. 强烈不同意   B. 不同意   C. 中立   D. 同意   E. 强烈同意
24. 应密切注意会议议程:它并不是一个广泛的指导方针,应该根据小组希望进行讨论的地方而改变。
   A. 强烈不同意   B. 不同意   C. 中立   D. 同意   E. 强烈同意

3.2 文化隐喻

与跨文化沟通的经典理论不同,加农(Martin Gannon)和皮莱(Rajnandini Pillai)的文化隐喻理论以国家、地区或群体为研究对象,探究不同群体之间的文化差异。所谓文化隐喻,是某一文化群体中的成员认为对自己文化非常重要的一种活动,一种现象或者一种制度等(如西班牙斗牛和韩国泡菜),成员可以从情感上或认知上将这种物品或活动与自己的文化联系起来。加农和皮莱认为,这种隐喻可以在很大程度上代表一种文化全部或大部分的潜在价值观。因此,两位学者从1994年开始,探究了17个群体最为合适的文化隐喻,并将这种文化隐喻与当地文化结合起来。自此之后,两位学者不断更新自己的研究,2004年拓展到28个国家和地区;2016年,拓展到34个群体的文化隐喻。表3-1总结了这34个群体的文化隐喻。

本小节我们抽取三个群体的文化隐喻进行详细说明。

表3-1 34个群体的文化隐喻

序 号	群体及其文化隐喻	序 号	群体及其文化隐喻
1	泰国香米	13	美国橄榄球
2	日本园林	14	英国传统房屋
3	贝都因人和阿拉伯人珠宝	15	马来西亚返乡
4	越南挑担	16	以色列基布兹和莫沙维姆
5	韩国泡菜	17	意大利歌剧
6	瑞典小屋	18	比利时蕾丝
7	芬兰桑拿	19	墨西哥嘉年华
8	丹麦圣诞节午餐会	20	土耳其咖啡馆
9	德国交响曲	21	中国长城和天坛
10	爱尔兰对话	22	新加坡小贩中心
11	加拿大背包和国旗	23	印度湿婆之舞
12	法国葡萄酒	24	尼日利亚市场

(续表)

序 号	群体及其文化隐喻	序 号	群体及其文化隐喻
25	南非小镇	30	西班牙斗牛
26	撒哈拉以南非洲布什出租车	31	葡萄牙斗牛
27	俄罗斯芭蕾	32	巴西桑巴
28	爱沙尼亚歌唱	33	阿根廷探戈
29	波兰乡村教堂	34	加勒比海非正式社交

3.2.1 瑞典小屋

加农和皮莱用木屋来形容瑞典文化。大多数瑞典人的梦想是在木屋度过夏天。典型的瑞典小木屋上面涂有传统的红棕色，门窗装饰为白色，设施适中，家具朴素简单，在小木屋中只能找到生活必需品。瑞典各地的湖泊周围和乡村中散布着超过60万个小木屋，足以见出小木屋对瑞典人的特殊意义。对瑞典人而言，理想的假期是在6月或7月在大自然中度过，独自一人或者以小家庭为单位，在户外漂流，或者散步，或者仅仅是坐在树下，与大自然交流。瑞典人希望利用这段时间摆脱一切，与自己的思想相处，恢复自己与自然的联系。

这一点与美国人有着很大的不同。有个故事说，一名在美国读书的瑞典研究生热情地向她的美国同学憧憬即将到来的假期：她计划在自家的小木屋里，只带一些必需品，一台收音机，一艘小划艇和许多她想读的书，独自度过一个月的时间。然而，在她的美国同学看来，她的假期安排得一点儿都不美好，这一个月听起来更像是一个监狱刑期；相反，她的其他瑞典同学则对这个假期安排表示赞同，认为非常美好。

这种小木屋在很大程度上反映了瑞典的文化：极简主义、对朴素的自然和传统的热爱和个体主义。仅仅带生活必需品去小木屋的极简主义文化影响了瑞典公司的经营理念，跨国公司宜家（IKEA）的设计便反映了这一特点。宜家的家具简单大方，房主可以轻松组装，在许多国家都很受欢迎。瑞典人的小木屋更是深深地反映了他们对朴素的自然和传统的热爱和强烈依恋。因此，瑞典人对自然的热爱和尊重是一种坚定的价值观，也因此，瑞典政府制定了许多保护野生动植物和公园等的法律。瑞典被称为"绿肺"：在这里人们可以自由呼吸并享受未被污染的乡村。因此，瑞典人很早就成为环境保护主义者。实际上，瑞典是第一个通过环境保护法的国家。瑞典企业沃尔沃的车型也一直秉持舒适和环保的理念。

每年夏天，瑞典人往往更倾向于选择独自一人去小木屋，也在很大程度上体现了瑞典人的个体主义。对瑞典人来讲，独居是非常普遍的事情，甚至是对于老年人来讲。如果去朋友家里过夜，瑞典人也喜欢自己带床单。有调查发现，90%的瑞典人喜欢随心所欲的生活。但是，瑞典的个体主义与美国的个体主义不同。瑞典的个体主义是希望能促进个人发展，关注自身的成长；美国的个体主义不仅关注自身的成长，也关心自己是否比别人更强，本质上，美国的个体主义更具有竞争性。

对于在小木屋过夏天的热爱也体现出瑞典人注重生活质量的文化特点。瑞典人在工作一段时间之后就希望能逃离到小木屋周围的大自然中独处，反思自己的生活，找寻自己的初心，与自己的内在保持联系。因此，瑞典人高度重视生活质量，倾向于将单独或与家人在一起的私人时间看得比工作更重。瑞典人不爱加班，长久以来，旷工和过度使用病假是瑞典管理人员面临的很大问题。近年来，这种情况有所好转。目前，大多数瑞典人每年有权休5个星期的假期，他们通常更喜欢在夏天休假。

3.2.2 德国交响曲

在德国的发展历史上，文化和艺术是其尤为关注的部分，尤其是交响乐。德国交响乐诞生于16世纪，最初是室内音乐或歌剧伴奏，后来逐渐发展成完整的木管乐器、铜管乐器、弦乐器以及打击乐器，偶尔会出现钢琴。同时，交响曲也是各个领域作曲家最持久的成就，如贝多芬交响曲、海顿的《伦敦交响曲》和莫扎特三大交响曲等。毋庸置疑，德国拥有世界上最古老的交响曲，在欧洲乃至全世界均享有盛誉。选用交响曲来隐喻德国文化，主要出于以下原因。

首先，乐器多样性隐喻德国文化的多元性。德国的交响乐团往往包含约100种乐器，涵盖人类听觉范围的80%。德国交响乐团的乐器容纳了罗马的小号和小提琴、非洲的鼓声、希腊的泛音管以及以色列人宗教仪式中使用的角等。同样的，多元化已经成为德国人的特征。事实上，移民一直是影响德国人口发展的主要力量。自20世纪50年代以来，数以百万计的外国人移民到德国来就业和生活。如同交响乐团中的乐器一样，现代德国人的祖先血统可以追溯到许多国家和文化。截至2010年，土耳其人是居住在德国的人口数量最多的外国人群体，其次是意大利、希腊、葡萄牙以及西班牙等欧盟成员国的移民。目前，在德国的出生人口中，外国人占10%，足以证明德国的多元文化。

其次，当交响乐团坐在观众面前时，舞台会显得非常拥挤。为解决这一问题，交响乐团的座位分成四个独立的部分：弦乐、木管乐器、铜管乐器以及打击乐器。这种座位的分隔布置有利于最大化地保证乐器声音的质量。交响乐的这一特点隐喻了德国社会的拥挤性。和美国对比，德国的国土面积仅仅是美国的4%。美国每平方公里大约有33.4名居民，而德国每平方公里有229.7名居民，大约是美国的7倍。就像交响乐团中音乐家的位置将他们彼此分开一样，德国居民也很尊重他人的隐私和喜好，很重视房屋的私密性和安全性。房屋的前院虽然维护得很漂亮，却很少使用，他们往往是远离街道和喧嚣的人群，在后院沐浴阳光或野餐等。对很多德国人来讲，门是将个人和外界隔离开来的一层保护屏障，因此，德国人倾向于关门，这也在无形之中建立了人与人之间的界限。德国人在面对面交谈的时候也会留出一定的距离，这样人们会感到更舒适一些。这种隔离性也往往影响了德国的商业活动。德国的办公室有非常强的封闭性，因此，未经办公室主人的同意,他人应当静等在办公室之外。此外,一旦进入办公室,也要尤为注意,不要轻易将椅子移到办公室主人的办公桌旁边,否则,对方可能会非常不适,甚至感到被冒犯。有个小故事讲的是一个美国人去德国人的办公室,为了建立与德国管理者的亲密感,这个美国人总是聊着聊着就将椅子向德国管理者靠近,可这名德国管理者非常愤怒。后来,他请工人将访客的椅子固定在地板上,从而从源头上避免对方试图向自己靠近。此外,这种隔离性也体现在德国人工作和生活的隔离上。尽管德国人非常重视及时性和响应性,但经常会因为生活和工作的分隔而出现工作上的延误。如果某个员工接下一项来自客户的订单,而他很快因某些原因休假了,无需请同事来跟进这一订单,这就可能导致因为信息沟通不畅带来的工作延误。

最后,交响乐的最关键特征是精确度和同步性。鉴于交响乐的复杂性,为了一切都能够完美完成,每个人都必须精确地、同步地在乐谱范围内弹奏乐器。交响乐中也会有个体独奏者。虽然个体独奏者有充分的机会展示自己的技能,然而为了乐团的更大利益,他们的独奏时间很短。他们要迅速退回到乐团中,再次将自己的身份和个性与其他乐团成员合并。这种配合精确到秒。这也隐喻了德国人的严谨性。大多数德国人都了解应当如何有效地分配时间。对于很多德国人而言,没有"空闲时间"这个概念。德国人认为工作与休闲之间存在明显的区别,但这两种情况下,他们都希望合理高效地利用时间。在社交和商业生活中,都很少发生迟到的现象。在德国的商业规范里,潜规则是希望每个人至少准时到达会议室,最好提前 5 分钟到达。就如同在提示下才去独奏的人可能会失去在乐队中的职位一样,在会议中迟到的商人可能会失去客户或错过重要信息。

3.2.3 法国葡萄酒

法国葡萄酒在全球范围内都享有盛誉。几个世纪以来,法国的葡萄栽培技术日益成熟,并创造了许多著名的葡萄品种,包括赤霞珠、霞多丽和长相思等。因此,用葡萄酒来隐喻法国文化最为恰当不过了。这种文化主要体现在葡萄酒的 5 个主要元素上:纯正、分类、组成、适合性和成熟度。

首先,葡萄酒的酿造涉及一系列非常复杂的过程。影响葡萄酒质量的因素包括土壤、气候、葡萄藤类型以及从事葡萄酒酿造过程的专职酿酒师是否合格等。这些因素之间复杂的相互作用决定了酿出来的葡萄酒质量。上乘的葡萄酒需要采用最上乘的葡萄,这种葡萄必须生长在特定、纯净未被污染的土壤上,气候和藤本类型相互补充,葡萄种植者需要确保在其成熟之前精心护理,小心采摘。从葡萄收获到准备发酵的时间也要精心控制,一旦延迟或者时间不够,都会破坏葡萄酒的口味和香气。优质的葡萄酒需要 50 多年才能成熟到完美。通过以上描述可以看出,优质的葡萄酒有着纯正的特点。因此,在法国,优质的葡萄酒被认为是 2 000 年文明的升华,是法国人的骄傲。这一特点隐喻了法国人对自己文化的骄傲和热爱。法国人对自己的国家具有独特的浪漫看法,认为自己的国家就像一瓶完美无瑕的老式葡萄酒一样。法国人认为法国是一个纯洁和让人自豪的国家,所以才能生长和酿造出最纯正的葡萄酒。那些非法国土生土长的人必须了解法国文化的形成过程之后,才能对法国人有一个正确的第一印象。

其次,法国生产的葡萄酒有5 000多种分类方式,且是对每一类别精确命名的分类,这就避免了因为被冒名顶替而无法获得优质的葡萄酒。这种对命名法的坚持赋予了葡萄酒在每个标签上所显示的血统书。从大类上,葡萄酒可以分为4大类:最著名的是法定产区葡萄酒(AOC);次之则是优秀地域餐酒(VDQS),稍微弱于法定产区葡萄酒;再次之是地域餐酒(VIN DE PAYS),是日常餐酒中最好的酒;最后是日常餐酒(VIN DE TABLE),这也是最低等的葡萄酒,仅适用日常饮用。法国人对事物的分类,不仅在葡萄酒方面,而且在人们的头衔分类方面以及对礼貌和社会形式的关注方面,都是显而易见的。类似地,法国社会的分层也非常明显,主要可以分为4个类别:大资产阶级,包括仅存的少数贵族以及顶尖的企业和政府专业人员;中小资产阶级,包括小企业家或高级管理人员等;城市平民;无产阶级。就像粘贴在葡萄酒瓶上的标签一样,人们身上也会被粘贴标签。在法国社会,阶层是很难穿越的。法国人也很注重地位和头衔。当需要介绍时,介绍人的身份必须与被介绍人的身份相同。在商务会议中,至关重要的是最高级别的人占据中间位置。社会地位甚至比薪酬更重要。在法国,人们知道自己在社会中的地位,但这并不意味着他们觉得自己不如别人。法国人乐于接受和生活在这种分类系统的范围内。平民阶级的工人与高级资产阶级的官员一样,为社会作出的贡献同样被接受。

在法国,最好的葡萄酒只能留给最尊贵的客人。同时,法国葡萄酒必须搭配适当的食物与酒杯,这与法国的政治制度也有一定的相似之处:法国属于多党制,没有哪一个政党可以独自取得政权,必须由多个政党共同组成联合政府,合理搭配和积极配合来管理国家。

最后,在葡萄的成熟过程中,为了保障葡萄树能规律地生长,种植者必须不断地修剪葡萄枝。这种严格的管理也反映在法国的教育体系中。在法国,许多人在两岁之前就已经进入幼儿园,从六岁开始正式接受教育。与我国一年级读完自动进入二年级不同,在法国,学生必须具备一定技能之后才能顺利晋升到下一年级。换言之,法国的各级各类教育都存在留级甚至是淘汰的现象。因此,法国的教育是非常严格的。

3.3 刻板印象

在开始本节内容之前,我们先来做一个小测试。

一位公安局长在路边同一位老人闲谈,这时一个小孩跑过来,慌慌张张地对公安局长说:"你爸爸和我爸爸吵起来了!"

老人问:"这孩子是你什么人?"

公安局长说:"是我儿子。"

那么，现在请回答：这两个吵架的人和公安局长是什么关系①？

你回答出来了吗？在课堂上请学生回答这个问题的时候，每一次能回答出的人都寥寥无几，甚至是需要我给出答案，大家才会恍然大悟：公安局长是女性，两个吵架的人，一个是她的父亲，一个是她的丈夫。为什么回答出来会很难呢？因为我们潜意识里都认为，公安局长是男性，所以，绞尽脑汁也思考不出这个问题的答案。这就涉及本节要探讨的主题——刻板印象。

刻板印象是指人们对某一社会群体的知识、信念和期望所构成的认知结构，是评价者对某一社会群体成员内在品质和外显行为形成的比较固定的或被模式化的信念或看法②。换言之，刻板印象是说利用我们的经验来知道我们对社会中不同群体的认识。细心的读者可能会发现，在前面讲述不同的文化差异理论时，我们常常采用"美国人怎样怎样""日本人怎样怎样""中国人怎样怎样"的说法，严格意义上讲，这种说法也是刻板印象的一种。

刻板印象可以用来描述一个群体中成员们的常规行为，但是并不可以用来精确描述这个群体中每个个体的行为。例如前面讲的这个例子，并不是所有的美国人都一样，所有的日本人都一样，所有的中国人都一样。以大学生为例，一个宿舍的同学来自五湖四海，一定能深刻地感受到不同地区的人生活习惯等方面存在很大的差异。因此，如果你了解了美国的个体主义价值观得分很高，在遇到一个美国人的时候，就认为这个人个体主义价值观也很高，这种类推是不对的。那么，是不是应该尽可能避免刻板印象呢？实际上，刻板印象是否有效，取决于我们如何利用它。有效的刻板印象可以帮助人们在新情境下理解情境并采取适当的行动。人们可以通过以下情况尽可能地降低刻板印象带来的负面影响，甚至是利用刻板印象来促进跨文化沟通。

（1）加强刻板印象的群体意识。当人们意识到，我们在讲某些群体的文化如何时，所描绘的是一个群体的规范，而不是这个群体中某个人的特征时，就已经在有意识地避免刻板印象带来的消极影响了。如上所述，不能因为美国的个体主义价值观得分很高，看到一个美国人就认为他的个体主义倾向很强。当我们很清楚文化描述的是群体规范而不是群体中的个人的特点时，就可以有效地利用刻板印象来帮助自己了解不同的文化。

（2）谨记刻板印象是用来描述人们，而非评价人们。刻板印象可以帮助我们描述一个群体中的人们可能是什么样的，而不是评价他们的行为是对还是错，是好还是坏。事实上，文化并没有优劣之分，只有不同之处。例如，有些文化的时间观念很强，有些文化的时间观念并不强，是不是守时就比不守时更好呢？不是，每一种文化的形成都是当地群体经历长时间发展的产物，只能说更适应该群体，而不能在群体之间进行优劣的比较。对于一些习惯于晚到的国家而言，他们之所以约定时间之后的15分钟才到，是为了给主人一定

---

① 东三暖.https://zhuanlan.zhihu.com/p/143859678.
② 李月调,谢朝武.酒店业员工刻板印象的形成机制研究——感知顾客尊重和职业自豪感的中介作用[J].经济管理,2019,41(04)：158-174.

的时间去准备会议或者会晤,反而是遵守商务礼仪的表现。

(3) 精确。刻板印象应该能够准确地描述个体所隶属的群体行为规范。如果错误地描述了这一群体的行为规范,那刻板印象带来的负面效应将会更大。

(4) 第一最佳猜测。在获得有关特定的个体或群体信息之前,刻板印象可能是对这个群体最佳的猜想。举个例子,当你要接待来自加拿大的同学或者同事,而你之前并没有接触过加拿大人,为了能更好地做好准备,免得因为文化上的差异造成沟通误解,最好的途径就是先去了解加拿大的文化特点。

(5) 调整。个体能够根据对实际人物和所处的情境进一步观察,对自己的刻板印象进行调整。想要做到这一点非常困难,因为人的刻板印象一旦形成,很难改变。如同在本节开篇所举的例子,当人们下意识地认为公安局长应该是男性时,就很难猜出故事中的人物关系。

如果能做到以上五点,刻板印象可以帮助人们更好地和不同文化的个体进行沟通。然而,现实生活中,很多情况下人们会由于刻板印象而导致对不同文化的误解,这种误解主要是来源于以下三个方面。

(1) 假定一致性。所谓假定一致性,是指人们总是无意识地认为对方的文化和自己是一致的,或者用自己的文化来揣测对方的文化。如同第 1 章所提到的,文化的第三个层次是基本假设,触及的是这个社会文化中人们最根深蒂固的东西,是影响个体行为而个体却很难意识到的假设及其前提。同一文化中的个体分享相同的基本假设,而不同文化中的个体的基本假设并不相同,人们在跨文化沟通中常常会忽视这一点,这就会带来很多因为刻板印象而导致的沟通不畅。

> 加拿大的盖斯公司想在科威特投资一个油田,这对于公司的发展和科威特的经济增长都会有较好的促进作用。应科威特官方的邀请,盖斯公司的代表团来科威特进行合作事项洽谈。在和一位科威特的官员会晤时,盖斯公司的高管发现,会谈并不是在一个密闭的会议室里,而是在人来人往的办公区域,这名官员就在这个区域里办公。不仅如此,在双方洽谈的时候,总是有人过来跟这名官员说着一些工作事宜,双方的谈话频频被打断。盖斯公司的高管想:"如果这名官员是一名高级官员的话,他一定应该有自己的办公室,而且会有多名秘书为他服务。另外,双方谈论的是是否需要投资油田这样的大项目,对方应该会非常重视,会晤过程怎么会被打断呢?看来科威特并没有什么合作的诚意,这个人说了也不算,还谈什么谈。"于是,盖斯公司对这名官员的提问不是很耐烦,简简单单地回答了一下,并要求对方派出高级别的官员来进行对话。
>
> 盖斯公司本以为,科威特官方如果有诚意的话,会立刻派出高级别官员来进行对话,没想到科威特方面直接告诉盖斯公司,由于公司代表团的人洽谈时态度傲慢,科威特不准备与盖斯公司合作了。盖斯公司傻眼了。为什么事情会发展成这样?
>
> 在这个例子中,盖斯公司代表团的高管就犯了无意识的文化自闭带来的刻板印象。

这名高管基于加拿大的文化来理解科威特的文化,认为高级官员应当自己有封闭的办公室,殊不知科威特人对空间并没有那么强的隐私性,习惯于在开放性的办公室工作。另外,他们认为高级官员会配有多名秘书,而不知道科威特的权力距离非常低,也不会因为职位较高而不敢打断对话。盖斯公司代表团以自己的加拿大文化来揣测科威特官员的等级,认为对方是级别非常低的官员。事实上,这名科威特官员对是否与盖斯公司合作有较强的发言权。这就导致了由于跨文化误解带来沟通失误,也就是无意识的文化自闭带来的刻板印象。

(2)文化自省能力的缺失。文化自省能力的缺失主要是指缺乏对自身文化的深刻认识。尽管很多人认为,在国际商务活动中,最大的障碍是缺乏对外国人的理解,然而,越来越多的实践案例表明,更大的障碍是如何正确地意识到自身的文化属性或者文化定式。一般人们很少会注意到自己的文化特性,只有当外国人指出来或者描述出来的时候才会感到惊讶。例如,许多美国人很惊讶地发现外国人认为他们是匆忙的、工作刻苦、过分好奇以及极度直率。

(3)假定外群体相似性。所谓假定外群体相似性,是指倾向于认为不同文化的个体都是一样的。例如,美国人、加拿大人、希腊人、德国人等都是西方人,西方人都是一样的,都是个体主义倾向很强的。如果这样想,很可能因为假定相似性的刻板印象而导致沟通障碍。实际上,希腊人和我们一样,也有着很强的集体主义,较高的权力距离,也和我们一样喜欢区分内群体和外群体。之前有研究发现,希腊人对"同胞"的帮助要远远高过对"老外"的帮助程度。因此,并不是所有的外国人都是一样的,这样的刻板印象很可能带来跨文化沟通的障碍。

思考题

1. 文化地图理论的维度分别是什么?它们对跨文化沟通产生了哪些影响?
2. 试论述文化隐喻理论的优点和缺点。
3. 什么是刻板印象?产生刻板印象的原因是什么?
4. 结合自己的经历,论述如何避免刻板印象带来的跨文化沟通障碍。

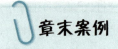

印度人在美国[1]

2020年1月30日,IBM宣布,印度裔高管Arvind Krishna将接替罗睿兰,担任这家科技巨头的CEO。仅仅4天以后,唯工作(We Work)也宣布,任命印度裔职业经理人Sandeep Mathrani为公司的CEO,以期带领公司迅速走出困境,实现转型升级[2]。事实上,这已经不是印度人第一次做美国企业的CEO了。谷歌、微软、诺基亚、软银、闪迪、摩托罗拉等诸多全球知名的美国高科技企业也都已经是印度裔的CEO了。以谷歌为例,2014年,当谷歌宣布任命印度裔工程师桑达尔·皮查伊(Sundar Pichai)为公司的CEO时,就在美国引起了轩然大波。2019年12月,桑达尔·皮查伊接任拉里·佩奇和谢尔盖·布林,同时担任母公司(Alphabet)和谷歌的CEO[3]。

加州大学和斯坦福大学的一项联合调查表明,在美国的科技中心硅谷,截至2012年年底,印度裔占硅谷总人口数的6%,然而,印度裔所领导的公司却占据硅谷所有公司的33.2%[4]。派思咨询的研究数据表明,2015年,在美国500强企业中,75家企业的CEO为外籍或者是外裔身份,其中以印度裔CEO人数最多,超过了来自英国、加拿大以及澳大利亚的CEO人数(见图3-8)。

除了全面进入美国的高科技产业,从咨询业到教育业,从制造业到金融服务业,印度裔已经逐渐加速进入美国其他产业和行业,并取得了令人瞩目的成绩。本章末的附录总结了印度裔高管在美国各大行业的典型代表。可以看出,不论是科技巨头谷歌公司,还是世界著名的哈佛商学院,不论是世界十大会计事务所之一的德勤会计师事务所,还是金融业的明星企业万事达,印度裔已经占领了各个行业的顶端。难怪有美国人惊呼:印度人正在统治美国。

为什么印度人在美国能混得很好?这个问题令同处于亚洲的诸多国家的人们不解,比如很多中国人、日本人、韩国人都曾经困惑,明明印度人的很多行为在他们看来并不合适,为什么偏偏美国人看不到呢?我们来逐条分析一下这些困惑。

1. 英语水平

谈到印度英语,很多人的第一印象就是口音太重,英文不好。事实上,印度裔在美国表现优异的重要原因之一就是长期殖民史带来的语言优势。印度的官方语言

---

[1] 本文作者:马文杰(上海对外经贸大学),项晨(上海工程技术大学)。
[2] 博客中国:http://net.blogchina.com/blog/article/813533341.
[3] 新浪财经:http://finance.sina.com.cn/stock/relnews/us/2019-12-04/doc-iihnzhfz3487371.shtml.
[4] 搜狐网:https://www.sohu.com/a/110884795_114719.

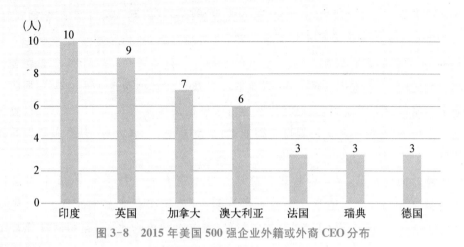

图 3-8　2015 年美国 500 强企业外籍或外裔 CEO 分布

为印地语和英语。然而,从实际情况看,英语在印度的地位要远远高于印地语,更不用提其他当地语言了。在印度中央行政机构中,英语的使用率为 70%,相比之下,印地语的使用率仅仅为 7%[①]。

众所周知,从 1600 年英国入侵印度并建立东印度公司开始,直到 1947 年印度独立,印度经历了漫长的殖民统治[②]。从 1746 年开始,英语逐渐成为印度教育体系以及行政管理的官方语言。1835 年,时任印度公共教育总会长的麦考莱向印度总督委员会提交了一份备忘录,主张在印度推行英式教育体系,并采用英语作为教学用语。这一文件从官方角度确立了英语在印度教育体系中的合法性和核心地位,在此后的殖民统治时期,英语在印度的高等教育阶段占据了重要地位。为了进一步强化英语在印度的霸权地位,时任印度总督的哈丁宣布:只要接受英语教育,印度人就可以从事政府部门的相关工作。换言之,印度人想要考取政府的公务员,必须要掌握较高的英文水平,英语也是必考科目之一。自此之后,英语成为印度的官方语言。

因此,印度人的英语水平比世界上大多数非英语母语国家的居民要高很多。当然,很多人可能会认为,印度人说的英语有一股浓浓的"咖喱味",也能算好吗?事实上,尽管印度人讲英语时带有较强的口音,然而,这并不影响其交流。在英语交流过程中,重要的是流利地将自己的观点讲清楚,而非讲一口标准的英式/美式口音。在美国各个行业工作的印度裔大都在本国受过良好教育,其中很多人更是从小接受英语教育,其思维方式已经西方化,他们在美国工作,不存在沟通上的障碍。

2. 抱团取暖还是拉帮结派

印度人人喜欢抱团,这在美国几乎是公开的秘密,尤其是在硅谷,印度式的抱团

---

① 潘倩,杨维东.英语在印度社会发展中的影响[J].教育评论,2012(03):162-164.
② 王生智.东印度公司在印殖民主义报刊政策的历史流变[J].新闻与传播研究,2018,25(04):95-107.

取暖已经成为一种文化。30多年前,第一代成功留在硅谷的创业家就已经意识到,外来移民在美国当地的发展面临重重障碍,也明确知道,不论是想要打破职业上的天花板,还是想要有更多的突破,都要靠相互扶持才能前进①。换言之,要想在美国实现质的突破,只有抱团取暖。因此,他们决定毫无保留地帮助前来美国发展的印度老乡。他们在美国建酒店和旅馆,帮助前来美国的印度移民有落脚之地;在美国建立天使投资,帮助初来美国的印度创业者;成立商会,引荐人脉,帮助印度人寻找就业机会。

随着时间的延续,原本的抱团取暖已经逐渐演变成了拉帮结派,还有对非印度人的排挤和歧视。无论是在美国求学的学生,还是在企业工作的员工,对印度人的一个普遍印象就是他们会"互相偏袒"。但凡公司有印度人,在招聘其他员工时,印度人会极力地推荐自己的印度同胞,想方设法地将其拉进公司。在面试的时候,印度裔面试官会赤裸裸地偏袒印度应聘者,甚至会为印度应聘者放水。在工作中,一旦有任何提升的机会,印度裔员工一定会鼎力推荐印度裔员工作为候选人,这样将来这个管理者可以更好地照顾印度下属。而对于非印度人,很多时候会在面试时故意刁难,迫使非印度裔应聘者退出。在这种模式下,公司里的印度员工越来越多,凭借着人多的优势,更多的项目和荣誉分配给印度员工,他们逐渐在公司取得更高的控制权,最终公司从上到下几乎成为印度人的天下。表3-2总结了印度裔报团取暖的例子。

表3-2 关于"印度人抱团"的访谈案例

序 号	内　　容
1	我的哥哥在美国创立了一家公司。最初创业的时候,公司雇佣了大约一半印度人,然而,三年以后,他突然发现,公司已经有90%的员工都是印度人,而且高管位置几乎全是印度人了。后来他跟我感慨,这一次是真的体会到了印度人的抱团。
2	印度人太喜欢抱团了。你看我们团队现在的这个领导,三年之前,我还是他的领导,现在他已经是我的领导了,是因为他工作能力强吗?不是,是因为他是拉吉的"兄弟"。拉吉每次升职都会带他一起,现在拉吉已经是公司的总监了,他也就跟着连跳两级,成了我们部门的领导。
3	我曾经亲眼见到,有一次有个才入职的印度工程师写程序的时候出了纰漏,造成了一个严重程度一级的事故。这种事故放到任何一个工程师身上都是直接开除,还得承担公司的损失。然而,让我目瞪口呆的是,这个员工的领导(印度人)立刻汇报给了部门主管(印度人),部门主管马上联系他名下的所有印度员工连夜加班帮这个年轻人把问题解决掉,硬生生地把这件事情压了下来。这个员工一点事都没有。听说他现在已经是团队的领导了。

---

① 下木.印度裔高管"攻占"硅谷背后:提携抱团冲破天花板,第一财经日报,2015-08-17.

(续表)

序号	内　　容
4	他们创造了许多新的经理角色,这样他们就可以派自己的朋友加入。
5	我开始注意到,特定客户(一家大公司)的面试经理中有99%是印度人。我还开始注意到,我所有同伴中的99%也是印度人。当时我刚开始为湾区的客户提供服务,但也感觉这件事情很奇怪。后来,经过多年的观察,我发现很多顶尖的候选人,尤其是白人和亚裔候选人,无缘无故地被拒绝,也没有给出合理的理由,我就知道出事了。应聘者都反馈说面试官对他们很粗鲁,面试时间短得不可思议,重口音很有挑战性,问的问题很浅显等,他们(印度面试官)只是在进行这些"面试",试图掩盖他们的真实想法,这样他们就可以雇佣他们的印度同胞。
6	除非您是印度人,否则,不要考虑申请 Microsoft、Hewlett Packard、Adobe、Google、Apple、T-Mobile、Dell 等。如果你碰巧在一家以印度人为主的公司找到了工作,他们会把你踢出局。
7	看看思科,它不再是美国公司,而是印度公司。经过多年美国工人的悄悄裁员,已经逐渐将其替换为印度工人。高通、微软、摩托罗拉、VMWare 和全美许多较小的IT部门(包括 Target 和 Ebay)也是如此。
8	我个人可以证明,一般的普通印度信息技术工程师都是非常种族中心主义的、家族主义的。他们竭尽全力地确保你(作为一个非印度人)在他们团队里的生活变得如地狱一般,以至于你只能"自愿"离开。我见过很多朋友跳槽到其他公司。我认为他们已经彻底摧毁了工作场所的非印度多样性,他们希望每家公司都像甲骨文和思科一样,两家公司现在几乎都是100%的印度人,只有一些象征性的白人和其他人。

资料来源:1—3 来自笔者访谈;4—8 来自 https://www.brightworkresearch.com/enterprisesoftwarepolicy/2019/01/31/how-indian-it-workers-discriminate-against-non-indian-workers/。

3. 喜欢吹牛还是善于推销

谈到自己的印度同事,很多来自中国、日本或者韩国的工程师普遍的感受就是"喜欢吹牛"。网络上广泛转载在硅谷从事创业与投资多年的贾石琏讲的一个段子:"同样是做一件事,美国工程师做了5分可能会说10分,印度人往往做了1分会说10分,而中国人做了10分可能只会说出3—4分。"[①]在中国、日本、韩国等深受儒家思想影响的国家,人们在工作中保持谦逊的美德,秉持"是金子总会发光"的理念,不会主动谈及自己对组织的贡献,更多的是等待伯乐挖掘,等待自己的工作获得他人的认可;即便花了再多精力和时间去完成原本十分艰巨的任务,可能也轻描淡写地说"这是我的本职工作"就过去了;认为对方看到你的劳动成果,自然会理解你花费的时间和精力;当别人夸赞和表扬的时候,往往也会谦逊地说:"这是团队一起努力的结果。"在笔者对这一现象访谈时,一位在硅谷工作多年的中国工程师这样评价他

---

① 新浪网:https://tech.sina.com.cn/z/special/theme/2015-11-24/doc-ifxkxfvn8973607.shtml。

的印度同事:"印度人特别喜欢吹牛。这件事明明很简单,一两段编码就能解决,花不了5分钟的时间,却能大肆谈论这件事情多么棘手多么复杂,自己花了多少时间、多少精力去做。此外,一件事情他明明只做了一点点,却能厚着脸皮跟领导吹嘘说成几乎全是他自己的劳动成果,没有他这件任务就完成不了的样子。咱们哪能做得出这种事?"在场的韩国裔和日本裔工程师不断地点头表示认同。

为什么印度人这么喜欢吹牛,却能获得美国企业的认可呢?笔者就这个现象与一名美国商学院教授进行了探讨,当笔者陈述了访谈对象的观点,谈到印度人喜欢吹牛时,这位教授表示了肯定:"对的,中国人和日本人尤其不会推销自己。"这个评价让笔者非常震惊。原来,在深受儒家思想影响的东亚国家员工秉持谦逊、低调的工作习惯时,却被美国人认为是不会推销自己。相反,印度人的"吹牛"却被美国人认为是善于推销自己,是优点而非缺点。也正因如此,印度人在美国的公司更容易受到管理层的赏识和认可。

基于以上谈到的三点,似乎印度人天然地适应美国文化,在美国的融入程度很高。这对于他们在美国的发展十分重要。

4. 中印对比

与印度技术人才在美国尤其是在硅谷的蓬勃发展形成鲜明对比,经常被各大媒体拿来做文章的则是中国技术人才。近些年来,网络上充斥着"印度人比中国人混得好""印度人包揽硅谷CEO,中国人只擅长完成事情""印度CEO正在霸占硅谷,中国人沦为打工仔"等类似言论,内容无非就是以美国企业越来越多地雇佣印度CEO却没有中国CEO为例,鼓吹印度人比中国人"厉害"。然而,如果接触在美印度裔员工,无论各行各业,其对这一现象的深入理解却是他们认为自己"不得不这样做"。对比中国和印度历年来的人均GDP数据(见图3-9),2019年,印度的人均GDP为2 014美元,中国人均GDP为10 261美元。我们可以看出,印度人均GDP水平要远远低于中国,仅仅是中国的五分之一,相当于中国2006年的水平。2006年中国的工资水平如何?消费能力如何?可想而知印度现在的工资水平和消费能力。因此,中国留学生毕业之后很大概率可能选择回国创业或工作,因为在国内有大量的机遇,印度留学生毕业之后则是想尽办法地留在美国。一名从印度理工学院毕业,在哈佛大学修读计算机科学硕士的印度学生说:"在印度,最好的精英人才都去学IT(信息技术)了。像我,父母花费了所有精力培养我,举债送我到美国继续读书,来的时候我的父亲就跟我说,一定要留下来,然后有能力把我弟弟他们也接过来。所以,我们学成的目的就是留在美国。"以谷歌CEO桑达尔·皮查伊为例,他出生在一个并不富裕的家庭,小的时候甚至都没有看过电视机。从印度理工学院毕业之后,皮查伊进入斯坦福大学继续攻读学业,与家人两地分居,甚至连60美元的书包都舍不得买,只能买二手的。在信息技术领域,很多像桑达尔·皮查伊这样的人,都是承载着全家人的希望来到美国并留在那里。在美国,一个程序设计员的平均年薪为7.5万美元;而在印度,同样工作,年薪却只有1.25万美元,仅相当于美国的六分之一①。因此,学成之后想要留在美国也不难理解了。

图 3-9　中国和印度人均 GDP 对比图(单位:美元)

在美国每年颁发的 H1B 工作签证,印度人占到 70%,其他各个国家和地区的人加起来仅仅有 30% 的配额②。这其中,甚至有人是通过非法途径、通过欺诈获得签证。2019 年,纽约州一所 IT 人力资源公司的老板涉嫌 H1B 签证欺诈,美国联邦调查局将其逮捕并判刑。这家公司在美国开设了两家猎头公司,专门处理印度人赴美就业的 H1B 签证事项。然而,该公司在过去几年里一直通过给一些不合法的印度人造假签证申请资料的形式骗取政府为印度人颁发 H1B 签证,严重扰乱了劳工市场的正常秩序。虽然这是一个极端的案例,但通过这个案例可以看出,印度人对于留在美国是多么狂热。正因如此,印度人也会竭尽所能地适应美国的工作和生活环境,以期能够扎根美国。

换个角度来看,这一现象对印度本国而言,则意味着人才的流失。在印度流传着一句话:"一流学生学IT",也就意味着,印度的IT人才在全国范围内都是顶尖人才。前几年有个印度电影《三傻大闹宝莱坞》火爆全网,影片里的查尔汗从出生那天起,父亲就希望他将来能成为一名工程师。拉杜家境贫寒,家人希望他能成为一名工程师,改善家庭生活,对他给予了厚望。可以看出,信息技术行业在印度是最受欢迎的行业。但这么多优秀的人才学成之后并没有报效印度,反而是留在了美国,对于母国是极大的损失。在印度人才忙着在美国扎根的时候,中国的企业已经悄悄地

---

① 中国专业 IT 社区:https://blog.csdn.net/lin000001/article/details/81484742.
② 搜狐网:https://www.sohu.com/a/342880481_108293.

占领了印度市场。根据市场调研机构Counterpoint公布的2020年第二季度全球多国手机销量排行(如图3-10所示),在印度,销量排行前五名的手机全部被红米霸占,分别是红米Note 8、红米8、红米Note 9 Pro、红米8A Dual、红米Note 8 Pro。

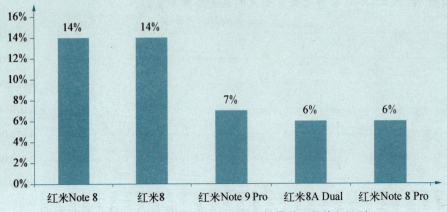

图3-10 2020年第二季度印度手机销量前五品牌和机型

对比之下,很多中国技术人才在美国的目标并不是做高管或CEO,而是历练之后回国成就一番事业。例如,张朝阳在麻省理工学院获得博士学位、完成博士后研究之后,看到美国硅谷突飞猛进,手持风险资金,回国创办了第一家中文门户网站搜狐;李彦宏在美国获得计算机科学硕士学位之后,在硅谷Infoseek公司担任资深工程师,随后回国创立了百度;黄峥在美国威斯康星大学麦迪逊分校拿到计算机硕士学位后加入谷歌,三年后离职创业,创立了拼多多。过去几十年,中国经济实现了翻天覆地的变化,像张朝阳、李彦宏、黄峥这样的人才越来越希望从中国市场中寻找到商业机遇,成就自己的事业。因此,中国学生在美国毕业之后对是否留在美国并没有执念,甚至很多学生之所以出国留学的信念就是扩大视野,为接下来在国内打拼事业做准备工作。

此外,中国的华为陆续在美国、德国、印度等国家设立10多个海外研发中心,苏宁、中兴、长虹、北汽新能源、百度、TCL、唯品会等公司也在美国的硅谷地区设立自己的研发中心,依托硅谷地区的互联网创新土壤,广泛吸纳西方技术人才,实现对先进技术资源的整合和利用,进而推动中国在互联网方面的创新与突破。这些中国本土企业已经越来越受技术人才的青睐。2019年4月,领英(LinkedIn)的一份调查显示,在中国排名前25位的"最理想的雇主"中,近60%都是中国本土企业。诸如阿里巴巴、字节跳动、百度等本土企业成了毕业生找工作的"爆款首选"①。相比起前述那名集全家之力、举债在哈佛大学计算机科学专业就读的印度学生,他的同班同学,来

---

① 搜狐网:https://www.sohu.com/a/353126524_778140.

自中国的学生则这样阐述其来美读书的目的:"我的梦想是创业,就希望自己能在这里学习学习、历练历练,然后回国。现在国内机会大把大把的,找准机遇几年就能发展自己的事业,何必在这里给别人打工呢?"

案例讨论题

1. 基于文化地图理论,探讨印度人在美国更成功的原因。
2. 你对在美国发展的中国工程师如何克服跨文化沟通障碍有哪些建议?

附录：印度裔在美国各行业的发展情况

公 司 名 称	董事长/院长	所属行业	任 职 期 间
国际商业机器公司 IBM	阿文德·克里希纳 Arvind Krishna	信息技术	2020年2月至今
唯工作 We Work	桑迪普·马斯拉尼 Sandeep Maharani	房地产	2020年2月至今
阿尔法特 Alphabet	桑达尔·皮查伊 Sundar Pichai	网络信息服务	2019年12月至今
诺华制药业公司 Novartis Pharmaceuticals	瓦桑纳拉西姆汗 Vasant Narasimhan	制药	2018年11月至今
新生活 New U Life	亚历克西·戈德斯坦 Alexy Goldstein	食品保健	2018年至今
美光科技公司 Micron Technology	桑杰·梅赫罗特拉 Sanjay Mehrotra	半导体、科技	2017年4月至今
康登公司 Conduent Incorporated	阿肖克·弗默里 Ashok Vemuri	计算机服务	2016年6月至今
谷歌 Google	桑达尔·皮查伊 Sundar Pichai	互联网、搜索引擎	2015年8月至今
数据存储公司 NetApp	乔治·库里安 George Curian	存储管理	2015年6月至今
软件银行集团（软银） SoftBank	尼克什·阿罗拉 Nikesh Arora	IT产业风险投资	2015年5月至2016年6月
德勤会计师事务所 Deloitte Touche Tohmatsu	皮尼特·兰詹 Punit Ranjan	咨询服务	2015年至今
微软 Microsoft Corporation	萨提亚·纳德拉 Satya Nadra	软件及信息技术	2014年2月至今
格罗方德半导体股份有限公司 Global Foundries	桑杰·贾 Sanjay Jha	半导体制造	2014年1月至今
帝亚吉欧 Diageo	伊凡·梅尼斯 Ivan Manuel Menezes	洋酒	2013年至今
闪迪 San Disk	桑杰·梅赫罗特拉 Sanjay Mehrotra	闪存存储	2011年1月至今
西北大学凯洛格商学院 Northwestern University Kellogg School of Management	迪帕克·詹恩 Deepak Jan	教育	2011年至今

续　表

公 司 名 称	董事长/院长	所属行业	任 职 期 间
哈佛大学商学院 Harvard Business School	尼廷·罗利亚 Nitin Noria	教育	2010年7月至今
万事达卡 MasterCard	阿加伊·邦加 Agai Bonga	交易支付	2010年至今
摩托罗拉 Motorola	桑杰·贾 Sanjay Jha	手机制造、通信	2008年至2013年
曼哈国际公司 Harman International	迪内希·包利华 Dinesh C. Paliwal	音响产品	2008年7月至今
奥多比 Adobe	沙塔努·纳拉恩 Shatin Narain	电脑软件	2007年至今
IT咨询公司 Cognizant	弗朗西斯科·德索萨 Francisco D'Souza	软件服务	2007年至今
百事 PepsiCo Inc	英德拉·努伊 Indra Nui	食品饮料业	2006年至2018年8月

资料来源：作者整理.

第4章 语言与跨文化沟通

教学目的和要求

1. 掌握语言可能会给跨文化沟通带来的障碍;
2. 掌握跨国公司如何管理沟通中的语言交流障碍;
3. 掌握沟通范式障碍的主要内容;
4. 了解高语境与低语境带来的跨文化沟通障碍。

开篇案例

英国人的高语境和荷兰人的低语境

所有或者至少大部分的荷兰人都说英语。这让他们相信,他们可以很容易地与英国人做生意。但他们发现,说同一种语言是不够的。

荷兰是英国第四大贸易伙伴,这也印证了一个神话——"我们",即英国人和荷兰人,在商业交易中是为彼此而生的。但是,究竟是什么样的不安情绪在警告着隐藏在表象之下的复杂性呢?

"英国人比荷兰人正式得多——他们永远不会直接提出批评,但会礼貌地包装他们的言论,"目前在伦敦的 ABN-AMRO 银行上班,之前在美国工作过几年的荷兰银行从业者埃德温·韦尔曼(Edwin Welman)表示:"荷兰人只会直接告诉你他们的想法,绝不会用礼貌的短语来解释情况。"

同样是荷兰人的 LSS Relocation Limited 公司总经理玛格丽特·莫斯(Margaret Moes)说:"与和荷兰人做生意相比,和英国人做生意最大的区别是完全不直接。我们在英国已经有24年了,荷兰人直截了当的方式与英国人的优雅、体贴和彬彬有礼的方式完全相反。在商业交易中,英国人拒绝立即作出承诺。事实上,他们是让人不能理解的。"

英国人是欧洲的日本人吗?没有多少荷兰人会说他们听不懂英国人的话,但正如莫斯解释的那样,这可能是问题之一。

"我见过很多荷兰人误以为自己懂英语。然而,许多人似乎忘记了,他们对英语的熟悉程度大多来自美国。"

"如果一个英国人说'非常有趣',实际上他们的意思正好相反。对于一个荷兰人来说,这很让人困惑,因为我们不习惯用这种方式。"莫斯说。

表4-1总结了英国人和荷兰人对同一句话的理解差异。

表4-1 英国人的高语境和荷兰人的低语境

英国人说的话	英国人的意思	荷兰人理解的意思
I hear what you say.	我不同意并且不想再讨论了。	他接受了我的观点。
With the greatest respect ...	我认为你错了(或你是个傻瓜)。	他在听我说话。
That's not bad.	这很好,或者说非常好。	那不好或者平庸。
Quite good.	有一点令人失望。	不错。
Perhaps you would like to think about ... I would suggest ...	这是命令。动手去做,不然就准备好证明你自己。	考虑一下这个想法,但是做你想做的。
When appropriate locally ...	做你想做的。	如果可以的话就去做。
Oh, by the way ... Incidentally ...	我们讨论的主要目的是……	这不是很重要。
I was a bit disappointed that ... It is a pity you ...	我非常难过和生气。	这并不重要。
Very interesting.	我不同意/不相信你。	这让人印象深刻。
Could we consider some other options?	我不喜欢你的想法。	他们还没有决定。
I'll bear it in mind.	我什么也不会做。	他们可能会这么做。
Please think about that some more.	这是个坏主意,别这么做。	这是个好主意,继续发展。
I'm sure it's my fault.	这是你的错!	这是他们的错。
That is an original point of view.	你一定是疯了。	他们喜欢我的想法!
You must come for dinner sometime.	不是邀请,只是出于礼貌。	我很快就会收到邀请。
You'll get there eventually.	你毫无机会。	继续努力下去,因为他们认为我走在正确的方向上。
I almost agree.	我完全不同意。	他差不多同意了。

资料来源:Nannette Ripmeester. https://www.expatica.com/uk/working/employment-basics/dutch-british-business-102530/.

4.1 语言沟通

很多人在现实生活或者影视作品中体会过下面的场景：日本人木村第一次去日本人工藤家里拜访。

工藤打开门，木村一脸惊讶地对工藤说："天呐，你的房子也太大了吧！"

工藤笑了笑说："没有，也还好。"

木村在工藤的房间内转了一圈，接连感叹："你这个房子选的真好，装修设计也好有品位，位置还那么便利，真的是很有眼光啊！"

……

在英国，同样是第一次去朋友家拜访，梅丽莎第一次去朋友亚当家拜访。

梅丽莎笑着说："花园好漂亮！"

亚当："谢谢！我刚拿到这些新品种的花！"

走进房间内，梅丽莎一下就被墙上的一幅画吸引了："这幅画一定是来自最近火起来的那个画家……"

亚当："没错！原来你也是他的粉丝啊！"

……

同样是第一次去朋友家里拜访，对话内容却大为不同。正如凯特·福克斯（Kate Fox）在《英国人的言行潜规则》（*Watching the English*）这本书中塑造的各种场景一样，英国人的各种行为和习惯背后有一套隐藏的文化规则，梅丽莎和亚当的例子其实只是这本书里众多案例中关于房屋谈话（House-talk）、花园谈话（Garden-talk）和金钱谈话（Money-talk）的一个复现。事实上，每个国家的人们行为和习惯都有其背后隐藏的规则，这套规则其实就是文化的一种表现形式。我们也可以从上述对话中，感受到不同文化背景下价值观和行为模式的差异。如上述场景所表达的：日本人称赞别人的时候会以个人财产和地位为对象，迂回地通过房子"很大""位置很好""装修有品位"等话语暗含对对方个人成就的认可，而被称赞者往往会谦虚，不正面接受这一评价，否则会被别人认为是自大；然而，英国人一般不会以个人财富或者地位作为称赞对象。但是，当别人表扬他们的时候，即使是保守的英国人，也会先予以接受。

根据信息载体的差异，沟通可以分为语言沟通和非语言沟通。语言沟通是建立在语言文字基础之上的沟通，主要可以分为口头语言及书面语言两种。人们面对面交流、电话会议、视频会议以及小组讨论等都属于口头交流。人们通过电子邮件、信件、组织内部发行的刊物等手段产生的沟通属于书面沟通。实际生活中，语言沟通在人们沟通中所占的比例要远远小于非语言沟通。所谓的非语言沟通，是指通过某些媒介而非文字或讲话的形式来传递信息，如点头、摇头、皱眉、拍桌子，这些身体语言比语言更清晰地传递了某些信息。图4-1总结了沟通的主要类型。

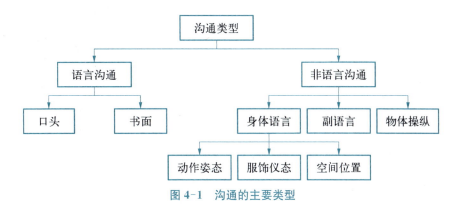

图4-1 沟通的主要类型

对于跨文化沟通来讲,区分语言沟通和非语言沟通显得更为必要。相比其在同种文化之下的沟通,跨文化沟通中语言沟通和非语言沟通产生误解的概率更高。本章主要介绍语言与跨文化沟通,下章介绍非语言与跨文化沟通。

从跨文化沟通中语言所具有的表达和交际功能的角度来说,现代语言主要分为口头语言和书面语言两种[①]。

(1) 口头语言。口头语言作为自然语言的一种,是指通过说和听的传播方式,利用说话者不同的语音、语调等将语义表达出来的一种语言。作为人类语言交际过程中最为普遍的一种方式,对话等口头语言无时无刻不在进行着,如日常交流、商务沟通、节目访谈等。在跨文化沟通中,口头语言沟通的难点是能流利地与讲不同语言的人进行对话,以及不同文化的人对同一个单词可能有不同的理解。

> 一位英国老板问一位年轻的美国员工是否愿意在每天的11点吃午饭,这名美国员工回答:"Yeah! 可以啊!"听到他回答"Yeah"而不是"Yes",这名英国老板觉得这位美国员工不太懂礼貌,有点粗鲁,于是生气地说:"像你这种态度,吃不吃都无所谓。"这个员工感到莫名其妙:"我究竟说错了什么?"[②]

在这个案例中,英国老板相比起美国员工更强调权力距离,在他看来,员工应当回复"Yes"才更为正式,显得对老板更尊重。而美国员工说"Yeah"则意在拉近彼此的距离,没想到反而让英国老板不快。因此,同为英语母语系的国家,英国人和美国人在沟通的时候同样免不了因为语言问题产生差异,更何况是语言不同的国家和地区人们之间的交往了。

透过电影看文化

看过电影《刮痧》的同学可能有印象,里面的中国爷爷为了向儿子的老板解释是自己

---

① 王军.对话言语与独白言语的异同[J].西安邮电大学学报,2012(1): 110-112.
② [美]南希·阿德勒.国际组织行为(第四版)[M].杨晓燕,主译.北京:北京大学出版社,2004.

给孙子(丹尼斯)做的刮痧,而不是自己的儿子做的刮痧,手舞足蹈,连比带画,还画了三个小人来解释,来来回回好几遍之后,终于使得儿子的老板模模糊糊地明白了,丹尼斯的刮痧是爷爷做的。通过这个片段就可以看出,当沟通双方不懂对方语言的时候,交流的障碍有多大。

(2) 书面语言。书面语言是区别于口头语言的另外一种语言形式,从字面意思上简单理解,口头语言的典型表达形式是"口头",书面语言的典型表达形式就是"笔头"。典型的口语话语往往是计划外的、非正式的,并且是针对有限数量的听众的,这些听众通常对说话者熟悉并与之互动,通常提供即时反馈。而书面语言往往是精心思考之后完成的信息沟通形式。相比起口头语言,信息发送者和信息接收者都会有书面信息沟通的内容,沟通的信息可以长期保存。对于复杂的沟通过程,书面语言可能相比起口头语更能保证沟通的完整性。另外,信息发送者形成书面语言的过程,也是不断地调整自己思路并使思路更清晰的一个过程。因此,相比起口头语言,书面语言的沟通更加严密,逻辑性更强,条理更清楚。书面沟通的一个主要缺点是不能提供对信息的即时反馈,这就导致无法确保接收者解码后的信息是准确的,因此,发送者可能需要很长时间来确认信息是否被准确地传达并被对方理解。

在跨文化沟通中,书面沟通越来越受到企业的关注。相比起口头沟通,在书面沟通的时候,不熟悉另一方语言的人可以通过查阅相关资料或者通过翻译软件来润色自己的语言,尽可能地将自己的观点表达清楚。尽管如此,对于语言掌握不精通的人来说,沟通的压力仍然很大。例如,希尔德布兰(Hildebrandt)在研究一家总部在美国、分部在德国的子公司时发现,由于德国人的英语水平不高,即便是书面沟通,也让他们非常不自在。每次向总部发送书面报告时,语言问题都是让他们头疼的大问题。一个典型的过程包括:
① 召开员工会议,决定要汇报哪些内容;② 用德语写好初稿;③ 用德语修改和完善稿件;④ 将德语报告翻译成英文;⑤ 与双语员工商量翻译的准确性问题以及如何修改;⑥ 多次修改英文稿件,直到文章可以达到上报的标准。从这一过程可以看出,对德国人来说,用英语和母公司进行书面沟通是多么复杂的一件事,如果换成是口语即时交流,面临的难度则会更大①。

总体而言,在跨文化沟通中,因为语言问题带来的沟通障碍主要可以分为语言交流障碍、对话范式障碍以及语言认知障碍三种。语言交流障碍包括两类:一类是不懂对方的语言带来的沟通障碍;另一类是懂对方语言但因为缺乏相同的生活背景带来的理解障碍。对话范式障碍主要是对话双方关于是否应当插嘴或者沉默的不同理解带来的沟通障碍。语言认知障碍主要是由于交流双方的文化背景差异带来的高语境和低语境沟通差异。本章将重点介绍这三类障碍的成因以及如何解决这些语言沟通障碍。

---

① Hildebrandt. H. W, Communication Barriers Between German Subsidiaries and Parent American Companies[J]. *Michigan Business Review*,1973,15(3):21-23.

4.2 语言交流障碍

我们以在美国留学的小明为例,来看看语言导致的沟通障碍。

小明是来自中国的一名学生,本科毕业后来到美国的波士顿攻读硕士。早上,小明背着书包准备去学校上课。路上有个老太太喊住了他:

老太太:Excuse me, do you have the time?

小明看了看表:Sorry, I need to go to school now …

读者思考一下,这两句话有什么地方出现沟通的障碍了吗?问题出在"have the time"和"have time"的区别上,加了一个定冠词"the",含义完全发生了变化。老太太是想问小明现在几点了,而小明误以为老太太问他有没有时间,他看了看表,发现马上就上课了,于是"婉拒"了老太太。小明事后说:"我永远忘不掉,另外一个路过的小伙伴停下来,告诉老奶奶现在是8点15分时的场景。原来,老奶奶是在问我几点了啊。"

下课后,小明和朋友约好一起去超市,小明打开Uber,输入起始地和目的地,并和司机展开了一段对话:

司机:Hi, where are you from?

小明:China.

司机(疑惑):Sorry, we cannot do that now …

小明(疑惑):Why?

司机挂了电话。

读者可以继续思考,这段话有什么地方存在沟通的误解?在打车的情境下,Uber司机问"where are you from",其本意是想问小明"从哪里上车"。然而,惯性使得小明以为对方问他是哪里人,于是小明回答"中国"。Uber司机以为自己听错了,如果是从中国出发,似乎是上不了车的,于是只能说"不好意思,我做不了这一单",而小明也很奇怪:"为什么不可以呢?难道因为我是中国人?"实际上,是因为双方都没有理解对方的意思。

来到Whole Food Market,小明和朋友采购了一些生活用品。经过一番采购,小明推着购物车来到收银台,结账到尾声时,收银员和小明展开了如下对话:

收银员:Cash back?

小明:Yes!

收银员:How much do you need?

小明:As much as possible!

读者可以思考下,这段对话的含义你理解了吗?小明误解了收银员的意思,你能看得出是哪里误解了吗?这里的沟通障碍主要在于美国文化的收银员和中国文化的小明有着不同的知识背景。在美国，大型的超市提供信用卡小额取现服务，以方便那些习惯于随身携带一点零钱的人。因此，当刷完卡后，收银员一般会问你需不需要从信用卡中取一点现金（cash back），然而，刚刚到美国的小明误以为是对方想要给他现金，所以，当对方说你需要多少的时候（how much do you need），小明说越多越好（as much as possible）。故事的最后，收银员按照取现上限给小明提取了一点现金。从此之后，小明就了解了美国超市的信用卡取现服务。故事纯属虚构，不过从小明的例子可以看出，每一个单词我们可能都认识，然而在不同的文化情境下，尤其是在尚未了解对方文化的时候，我们很可能会犯和小明同样的错误。因此，相比起同一文化群体的沟通，跨文化情境下，语言问题给沟通带来了更多的障碍。类似的沟通障碍在企业中非常常见。文化背景的差异导致对方很容易误解信息的含义，一名在外企工作的中国员工曾经提到过类似的案例：

> 我们公司的老板是新加坡人，他提出了一个创意，让我们去构想下班之后和工作断联（disconnect）的一个放松的场景，然后让我们根据这个去策划。由于他从小接受的文化和我们不同，他描述的场景我们团队就不能理解，无法给出他想要的那种感觉。他就给我们说，比如说下班的时候，他喜欢去酒吧或者什么的。他就要这种感觉，可是我们就是做不出来，理解不了他说的那种感觉。他按照他以前的经历来讲，且以为我们会懂，可是事与愿违。

哪怕是已经了解当地语言的留学生，由于文化背景的差异，在刚开始进入陌生文化的时候还可能会犯语言交流上的失误，对那些完全不了解对方语言的交流双方来讲，情况就更糟糕了。在经济全球化的带动下，跨国企业国际化的程度在不断提高，国际业务也在不断拓展。跨国公司面临的更重要的一个问题是：由于子公司分散在全球不同的国家和地区，如何确保来自不同国家的子公司能够有效地和总部协调，以实现可持续竞争优势？一个现实的问题就是，公司员工的语言种类在不断增加，消费者的语言种类也在不断增加，要如何确保公司在不同的语言文化情境下有效运营呢？在跨文化商务活动的实际操作中，公司内部语言的选择、在东道国宣传过程中以及在重要的国际商事活动中语言的应用与翻译等，都会不同程度地影响企业的经营与发展。目前，公司常见的两种方式是聘请翻译人员以及在公司内部确定通用语言。

4.2.1 聘请翻译人员

公司内部通用语言的使用可以确保公司内部和各子公司间日常的商务沟通，但是公司在对外推销国内产品、开拓市场的过程中，难免会遇到语言不通、文化差异较大的情况，此时，企业往往需要聘请翻译人员来帮助解决上述问题。

看过纪录片《美国工厂》的读者可能有印象，当面对这一问题时，福耀公司的做法是请翻译人员来负责协调中美双方的交流。董事长曹德旺先生的旁边就是一名翻译，将他的想法翻译给美国那边的管理者，同样，也是由翻译人员将美国管理者和员工的观点和态度翻译给曹德旺。甚至曹德旺在开幕式的演讲也是由这名翻译人员即时翻译的。

何为好的译员？严复先生提出"信、达、雅"的翻译标准来评价翻译的好坏。"信"指的是翻译要准确，不偏离，不遗漏，也不要随意增减意思；"达"指的是在理解的基础上，用自己的话表达出来原意；"雅"指的是在表达了意愿的基础上还要显得文采斐然。但由于商务翻译大多会涉及专业性比较强的东西，不同领域的人对于专业术语的理解可能不太一样，因此，要在商务翻译中做到"雅"的要求往往是很难的，并且在正式的文件和场合内，文采斐然有时候和专业性会有一定的冲突，因此"忠实、准确、统一"的原则就成为商务翻译的基本原则。

在国际商务活动中，能够准确地翻译相关内容十分重要。尤其是对于面向广大消费者的广告翻译来讲，不仅要忠实、准确，也要确保用词是否简短鲜明、是否能够突出功能、是否注意到文化差异、构思是否新颖等。一字之差可能会带来市场份额的千变万化。以 Coca Cola 为例，你能相信，最初进入中国市场时，它的译名是"蝌蚪啃蜡"吗？这个词马上让消费者联想起中国的一个成语"味同嚼蜡"。可想而知，Coca Cola 一直未能打开中国的市场。后来，这家公司以重金在全球范围内寻求好的译名，1935 年，时任英国伦敦大学东方学院的中国教授蒋彝将其翻译为"可口可乐"，使得可口可乐公司迅速打开了中国市场，并一度成为中国饮料市场的第一单品。时至今日，可口可乐依然是广告界公认最好的品牌中文译名，它不仅保持了英文的音节，而且体现了品牌的核心概念——美味与快乐；更重要的是，它简单明了，朗朗上口，易于传诵。

可口可乐的故事可以说是翻译成功的典型案例。然而，在现实商务活动中，仍然有很多企业因为名称翻译不理想而在海外市场发展缓慢。例如，美国知名民宿网站 Airbnb 在中国的译名是"爱彼迎"，一经发布，引发中国消费者的疯狂吐槽，很多网友纷纷为其出谋划策，"爱彼邻""爱宾"哪一个不比"爱彼迎"更形象、贴切？类似的案例还有很多，在国外异常火爆的"阅后即焚"照片分享应用 Snapchat 的中文名竟然是"色拉布"，更是让人无法想象。

4.2.2 在公司内部确定通用语言

当国内贸易为公司主要业务的时候，公司一般不会有通用语言选择的问题，选择母国官方语言即可，但是随着公司业务的拓展，公司在将不同于母国语言的外国市场的业务比例不断提高并且有持续增加的趋势时，以母国语言为公司通用语言就有可能会增加交际成本。举例来说，一家中国公司的内部员工都讲中文，随着公司业务不断拓展到美国、日本和韩国等国际市场，并相继在各国设立子公司，公司就必须处理好汉语、英语、日语和韩语之间的关系，选择哪种语言作为公司员工相互沟通的语言呢？

如果公司的官方通用语言是一种语言，该公司内部的所有沟通将用同一种交际语言。一般情况下，如果公司的主要市场是在母国，公司正式的交际语言往往选择该公司的母国语言。这也就是为什么我们会看到，在中国经营的日本企业会招收日语专业毕业或有日语等级资质证书的学生，以英语为母语的英国或美国等企业的中国子公司会更青睐英语相关专业或有英语等级资质证书的员工。

然而，当公司的业务拓展到全球不同国家和地区之后，尤其是当海外市场所占的份额越来越高以后，公司往往会选择采用更加广泛的语言作为公司的通用语言，更多是设定为英语。英语不仅是联合国、欧盟等许多国际组织的官方语言，也是英国、美国、澳大利亚、加拿大等重要贸易国的官方语言。而在非英语母语的国家，例如包括中国、日本等在内的许多国家，也将英语作为义务教育的必学内容，这就更促进了英语的通用性。从数据来看，2012年的《欧洲人和他们的语言》(Europeans and Their Languages)显示，最广泛使用的五种外语仍然是英语(38%)、法语(12%)、德语(11%)、西班牙语(7%)和俄语(5%)。因此，跨国公司更多地将英语设定为通用语言。

相比较英语，汉语是世界上使用人数最多的语言，同时，也是联合国的六种工作语言之一。随着中国综合国力和国际话语权的不断提升，汉语的国际地位和影响力也在不断提高。相比2005年的《欧洲人和他们的语言》，2012年的调查中，认为汉语是一门有利于个人发展的语言的受访者比例上涨了4%，认为汉语作为儿童学习的一门语言有重要价值的受访者比例上涨了12%。近年来，孔子学院在全球范围的持续发展，越来越多的外国人学习中文以及越来越多的国外留学生来中国学习也是大家有目共睹的事实。

一家在中国、日本和韩国等亚洲国家开有子公司的美国大型跨国公司，如果选择英语作为官方通用语言，其在中国、日本、韩国等国家的所有员工都应该用英语沟通，考虑到在东道国的子公司中东道国员工一般占有较大的比例，要求所有员工都能熟练运用一门外语挑战也非常大，尤其是对于很多东亚人来讲。就亚洲地区而言，东亚各国人们虽然具备了很强的听、读和写的能力，但说的能力还有所欠缺。要求他们必须讲英语对他们来说可能是跳出舒适区的一种挑战。事实上，在非英语母语的欧洲国家，跨国公司采用英语作为官方语言一样会导致员工的焦虑。尼利(Neeley, 2013)对一家总部位于法国巴黎的企业进行的深度访谈结果表明，不论英语流利程度如何，英语非母语的员工都感知到自己失去了一定的社会地位。那些认为自己英语流利程度中等的员工最担心自己的绩效表现，并且对工作不安全性表现出最高程度的焦虑[①]。在本章的末尾，我们将详细讨论日本乐天公司"英语化"战略带给公司的本国员工、外国员工以及公司本身的影响。

4.3　对话范式障碍：插嘴与沉默

在前面一节中，我们讨论了语言不通或者不熟悉给跨国公司员工沟通带来的障碍。

---

① Neeley T B. Language matters: Status loss and achieved status distinctions in global organizations [J]. *Organization Science*, 2013, 24(2): 476-497.

是不是只要能够流利地讲公司的通用语言,沟通就毫无障碍了呢?当然不是。即便是语言交流毫无障碍,两种文化的人仍然可能会因为对话范式(沟通模式)的差异而引发误解和障碍。

我们先来探讨两个会议片段。这两个会议片段来自一家总部在美国、分部在中国和印度等国家的世界五百强公司。我们看到的这两段对话来自这个公司的两个全球化团队,这两个团队都是有一半人在美国总部,另一半人在中国分部。也就是说,团队中同时有美国人和中国人,为了完成任务,他们每周都需要开两次全球会议。我们先来看 A 团队的会议片段:

迈克:这个星期能完成这些任务吗?

中国会议室沉默,没有人回应。

迈克:他们在说没问题!

其他美国工程师都笑了。

迈克:那没问题的话会议结束了,谢谢你们!

我们再来看 B 团队的会议片段。

威廉:到现在为止,大家有什么问题吗?

中国会议室沉默。

威廉:好,那我来问大家一个问题,在这个项目里有多少个模块?

沉默,停顿一会儿后,

张强:7 个?(带着不确定性)

威廉笑着看看他,然后转向另外一个人:陈超,你觉得呢?

陈超:我不知道。

威廉:那我问有没有问题的时候你怎么不说?

陈超不好意思地笑了笑:我只是在听。

威廉转向第三名中国工程师:王磊?

王磊想了一会儿,说:9 个?(跟张强一样,王磊的回答也带着探寻的意味)

威廉转向第四名中国工程师:刘明,你说。

刘明:你是想要我猜吗?我完全没概念,可能是 3 个。

威廉摇了摇头,转向张强:你说得对,是 7 个。

现在,请思考两个问题:

1. 迈克和威廉的处理方式有何不同?
2. 以上示例带给你什么启发?

在这个案例中,迈克错误地以为中国人的沉默代表了没问题,于是他们就愉快地结束了会议,殊不知,会议结束后,中国的与会人员和美国的与会人员走出会议室时的心情完全不同。中国这边的工程师挂掉电话以后就开始抱怨:"我完全不知道他说的那个什么

'content'的东西！他们只告诉我做什么,不告诉我为什么！我问他,他就说都已经决定了,做就行了！Anyway,他都决定了我还能怎样？"而美国那边的工程师合上笔记本电脑,有说有笑地走出会议室,讨论起今天晚上该吃什么。

第二个案例中,威廉知道,对于中国人来说,沉默不代表没问题,为了明确到底对方有没有理解这个要点,他采用提问的方式,要求对方回答问题,最后公布答案。在哈佛商学院的课堂上曾经讨论过这一案例,有同学质疑说:"我不懂,如果他们没理解,为什么不问呢？"另一名来自中国的学生回应说:"从中国人的角度来讲,沉默不代表同意你的观点,也不一定完全理解了你的想法。如果你想要知道他有没有听懂你讲的内容,请不要问'听懂了吗',而要问'你可以把我让你做的东西复述一遍吗？'通过他复述给你的过程,你自然也就知道了他有没有听懂你讲的内容。"

这个案例涉及的就是跨文化沟通当中对沉默的理解。不同国家和地区的人对于沉默的理解截然不同。与沉默相对应的概念是插嘴,同样的,不同国家和地区的人对于插嘴的理解也完全不同。本节将重点讲述不同国家和地区的人对于沉默和插嘴的不同理解。

特龙彭纳斯和汉普登-特纳(2003)的研究给出了有关插嘴和沉默的三种典型文化,如图 4-2 所示①。

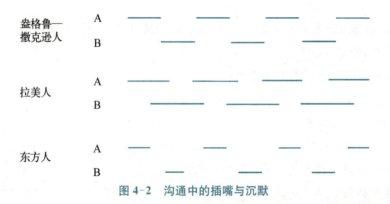

图 4-2　沟通中的插嘴与沉默

如图 4-2 所示,A 和 B 是参与对话的两个人,我们可以看出,来自德国的盎格鲁—撒克逊人在沟通的时候遵循 A 先说,A 话音落下后 B 接上开始说,B 话音落下后 A 再接上继续说的对话顺序。这样一来一往、有问有答地进行对话,顺序非常清晰,也是当地人认同的对话风格。如果有人在对方尚未讲完的时候就开始说话,就被认为是在插嘴,这是对别人不尊重的表现。再来看拉美人的对话风格,与盎格鲁—撒克逊人不同,拉美人对话的时候,往往 A 还在讲着,B 就已经开始说了,通过这种方式,体现出自己对 A 讲的话题的兴趣。同样地,B 尚未结束发言时,A 也会插进来接过去,体现自己对 B 讲话内容的兴趣,以及自己也有好多共鸣想要分享。这种插嘴范式是对对方尊重的表现,也是当地人认同

---

① [荷]丰斯·特龙彭纳斯,[英]查理斯·汉普登-特纳.在文化的波涛中冲浪:理解工商管理中的文化多样性(第二版)[M].关世杰,主译.北京:华夏出版社,2003.

的对话风格。最后来看看东方人的对话风格,一般是 A 讲完之后,停顿一下,B 才开始讲,两句话之间有一个小小的沉默期,可能只有几秒钟的时间,这个简短的沉默意味着对方在认真聆听你的话语,深思熟虑之后再回答,是对对方尊重的表现。

当对话的两个人来自同一种文化的时候,彼此熟悉相互之间的沟通范式,不会因为插嘴和沉默而产生误解。然而,当对话的两个人来自不同文化时,往往会因为不了解对方的沟通范式而发生误解和误会。例如,来自拉美的费尔南多与来自东方的佐藤聊天的时候,每当佐藤还没讲完,费尔南多就已经急急忙忙地抢过话来讲,以体现自己对佐藤聊天内容的兴趣。而佐藤则是非常不开心的,在他的文化背景中,这种行为是非常不礼貌的,他认为费尔南多不尊重他。同样地,当费尔南多讲完以后,佐藤总是沉默一会儿再开口说话,这个仅仅两三秒的沉默期让费尔南多坐立难安:"难道我讲得不对吗?我讲的哪里出问题了吗?为什么他不接我的话呢?天哪,好尴尬,这该怎么办?"对于习惯于插嘴文化的费尔南多来讲,这个短暂的沉默让人非常难熬。

插嘴与沉默和高语境与低语境这一维度有分不开的关系。基于跨文化领域学者的相关研究,来自高语境文化的人往往更习惯于运用沉默这一沟通工具,而来自低语境文化的人则很难忍受沉默。

在低语境文化中,人们的思想被编码为清晰明了的言语进而传达出来,因此,沉默通常被理解为无话可说。沉默意味着积极的言语沟通行为已经停止。那么,是不是对于低语境的人来说沉默就没有意义呢?当然不是。实际上,在低语境文化中,沉默本身就是一种答案。

即使在低语境文化里,沉默也并不是完全没有意思。当一个人被问了一个问题后保持沉默,沉默本身就是答案。正如英语习语所说的,"沉默是震耳欲聋的"。当某个人在对话过程中默不作声时,也许表示听者没有听到该信息,或对其感到恼怒,或需要时间思考,或感到难堪等。一般情况下,低语境文化把沉默视为沟通出现问题的征兆,它表明沟通过程中出现了裂痕。因此,低语境文化的人往往对沉默感到不舒服、不自在。荷兰格罗宁根大学用荷兰语和英语进行的调查发现,当谈话中的沉默延长到 4 秒时,会让人开始感到不安。因此,对低语境文化的人来说,即便是和陌生人在一起,他们往往也觉得自己有责任启动谈话或者让谈话持续进行下去。例如,当一辆火车意外地停在乡间时,车上的乘客很快就开始交谈,因为他们感到一言不发坐在那里很不自在[①]。

澳大利亚人有较强的插嘴文化,且很不习惯东方人的沉默文化。在澳大利亚的课堂上,本地学生都非常积极地与老师互动,表达自己的想法和见解。但包括中国学生在内的很多东亚国家学生比较内敛和含蓄,往往比较沉默。澳大利亚老师就会非常着急,他们很不习惯东方学生的沉默,他们会费很大的力气来活跃课堂气氛,鼓励

---

① [美]艾丽斯·I.瓦尔纳,[美]琳达·比默. 跨文化商务沟通(第五版)[M].孙劲悦,译.大连:东北财经大学出版社,2016.

东方学生积极发言,参与课堂讨论。如果学生比较沉默,老师会很失望,认为是学生不喜欢他的课,或是没有听懂他的课[①]。

相比之下,来自高语境文化的人对沉默则持有完全不同的态度。以日本为例,日本人认为,对话中有沉默更为合适。沉默能帮助人发现自己最真实的想法。很多冥想和沉思都是在沉默中完成的。一个关于商务会议的独立研究发现,日本人能愉快地接受 8.2 秒的沉默[②]。有一个词"腹语"淋漓尽致地体现了日本人眼里沉默的力量——什么都不说才是最佳的沟通。因此,对日本人来说,沉默不等于空白,相反,沉默是一种强有力的沟通工具。

透过电影看文化

在电影《超级魔鬼干部》中,美国一个小镇的大部分镇民在一家汽车零件装配工厂上班,整个镇的繁荣富裕维系于此。然而经济不景气,使得该工厂就要关门大吉。镇上的亨特自告奋勇地去日本游说一家日本汽车公司来这里投资,以保住大家的工作。我们来看下亨特努力说服日本人投资时的场景:

亨特说:"我为你们的国家疯狂,我是说我爱它。我爸爸当兵时来过这里,那应该是 1940 年的事儿。你们自己设计的这个会议室吗?这里真的好漂亮。它真的很有东方的气息。"亨特巴拉巴拉说了一大通,发现在场的十几个日本人一直盯着他看,但没有任何表情,也没有任何反应。亨特继续问:"你们会说英文吗?我很好奇。"

几秒钟过后,坐在中间位置的一位长者说:"我们都会说英语,请继续。"

亨特:"我们最好快点开始,我知道你们整天的行程都安排得满满的……灯在哪里?(声控灯自动亮起来)好的,开始吧……这就是哈利维尔镇,那是我们的工厂,它有 35 年的历史了,它已经关闭了 9 个月,但两年前,它曾经重新装修过,我敢保证它的状况很好。"

(屏幕中出现了一张美女照片)

亨特:"怎么会有那张投影片?太糟糕了。她是海瑟,海瑟的单位负责每年生产十万具汽车引擎,我想'生产'是个双关语……"亨特自认为开了一个非常好笑的玩笑,然后自顾自地笑了起来。他本以为日本人会和他一起笑,结果环顾一周,半分钟过去了,屋里所有的人都面无表情地看着他,没有任何反应。他尴尬地停止了笑容。

亨特似乎被日本人面无表情的沉默打乱了节奏,不知道自己该怎么办了,接下来开始了磕磕巴巴地讲解:"这是……那是……(顿了顿)能麻烦把灯打开吗?"

亨特停止了自己准备好的 PPT,继续讲:"听着,事情是这样的……"(开始解释他来日本的目的)

整个会议结束的时候,日本人也没有给亨特任何反应,一直沉默着听完了亨特的讲解。亨特非常沮丧,他感到自己的演讲失败了,心情抑郁地返回了美国。然而,一周后,小

---

① 来自本科就读于上海对外经贸大学和墨尔本皇家理工大学的双学位学生黄姝悦。
② 雷诺克斯·莫里森,曹劼.说话技巧——沉默所具有的微妙力量[J].国际公关,2017(04):16.

镇的镇长突然告诉他,日本人决定过来投资了,原因是"亨特先生给我们做了很好的报告"。亨特大吃一惊,原来面无表情的日本人竟然对自己的演讲如此满意。

4.4 语言认知障碍:高语境与低语境

如第三章第一节文化地图中所述,语境是在两个人在进行有效的沟通前所需要了解的必要的背景知识,即需要具备的共同知识点。高语境沟通是指在沟通当中,大部分的信息或存在于物理环境之中,或内化在个体身上,很少清晰地通过所传递的语言文字来实现。也就是说,你需要读懂对方的言外之意,要懂得察言观色。因此,在高语境沟通中,信息更多需要靠共享的背景知识来传递。很多事情"只可意会,不可言传",一切尽在不言中。如果有诉求,也是希望能委婉地表达自己的诉求。低语境沟通则是把大量的信息通过语言和文字的编码清楚地传递出来,大多数的要素都包含在传达的信息当中,不太需要共享的背景知识来传达信息。这种文化的人们在沟通的时候讲究平铺直叙,含义全在字里行间。

有效的沟通技巧因国家而异。低语境的沟通是精确、简单和明确的。只需要理解字面的意思即可。为了能够清楚地传达信息,重复信息内容或者书面确认都是值得赞赏的行为。绝大多数北欧语言都是低语境的沟通。讲这些语言的人们喜欢直截了当地陈述事物。低语境文化的人们倾向于直接、简洁地沟通。用字面意思表达他们的意思,没有什么潜台词。高语境沟通是含蓄的、复杂的、细致入微的、层次分明的,需要理解字里行间的含义。写得越少,说得越少,需要你自己理解的就越多。大多数亚洲语和阿拉伯语都是高语境的语言,这些地区的人们喜欢间接地、隐含性地陈述事物和观点,需要依靠接收信息的人读懂字里行间的意思,才能正确地理解信息。图4-3总结了部分国家在高低语境上的相对排序。可以看出,美国、澳大利亚、加拿大、新西兰、德国等国家的沟通语境相对较低,中间是西班牙、墨西哥、阿根廷等国家,而中国、日本、韩国、印度尼西亚等国家的沟通语境相对较高。

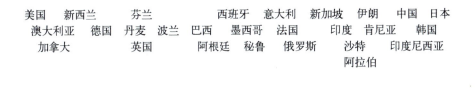

图4-3 部分国家的沟通尺度

资料来源:Meyer,E.,*The culture map:Breaking through the invisible boundaries of global business*[M]. New York:Public Affairs,2014.

梅耶的这一研究与O'Hara-Deveraux和Johansen（1994）的研究有着相似之处，后者认为，不同民族的文化语境有着明显的不同，其中，德国人、北欧人、美国人、英国人的沟通语境较低，中间的是法国人、意大利人、西班牙人等，阿拉伯人、中国人、日本人的沟通语境较高，其中，以日本人的沟通语境最高。梅耶讲过这样一个例子[1]：

有一次，我去日本做一个小的讲座，听众都是日本人。在讲座的最后，我问他们："有什么问题吗？"我看了一圈，没人举手，所以我就坐下了，准备结束讲座。我的日本同事说："艾琳，我认为他们是有一些问题想问你的。你介不介意我来问？"我说："好啊。"他站起来，再一次说："有什么问题吗？"还是没有人举手。但这一次，他非常仔细地看了看听众，然后指着一位女士说："你有问题想问吗？"这位女士说："谢谢你，我有问题想问。"然后她问了一个非常出色的问题。我的日本同事继续看了看听众，指着另外一位男士说："哦，你有什么想说的啊？"这位男士说："谢谢，我想问下……"事后，我问我的日本同事："你是怎么知道他们有问题的？"他对我说："其实，这取决于他们的眼睛有多亮。"我感觉太神奇了，在明尼苏达州，可没人教给我这些。我继续问他："你是怎么知道他们的眼睛有多亮呢？"他说："你知道，和你们美国人相比，在日本，我们很少有目光接触。所以，当你问有没有问题的时候，很多人是不会看你的，少部分人直直地看着你，他们的眼睛亮亮的，这就是在告诉你，可以喊他们提问，他们非常愿意。"所以，几天后，我又做了一场小讲座，讲座最后，我又问他们："有什么问题吗？"还是一样，没人举手。但这一次，我想试试我同事说的话，我仔细看了看听众，的确如我的同事所说，屋子里有那么几个人直直地看着我的眼睛，他们的眼睛的确很明亮。我问其中的一位："你想说点什么吗？"他说："谢谢你，我想说。"

在一次会议上，当艾琳·迈耶提到高低语境的时候，一位在托莱多生活了两年的日本人力资源主管贤治高木提出了这样的观点：

"在日本，我们在成长过程中默默地学习，学会在与人沟通时含蓄地表达自己的意思，并在其他人说话时听懂他们的言外之意。在不直接表达自己观点的情况下隐晦地传达信息是我们文化中根深蒂固的东西，根深蒂固到我们在这么做的时候甚至不会意识到我们在这么做。举个例子，每年在日本都会投票选出最受欢迎的新词。几年前，选出的年度词汇是'KY'。它代表'kuuki yomenai'，意思是'一个听不懂暗示的人'——换句话说，就是一个非常缺乏听懂言外之意的能力的人。在日本，如果你不能'读空气'（read the air，即听懂别人的言外之意），你就不是一个好听众。"

说到这里的时候，一位美国人插话道："'读空气'指的是什么意思？"

高木解释说："如果我在日本参加会议，有一个人含蓄地表达了他的不同意见或不适，我们应该能够察觉到这种氛围并意识到我造成了他人的不适。如果有人不能

---

[1] 根据Meyer, E., *The culture map: Breaking through the invisible boundaries of global business*[M]. New York: Public Affairs, 2014. 改编。

察觉到这个信息,他就是一个'KY'!"

这个美国人笑了起来:"我猜这意味着我们美国人都是'KY'!"

拓展知识

高语境和低语境不仅仅与文化有关系,与不同的职业也有一定的关系。以人力资源管理人员、市场营销人员、管理人员以及财务人员为例。人力资源管理是典型的高语境。编者有位朋友,毕业后去某企业求职,问当时面试他的负责人该单位的薪酬如何,这位负责人说:"放心吧,我们的薪酬在上海市同行业中是排在前列的。"这位朋友一听,能在上海市同行业中排在前列,说明薪酬不低,果断签约入职。入职之后才发现,每个月到手的工资少得可怜。后来他感到心理落差非常大,跟朋友交流,朋友笑着说,你们单位的工资在上海同行业中的确是排在前列的,因为这个行业整体工资就低得可怜。这就是人力资源管理中常见的高语境沟通。当你成功地应聘到某岗位去咨询薪酬的时候,对方一般不会具体告诉你薪酬到底是多少,当你一定要追问数额的时候,也常常会说做得好的话可能年薪有多少多少。同样,在公司招聘的时候,当你去应聘而没有被录用时,对方一般不会直接说,而是会说:"我们再考虑考虑。"同样的道理,市场营销也是典型的高语境沟通。有个笑话说,千万不能相信售楼中心的广告,偏远地段叫作"远离闹市喧嚣,尽享静谧人生";紧邻闹市则称之为"坐拥城市繁华";边上是荒草地叫作"原生态";边上是高架则称之为"交通便利";边上有家学校叫作"浓厚人文学术氛围";边上有家诊所则称之为"拥抱健康"。相比之下,会计则是典型的低语境沟通。我们都知道,会计是要精确到小数点后两位的。企业做年度预算,不会说,大概八九千万吧,而是会具体到一个固定的数额。

透过文化看国家

克罗地亚是一个低语境文化的国家。人们往往喜欢直接表达自己的观点和意见,不喜欢模棱两可的表述。一位克罗地亚的学生曾经问我,为什么中国人都非常喜欢说"也许",很少给出肯定的说法,这让他感到十分困惑。因为之前他与一位中国学生约定去看电影,那位中国学生说他也许会去,而克罗地亚学生以为中国学生会按照约定的时间过去,事实上并没有。在他们的文化中,他们都会直接表达自己对某一事物的看法,如喜欢或不喜欢,而不会说"还可以""可能喜欢"这种话语。

因此,在与克罗地亚人做生意时,要避免向对方说"可能"之类的词汇,这会让对方难以完全理解你的真实意图,可能导致交易的失败。相反,在与克罗地亚人进行商务谈判、拟定合同时,要注重使用能够明确表达意思的词汇,不会使对方产生误解。同时,合同条款的拟定也应该翔实、具体。

近几年来,国外语境的研究在不论是在定性分析还是在量表研究上都有比较快速的发展,大致可以分为四个维度:直白和含蓄、人际关系语境、时间语境以及空间语境。学者对后两个维度还存在一定的争议。本节重点讲述直白和含蓄以及人际关系语境。

4.4.1 沟通的直白与含蓄

沟通的直白与含蓄是沟通语境中最重要的要素之一。从沟通方式和内容上讲,是较为明确直接(直白)还是较为间接(含蓄)？直白即传达信息的一方所说的话、所传达的消息包含实际要表达的所有信息,不需要信息接收者再做额外的揣摩理解。含蓄即信息传达方没有将自己所想传递的内容都通过自己的话语体现出来,常常需要信息接收者尝试去理解背后真正的意图。1997年,美国心理学家霍特格雷夫对沟通的直白与含蓄做过一系列的定量研究,并编制了测量工具来测定一个人的说话风格。他在测量中把沟通的直白与含蓄分成两个方面：一个是一个人揣摩别人说话的真正意图的程度；另一个则是一个人说话拐弯抹角的程度。如果调查者在两个方面得分都很高,那么他/她就是一个讲话含蓄的人。

日本人的讲话含蓄在全球范围内都非常闻名。陈晓萍教授的书中收录过美国幽默作家大卫·贝雷的妻子贝丝在日本购买机票时发生的一件事,淋漓尽致地反映了日本人沟通的含蓄。贝丝和旅行社的服务人员发生了如下对话：

贝丝：请帮我订一张从东京去大阪的机票。

服务员：嗯,你要买飞机票？

贝丝：对。

服务员：从东京起飞？

贝丝：对。

服务员：到大阪？

贝丝：对。

服务员：啊,知道了。

贝丝：可以买票吗？

服务员：其实从东京坐火车去大阪挺不错的,是不是要买一张火车票？

贝丝：不,我就要买飞机票。

服务员：哦,就要飞机票。

贝丝：是的,就要坐飞机。

服务员：从东京起飞？

……

读者猜测一下,服务员想要表达的含义是什么？我们在课上请学生猜测过,有学生猜测服务员觉得东京到大阪的景色好,所以推荐贝丝坐火车；有同学猜测服务员卖火车票有提成；有同学猜测东京到大阪可能坐火车更方便。然而,很少有同学猜到这名服务员其实想说的是,飞机票没有了。当我们公布答案的时候,学生总是发出"至于么"这样的反应,这是因为我们不了解日本的文化,不了解日本人的委婉程度已经远远超过了我们的想象。

本书的两位作者有一位共同的美国朋友,也遇到过类似的事情。有一天,她到一名中国朋友家里去做客,看到这名中国朋友五岁的女儿带了一块亮晶晶的表,就夸赞这名小朋友的手表真好看。第二天,这名中国朋友就买了一块一模一样的手表送给这位美国朋友七岁的女儿。其实,这就是高低语境的沟通差异带来的误解。对于这名美国人来讲,夸赞小朋友的手表好看是低语境沟通,只需理解字面意思,觉得对方的手表好看,并没有其他意图。然而,对于中国朋友来说,误以为对方也很想要这一款手表,就买了一块一模一样的。当然,也可能是因为对方觉得好看就想要送对方一块。无论是什么原因,送手表的行为都让美国朋友感到压力好大,以至于以后都不太敢说话了。如果换成是和美国人交流,可能被夸赞的美国人就简单地回应"谢谢",对话就结束了。

这两个小例子就体现了中国人和日本人在沟通时的含蓄。这种沟通的含蓄几乎体现在生活和工作的方方面面。我们以大型演讲的开场白为例。设想如下情境:假如你是某一领域的知名专家,被邀请到一个相关专业的会议上做讲座,你会如何开场?换言之,开场白如何设计?

对于这个问题的答案,不同国家和地区的人的回答完全不一样。典型的中式开场白大概是这样的:

> 很荣幸今天能有机会来跟大家交流。我其实并不是专家,在座的各位才是。所以,我在这里只是抛砖引玉,还请大家不吝赐教。

听到专家这样讲,读者是何感受?在课堂上问过学生,大家普遍的反应是,这位专家太谦虚了,好感度大增。然而,全球所有的听众都是这样认为吗?显然不是,如果在座的不是中国听众,而是美国听众,鉴于他们低语境的沟通文化,他们可能真的认为你的确不是这个领域的专家,会想:"就是听说你在这个领域很厉害才大老远跑来的,不是专家你来干什么呢?"

如果是在美国,开场白会是怎样呢?我们以扎克伯格2017年在哈佛大学毕业典礼上的讲座为例。上台之后,扎克伯格如此开场:

> 我爱这个地方。感谢大家冒雨参加典礼,瓢泼大雨。我们要让大家不虚此行!

语毕,台下掌声雷动。设想一下,如果在中国情境下,有专家开场的时候说:"大家今天算是来对了,我们要让大家不虚此行!"听众会怎么想?哪怕你可能从心里认同这位专家在本领域的成就是无人可以企及的,但你心里仍然会不太舒服,认为这位专家有些自大了。这就是沟通当中的语境差异。同样地,如果到中国朋友家里做客,吃饭的时候,主人可能会说,"不好意思,菜做得不好","你多吃一点"。如果是来自低语境文化的朋友,可能会在心里想:"菜都不好吃了,为啥还让我多吃一点呢?"而同样来自高语境文化的朋友可能就知道,主人只是在谦让而已,往往会回复:"菜做得很好吃了!"

相比之下,日本的开场可能更多以"道歉"开始,有着深厚的道歉文化。"不好意思,准备不周,请多担待。"来自低语境文化的人听了可能会想:"准备不周怎么还好意思说呢?"而来自高语境文化的朋友就明白对方是在表示自己对客人的尊重,往往回复说:"已经非常完美了,感谢您的精心准备。"约翰·康顿在1974年的一次演讲中举了一个很好的例子:"如果场下全是美国听众,我会用笑话来开头;如果听众全是日本人,我用道歉作开场白也许更好些,由于我们是一个混合群体,那么就让我为没有开玩笑而致歉吧。"①

透过电影看文化

影片《道歉大师》将日本人的道歉文化展示得淋漓尽致。影片的主人公黑岛经营着一家名为东京道歉中心的机构,以帮助客户处理道歉事宜为生。不论多么复杂的情景,他都可以凭借自己掌握的各种道歉技巧顺利解决,化险为夷。于是,便产生了专门替人道歉的这家企业。影片的第一个故事是从美国归来、自幼接受西方教育的仓持典子,不小心追尾了当地黑道人物的奔驰车。其实,在日本,可能说个对不起,然后态度和善一些,问题就可以大事化小。然而,深受美国文化影响的仓持典子认为,先开口道歉是致命的,相当于承认了自己的错误,因此拒不道歉。看过美剧的同学可能对美国的米兰达警告有很深的印象:"你有权保持沉默。如果你不保持沉默,那么你所说的每一句话都可能作为呈堂证供。"也就是说,在美国,如果你先道歉,说"I am sorry",可能会被对方认为是你在承认自己的错误,以此来在法庭上攻击你。仓持典子深知这一点,因此,追尾事件发生后坐在车里保持沉默,任由对方愤怒地敲打她的车窗。而在签订赔偿协议的时候,由于对日语不够了解,她漫不经心地与对方签订了赔偿协议,却没注意到协议中几个足够要人命的条款,"私了400万日元,可分期付款,每月偿还12万日元,利息每10天30%计,自下周起在大阪从事风俗行业"。因此,仓持典子不得不求助于黑岛。黑岛扮演仓持典子的哥哥,先打伤自己,伪装成即便下刀子也要去道歉的场景,极尽谦卑地向黑道大哥进行道歉,最终取得了对方的谅解。这时候,仓持典子才意识到,原来,在日本,道歉竟然可以有这么强大的效应。后来,仓持典子就成了黑岛的助手,加入了道歉公司。

前面讲述的都是不同语言体系之下跨文化沟通的语言障碍及其误解。是不是在英语系的国家和地区就可以无障碍地沟通了呢?显然不是。如同章前案例所示,即便同为英语系的国家,英国和荷兰就在沟通语境上有显著的差异。相比起荷兰人,英国人的沟通则更加高语境一些。

管理上的应用

直白和含蓄在管理上最明显的区别就是沟通的清晰程度。低语境文化背景的管理者在安排任务的时候非常明确地告诉你该做什么以及该怎么做。例如,一位在澳大利亚工作的中国员工曾经这样评价他的海外上司:"我的三个海外上司和我讲话的时候每个方面都会讲得很详细、很清楚,每次交代事情,都是反复确认,不断问我他讲清楚了没有。"高语境文化背景下的管理者在安排任务的时候则倾向于高度概括,而非逐字逐句确认。例如,

---

① [美]保罗·A.郝比格.跨文化市场营销[M].芮建伟,李磊,孙淑芳,译.北京:机械工业出版社,2000.

安排任务的时候往往会说"尽快给我",而很少明确截止日期。

直白与含蓄量表[①]

1. 很多时候我都愿意委婉地表达自己。
   A. 强烈同意   B. 同意   C. 中立   D. 不同意   E. 强烈不同意
2. 我说话时常常话里有话。
   A. 强烈同意   B. 同意   C. 中立   D. 不同意   E. 强烈不同意
3. 我通常不花时间去分析别人讲的话。
   A. 强烈同意   B. 同意   C. 中立   D. 不同意   E. 强烈不同意
4. 别人很多时候都无法确定我话里的真正含义。
   A. 强烈同意   B. 同意   C. 中立   D. 不同意   E. 强烈不同意
5. 我说的话常常可以用不同的方法去理解。
   A. 强烈同意   B. 同意   C. 中立   D. 不同意   E. 强烈不同意
6. 我对别人话里的含义一般不深究。
   A. 强烈同意   B. 同意   C. 中立   D. 不同意   E. 强烈不同意
7. 我讲的话里面总是比表面上呈现的意义要复杂。
   A. 强烈同意   B. 同意   C. 中立   D. 不同意   E. 强烈不同意
8. 别人必须花些时间才能琢磨出我话里的真实含义。
   A. 强烈同意   B. 同意   C. 中立   D. 不同意   E. 强烈不同意
9. 我通过别人说的话来搞清他们的动机。
   A. 强烈同意   B. 同意   C. 中立   D. 不同意   E. 强烈不同意
10. 我说的大部分话都明确易懂,没必要寻找深意。
    A. 强烈同意   B. 同意   C. 中立   D. 不同意   E. 强烈不同意
11. 我会考虑别人话里的各种意思再决定他们想说的真正意思。
    A. 强烈同意   B. 同意   C. 中立   D. 不同意   E. 强烈不同意
12. 要了解他人的真实意思,必须深度分析他们所说的话。
    A. 强烈同意   B. 同意   C. 中立   D. 不同意   E. 强烈不同意
13. 我经常透过别人语言的表面去了解他们的真实想法。
    A. 强烈同意   B. 同意   C. 中立   D. 不同意   E. 强烈不同意
14. 为了理解别人说的话,我经常去分析他们为什么说而不是他们说了什么。
    A. 强烈同意   B. 同意   C. 中立   D. 不同意   E. 强烈不同意
15. 没有必要透过我说的话的表层意思来理解我的真实意图。
    A. 强烈同意   B. 同意   C. 中立   D. 不同意   E. 强烈不同意

[①] 陈晓萍.跨文化管理(第三版)[M].北京:清华大学出版社,2016.

16. 在我观察或参与的很多聊天中,我发现最重要的意思常常是隐藏在表面之下的。
A. 强烈同意 B. 同意 C. 中立 D. 不同意 E. 强烈不同意

17. 我想通过琢磨一个说话者的深层意思使自己成为一个有效的沟通者。
A. 强烈同意 B. 同意 C. 中立 D. 不同意 E. 强烈不同意

18. 我讲话的意思常常一目了然。
A. 强烈同意 B. 同意 C. 中立 D. 不同意 E. 强烈不同意

19. 我常觉得别人的话里有潜台词。
A. 强烈同意 B. 同意 C. 中立 D. 不同意 E. 强烈不同意

4.4.2　人际关系语境

人际关系语境是指在沟通过程中是否关注自己与对话者的关系,并依赖这种关系作为沟通语境来传达含义。在不同的国家、不同的文化中,人际关系的观念也有所差异。来自高语境文化的人在与陌生人对话前,可能会花更多的时间去了解对方的背景,来确定自己该用什么样的态度、语言以及肢体语言来和对方沟通。不论是言语上还是肢体上,他们的沟通方式都可能会根据对话者不同而作出改变[①]。例如,和父母聊天的语言以及肢体动作就与和子女聊天的语言以及肢体动作存在较大的差异。相反,来自低语境的人在与陌生人对话前不太会去摸清陌生人的底细,也不太会因对方身份的差异而改变自己的沟通方式。同时,人际关系语境也会影响个体对于面子的维护。低语境文化的人们在沟通的时候通常更多地会维护自己的面子,而高语境文化的个体在和对方沟通的时候,不仅会维护自己的面子,也会有意识地维护对方的面子[②]。

权力距离在一定程度上也会影响不同文化的人们的沟通方式。在权力距离较高的国家和地区,人们在和上司沟通的时候,往往会通过调整自己的语气、肢体语言等来表现出谦卑的姿态,同样,在和下属沟通的时候也要进行相应的调整,以体现出自己的权威性。在权力距离较低的国家和地区,人们和上司或者下属的沟通可能差异并不明显。

当高权力距离文化中的人和低权力距离文化中的人进行沟通时,由于双方文化背景的差异,很可能会引起误解或不愉快。对于高权力距离的人来讲,随意地说话意味着对方对自己的不尊重,而对低权力距离的人来讲,恭恭敬敬地讲话也会让自己很不舒服,很不自在。

透过电影看文化

优酷上有一个视频叫《有性格的椅子》,里面讲述的是一名男性和一把椅子的故事。最初男子看着书,看到了这把椅子,于是拿出手绢掸了掸椅子,眼神都没有离开书本,想要

[①] Gudykunst W B. Uncertainty reduction and predictability of behavior in low-and-high context cultures[J]. *Communication Quarterly*, 1983, 31: 49-55.
[②] Ting Toomey S. *Communicating across cultures*[M]. New York: The Guilford Press, 1999.

坐下去，结果，他刚准备想坐下，椅子就跳开了。男子差点坐空，大吃一惊，以为自己没看准椅子的位置，连忙站直，找准椅子的位置，重新坐了下去，结果椅子又跳开了。这一次，男子知道是椅子跳开了，他把书收起来，开始认真对待这个椅子。他把椅子摁住，然而椅子非常倔强，跳个不停。男子沉思了一会儿，走到椅子面前，给椅子跳舞，逗椅子开心，甚至是抱起椅子跳舞。然后他把椅子放下，坐上去，没想到，椅子还是跳开了。男子生气了，走到墙角，在地上坐下来，又开始看书，不理椅子了。这时候，椅子悄悄地向他走来，男子将头扭到一边，椅子又靠过来。来来回回几次以后，男子站起来想坐上去，没想到椅子还是不让他坐。最后，他又想了想，掏出手绢，将自己掸了掸，然后向椅子鞠了一躬，椅子高兴地蹦了起来，转了好几圈，男子终于坐到了椅子上。

  这是一个情景电影，没有任何语言，却淋漓尽致地反映了沟通中不同文化因为权力距离差异而导致的误解。显然，影片中的男子来自权力距离较高的文化，而椅子来自权力距离较低的文化，且按照职位来讲，男子应当为椅子的上司。对男子来说，我是你的领导，我坐上去是理所应当的事情。因此，他并没有想太多，认为椅子就应该被他坐，连眼睛都没离开过书，还掸了掸椅子，就想一下子坐下去。没想到椅子跳开了。跳开的原因是，对椅子来说，虽然你是我的上司，但我们两个是相互平等的，你竟然还嫌弃我，掸了掸我才坐上来，凭什么？因此，椅子跳开了。三番两次跳开的举动才引起了男子的注意。这时候，男子开始反思为什么椅子不让自己坐上去了，意识到并不是理所应当就可以坐上去的。最终，男子通过掸了掸自己，并以向椅子鞠躬的形式表明自己对椅子的尊重。获得了平等对待的椅子才开心地让男子坐了上去。

  引申来看，哪怕是沟通双方都在权力距离较高的国家，"掸椅子"的行为也明显地体现出上级对下级的嫌弃，更难以使得下级接受。在企业管理中也是一样，尤其是当来自"强文化"国家的企业到"弱文化"国家的企业经营时，更要注意尊重当地的文化。无意识地"掸椅子"流露出来的优越感会让沟通对象非常抵触，只有本着彼此尊重、相互平等的基础进行沟通，才能达到预期的效果。

思考题

1. 语言给跨文化沟通带来了哪些障碍？
2. 跨国公司如何管理沟通中的语言交流障碍？
3. 什么是高语境和低语境沟通？
4. 本章内容对你将来和其他国家的人进行语言沟通带来了哪些启示？

章末案例

日本乐天公司的英语化[①]

2010年3月1日,乐天株式会社(Rakuten)社长三木谷浩史登上公司总部的讲台。台下坐着七千多名日本员工,还有三千多名海外员工通过视频接入了会议。这样的会议在公司中每周举办一次,大多数海外的经理和员工的日语水平并不高,但他们仍然喜欢观看CEO意气风发的讲话,为了避免因为语言不通而听不懂会议内容,会后,乐天公司总部总会给所有员工发一份会议内容的摘要。乐天的员工原本以为,这也是一场普普通通的例会,却不曾想,在这次会议上,社长三木谷浩史(以下简称三木谷)的发言,如同在平静的湖水中投入了一颗巨石。

"这是乐天整个历史上第一次用英语举行的执行会议。许多高管苦苦挣扎反对,但我们仍然设法通过了整个议程。我们的目标是追赶全球市场。为了应对这一挑战,我们必须尝试将我们的语言逐渐从日语更改为英语。这对我们来说将是一项长期的努力。从本月开始,我自己的演讲将只用英语……"

这是乐天发展史上标志性的一天,从这一天开始,乐天进行了英语化的变革。次日,日语自助餐厅的菜单就被替换成为英语菜单。电梯的楼层目录也被换成了英文。这一执行速度甚至惊呆了公司的高管。对此,三木谷说,乐天最关键的原则就是"速度,速度,速度!"公司要求乐天的员工两年内在990分国际交流英语考试(TOEIC)中获得650分以上的成绩,否则后果自负。此外,公司承诺,将监控员工的英语学习进度以及TOEIC考试成绩,所有员工的学习进度三木谷将亲自过目,如果有人不努力学习英文,则会被降级,甚至是开除。

这一激进的英语化策略在公司内外引起了轩然大波。包括CNN《金融时报》《日本时报》和《华尔街日报》等在内的世界知名新闻机构针对这一事件展开了多达100多篇的报道。事实上,当时的乐天一万多名员工中,仅有三成是海外工作的员工,绝大多数都是日本本土员工,为什么要开展这样一项英语化的变革呢?这与三木谷的个人经历有关。

与传统的日本人不同,三木谷很早就开始接触英语以及日本以外的世界。他的父亲是一位经济学者,是第二次世界大战后最早在三所美国主要大学(斯坦福大学、哈佛大学和耶鲁大学)担任客座教授的日本学者之一。在三木谷7—9岁之间,他的父亲是耶鲁大学的访问学者,他跟随他的父亲居住在康涅狄格州,对美国文化有

[①] Tsedal Neeley, *The language of global success: how a common tongue transforms multinational organizations* [M]. Princeton:Princeton University, 2017.

较为深入的了解,英语也说得非常流利。而他的母亲小时候也在纽约待过几年。回到日本之后,三木谷的家族也定期接待来自外国的经济学者,餐桌上听到英语的情况并不罕见。在日本完成大学学业后,三木谷又到哈佛商学院读了两年的MBA。再次回国后,他萌生了创业的想法。1997年,他看到了技术将为商业带来的变化,果断创立了乐天公司并主营电子商务商城服务。到2010年,三木谷引入英语化时,乐天已成为日本电子商务领域的主要参与者,拥有超过9 000万的客户,占据了日本近85%的市场份额。让三木谷引以为豪的是,乐天在日本"在电子商务中排名第一,在旅行中排名第一,在银行中排名第一,在经纪业务中排名第一"。

随着乐天公司占据了日本的市场,三木谷也迅速地意识到,全球扩张是维持乐天经济增长的唯一途径。因此,他将目光投向新的国际市场。但是,要从一家日本公司转变为一家全球公司,就需要进行深刻的改变。他认为英语化是关键。事实上,几乎所有主要行业的全球公司(如奥迪、德意志银行、IBM、汉莎航空、微软、诺基亚、雀巢、三星、Uber等)都在要求员工使用英语。截至2010年,52%的跨国公司的通用语言为英语。乐天的目标是希望在全球27个国家和地区开展业务,并在十年内将其海外收入的比例提高到70%。而电子商务全球增长战略的重要市场是美国市场,这就要求乐天公司必须具备英语水平。在英语化变革实施之前,三木谷已经在东京办事处稳步地招聘来自印度和中国等不会说日语但英语流利的工程师了。三木谷提醒员工:"我们的目标不是成为日本第一,而是成为世界第一的互联网服务公司。当我们考虑日本市场和我们公司未来的潜在增长时,英语化是必须要做的事。"

此外,从日本经济发展的角度,三木谷认为,英语化也是不得不去实施的战略。第二次世界大战后,日本经济经历了腾飞期,然而,到了20世纪90年代后期以及21世纪初,日本的经济在迅速萎缩。不断增加的公司债务、日益加剧的外国竞争以及人口老龄化对社会保障体系造成的压力,成为日本企业普遍面临的现状,对日本企业而言,客观上也必须进行全球扩张以保持竞争力。然而,日本的文化相对保守,不论是政治上、工作场所的文化,还是日本的教育体系,都支持非常民族主义的世界观,因此,全球扩张对日本企业而言是一项特别困难的任务。

此外,对日本工人来讲,其收入也更多依赖当地企业,因此,他们从来不需要用日语以外的其他语言进行交流。与其他国家或地区的员工相比,日本员工在运用外语方面明显落后。基于2000年的亚洲-欧洲调查数据(Asia Europe Survey,ASES),日本人中感知到自己英语水平较高的人非常少,少部分人感知到自己的英文水平一般,大部分人感知到自己英文水平很有限,还有超过五分之一的人认为自己的英语水平几乎为零(如图4-4所示)。

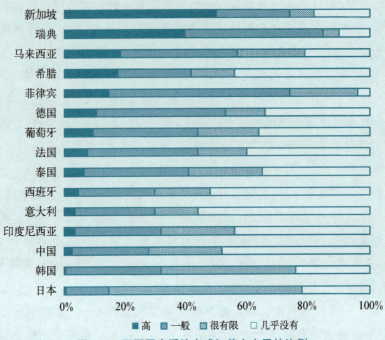

图 4-4　不同国家受访者感知英文水平的比例

也正是因为日本人的英文水平普遍不高,三木谷更是坚定了公司要实行英语化的决心。在他看来,乐天的使命就是成为新日本的榜样。他说:"日本有些地方我不太喜欢,比如作为一个'岛国',媒体试图控制一切信息。我们需要确保所有日本人都能理解在日本境外发生的事情。当然,业务非常重要,但是我并不是为了赚钱而经营公司。对于日本的保守习俗和制度,我真的感到不舒服,我想改变日本,我想改变社会。我是商人,因此,只能通过业务进行改变。"对三木谷来讲,英语化是乐天历史上最大的变革,也是日本企业的重大发展。然而,日本国内的人并不这么看。很多民族主义者开始抨击三木谷,认为英语化政策是导致日本消失的第一步,最终会毁了日本。本田汽车公司首席执行官伊藤隆信更是公开宣称:"日本公司在劳动力主要是日本人的情况下竟然在日本使用英语,这真是愚蠢。"

对于这些质疑的声音,三木谷回应说:"日本是唯一一个拥有受过良好教育的人无法说英语的国家,这是日本的一个重要问题。我正在努力使乐天成为全球成功的公司。对于员工来说,这对他们的职业和个人生活都是一件好事,因为英语将使他们对全世界正在发生的事情敞开胸怀。我想睁开眼睛。我相信其他公司会后悔(不改用英语)。如果我们成功,他们将跟随我们。"三木谷的预言成真了。三年后,本田将英语作为全球会议的官方商务语言,并在 2015 年承诺将英语作为公司内部的官方语言。

尽管已经和员工解释了英语化变革的原因,当三木谷宣布这一决策后,仍然在员工中引起相当强烈的反应。在纽约远程参加这次会议的市场营销经理罗伯特对这一宣布感到兴奋,也为三木谷选择了他的母语而感到欣慰。他能预测这一决定对他的工作甚至职业生涯带来的积极影响。罗伯特在乐天公司工作两年了,尽管他是市场营销经理,受限于语言不通的原因,他与日本同行的互动很少,彼此之间的联系也很少。偶尔与日本同事的联系,不论是电话、邮件,还是视频会议,都需要翻译帮忙。很多时候,明明很简单的事情,经过翻译一来一回也要弄很久,而且翻译有时候还会误解他们的话,还要再解释。时间久了,罗伯特总是感到很有挫败感。现在公司推行了英语化,罗伯特可以预见,未来的沟通将会畅通很多。在德国信息技术部门工作的伊娜也有同样的感受。她认为,用英语进行交流将有助于德国办事处获得更多的总部信息。她希望英语不仅可以克服语言障碍,而且可以克服跨境交流中固有的跨文化差异。

在日本本土地区,员工的反应则完全不同。36岁的工程师建治简直不敢相信自己刚刚听到的话。建治一直很钦佩三木谷,因为他见证了过去的8年里,乐天在三木谷带领下取得了突飞猛进的发展。建治无法相信这一份战略公告:乐天的官方语言将是英语吗?他的薪水真的和他的英语能力联系在一起吗?长这么大,建治从未出过国。他对英语的了解和绝大多数日本人一样,不过是中学期间学习的六年英语,工作这么多年,几乎已经全忘记了。突然之间,他被迫在生活中不得不学习一种新的语言,不然就要面临降级,建治突然觉得自己的处境比较被动。在他看来,他兢兢业业地为乐天服务了8年,其间的工作应该可以证明自己的能力。然而,现在却变成了:无论他多么努力,如果没有英语,这都算不上什么。他难以接受这样的现实。日本员工开始变得焦虑:"我怎么可能做到每天都说英语?""我的同事说得都比我好,我该怎么办?""我在这个公司还有前途吗?""我感觉和自己的同胞讲英文好蠢啊!"质疑、焦虑的声音纷至沓来。

然而,也并不是所有的员工都如此消极,也有很多人认为,学习英语不管对自己还是对公司都是一个好事情。一位刚进乐天一年的员工说:"坦白说,最初我有些吃惊。"但为了周一的晨会,他开始学习英文单词,他说:"有时候我完全不懂大家正在说什么,但我每周都能懂得多一些。"①

乐天公司的英语化最终成效如何?五年之后,乐天公司给世人提交了一份满意的答卷。在2010年进行英语化之后,乐天集团开始迅速地在巴西、加拿大、法国、德国、印度尼西亚、新加坡、西班牙、英国以及美国等地区或者收购、或者合资、或者进行绿地投资。截至2017年,乐天已通过收购赚了33亿多美元,其中包括已经披露

---

① https://www.qeto.com/article_77415.

和尚未披露的收购。在此期间,乐天还着眼于海外创新和运营,在很多国家建立了区域发展中心:2010年,乐天公司在纽约成立了其在美国的第一个研发中心,专注于先进的互联网技术。次年,乐天公司在旧金山成立了敏捷开发中心,旨在支持其全球业务。2014年,乐天公司在印度和法国成立研发中心,次年,在爱沙尼亚、乌克兰、新加坡、以色列的特拉维夫以及美国的波士顿建立了新的研发中心。出于对美国电子商务市场的关注,乐天在加利福尼亚州硅谷的心脏地带建立了一个核心园区。此外,乐天还对中国、英国、美国和马来西亚的早期新兴技术公司进行了数笔金融投资。这些投资主要集中在电子商务、社交媒体、P2P共享、在线支付平台以及航空业等行业。这期间,乐天两笔最引人注目的交易是:2012年对社交媒体网站Pinterest的1亿美元投资以及2015年对拼车服务公司Lyft的3亿美元投资。如果乐天公司没有进行英语化变革,它将难以实现这样的扩张速度和范围。

  如前所述,英语化后的乐天实现了全球快速扩张。然而,如何实现这些新并购的、新成立的子公司或者研发中心等实体与母公司的有效整合是跨国公司领导者面临的重要问题。三木谷也不例外。在整合的过程中,英语化变革的优势又一次凸显出来。以英语作为通用语言,显著缩短了并购后整合的时间。全员英语大大降低了被收购公司在整合过程中的距离感,也降低了彼此沟通过程中的误解,提高了沟通的效率。同时,员工之间英语流利程度的提高也促进了不同地区同步协作的效率。正如一位乐天的高级顾问所说的:"总部派了7名工程师帮助我们快速实现与日本技术平台的集成。这7名工程师已经学习英文两年了,如果不进行这种英语化,我们的沟通将很困难。但是现在,我们有足够的工程师会说英语,因此,我们能够派遣许多人到国外,以提高工作效率。"

  从人力资源上来说,英语化也促进了乐天公司招贤纳士,只要能用英文进行顺利的交流,就可以加入公司。这就使得乐天公司的招聘范围由原来聚焦于日本本土转向瞄准全球人才。在公司内部,有才能的人也不再因为日文障碍而无法施展才能。在英语化不到一年的时间里,一位只会说英语的高管被任命为日本当地一个由1 000人组成的知名工程团队的负责人。在英语化的五年内,来自45个国家和地区的新工程师加入了总部,占到招聘总人数的81%。对于三木谷来说,这种发展趋势符合他的愿景:"在我们启动英语化之前,才华横溢的工程师们很难在日本找到有趣的机会。但是现在他们可以找到乐天——我们吸引了全世界非常有才华的工程师的关注,也因此看到了这个社会的巨大变化。乐天需要发展,我们需要聘请全世界最优秀的人才。由于英语化,我们已经能够从Facebook和Google聘请工程师……"

  自公司成立以来,三木谷制定了一项精心策划的战略,以促进各个职能部门和业务部门之间的知识交流。他认为,知识共享对于公司国内业务的增长和成功至关重要。"我们在日本的发展非常迅速,并且在大多数业务中均位居国内第一,因为我们一直鼓励人们跨群体分享他们的专业知识。"然而,由于语言不通,这种宝贵的知识财富很难在日本人和非日本人之间传输。三木谷也忍不住感慨,语言是一堵墙,阻碍了全球知识的共享。英语化之后,日本总部内部开发的知识以及子公司中产生的任何可能对公司其他人有所帮助的潜在知识都可以无障碍地实现共享。例如,一名德国顾问回忆,曾有一个问题他思考了很久都没有找到解决办法,通过与同行在每周与其他子公司的视频会议上的交流,他很快学会了使用专有技术来解决这个问题的几种策略。同样,一位印尼工程师也对他在搜索引擎优化方面的工作提出疑问。他期待着与更有经验的日本工程师的会面,以加快自己的开发工作:"我们仍处于起步阶段。这里没有人对搜索引擎优化了解得足够多。这就是为什么我需要和这个在总部负责这一工作的人保持联系的原因。"通过共享通用语言,各子公司的高层管理人员也从相互交流中受益匪浅。高管们现在都体会到英语作为通用语言为乐天公司带来的优势:实现了全球知识共享。

资料来源:基于 Tsedal Neeley, *The language of global success:how a common tongue transforms multinational organizations*[M]. Princeton:Princeton University, 2017.改编。

案例思考题

1. 乐天公司为什么要推行英语化?
2. 乐天公司推行英语化的过程中面临哪些障碍?
3. 英语化给乐天公司带来了哪些好处?
4. 你从案例中获得了哪些启示?

第5章 非语言与跨文化沟通

教学目的和要求

1. 了解非语言沟通的特点；
2. 掌握非语言沟通的类型及其对跨文化沟通的影响；
3. 了解空间距离对跨文化沟通的影响。

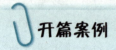
开篇案例

库克公司的弘米参观之旅[①]

"叮……"电话铃声响起。

弘米农牧有限公司的总经理米小良接起来，电话那端传来了急切的声音："米总，瑞典库克公司的团队已经到楼下了。""好！那我们抓紧到楼下迎接！"

弘米农牧有限公司是山东一家主营生猪养殖的公司。由于公司养殖的生猪肉质细腻、口感滑嫩、质量上乘，因而获得了国内外诸多消费者的青睐。来自法国的库克公司就是弘米的忠实客户。这一次，库克的市场管理总监克洛艾带队，来弘米进行参观，也对下一步的合作进行洽谈。

到了楼下，看到米小良出来，克洛艾迎上去，马上给了米小良一个大大的拥抱。尽管已经合作多次，也深知这是法国人的礼仪，米小良仍然是下意识地躲了一下，身体略显僵硬，随后，米小良反应过来，抬起手，轻轻拍了拍克洛艾。"唉，下一次一定主动拥抱。"米小良暗想。

随后，米小良带领克洛艾一行人去参观公司的养殖中心。技术员王逸介绍着公司生猪养殖的经验、室内温度湿度控制、进食方案等，克洛艾很感兴趣，不断向前靠近王逸进行交流，但她发现，她每往前迈一步，刚要开始提问，王逸也跟着往前迈一步，克洛艾只能再往前迈一步，王逸也跟着迈，两个人速度越来越快，原本既定的一个小时参观，结果只花了半小时就从养殖中心的这头走到了那头。于此同时，克洛艾也发现，王逸几乎不看自己，每次自己盯着他问问题的时候，他总是低头回答。克

---

① 资料来源：编者自主编写。

洛艾摇摇头,心想:"唉,尽管我知道他不看我是尊重我的表现,可还是不能适应。"

参观结束,来到会议室,克洛艾发现,这一次会议室的布局和第一次来的时候发生了明显的变化。第一次来的时候,是一个大大的长桌,米总坐在中间,其他人在两边分别坐下来(图5-1,左)。而这一次,换成了圆圆的桌子,大家围在一起讨论(图5-1,右)。

图 5-1　两次会议室布局区别示例

"咦,小良,你们什么时候改变办公室格局了?"

"这个办公室是不是更舒服一些?上次你走的时候给我们提建议说办公室太压抑了,这是我们特意为你们改造的。"

"哇哦,小良!你真是太棒了!我爱死这个办公室了!"说着克洛艾坐到凳子上,脚伸出来,刚要放到桌子上,又想起了什么马上放下来,坐好:"噢不,我也要改改我的习惯啦。不能随意把脚放在桌子上,坐好,坐好,开会!"两边团队的人哄堂大笑,纷纷找位置坐下,米小良开始介绍公司的未来发展规划。

一天的行程结束,送走了克洛艾一行人,米小良躺在办公室的沙发上,回忆着这一天的行程,又想起他们当初第一次见面时的情形,连连感慨:"双方都是真的很重视彼此的合作,都为了对方改变了很多,也更理解对方了。克洛艾不再随意翘腿,不再因为我们的技术员不抬头看她而质问我们的合作诚意了。我们也因为对方而慢慢适应了他们热情的文化和随意的交流方式。只是文化真的是根深蒂固的,很多东西尽管我们变了,但还是不太适应。看来,还要继续努力啊!"

5.1　文化与非语言沟通

有关非语言沟通的科学研究,最早出现于查尔斯·达尔文(Charles Darwin)1872年出版的《人类和动物情感表达》一书中[①]。非语言沟通是通过面部表情、目光、手势、体态和语气语调等方式传递和接收信息的沟通过程。这些微动作或者微表情揭示了人与人之间的关系,也引发了越来越多人类学者的关注,因此,从19世纪中期开始,有关非语言沟通的研究就成为相关学者关注的重要话题。

马兰德罗和巴克(Malandro & Barker,1989)将非语言沟通定义为"不用言词的沟通",是指沟通者运用身体特征或者是本能向对方传递特定信息的过程。非语言行为要么与语言行为同时发生,要么在特定情境下独自出现,以表达自己的思想,或是表达自己理解了他人的意图[②]。米勒(Miller,1984)认为非语言沟通是那些无法用言语表达的、被社会所共识的那些人的属性或行动,这些属性或行动由信息输出者有意或被认为是有意地发出的,由信息接收者有意识地接收,并可能会据此作出一定的反馈。萨莫瓦尔(Samovar,1981)认为,非语言沟通是"在一定沟通环境中语言因素以外的、对信息输出者或接受者有价值的那些因素。这些因素既可以人为地生成,也可由环境造成"[③]。综合以上观点,我们认为,非语言沟通是指那些言语之外、对信息的发送或接收有一定潜在信息价值或刺激的沟通形式,包括目光、表情、动作等。

在人们的日常交流中,除了运用口头语言和书面语言,很多时候还需要运用非语言的动作和行为等进行沟通。萨莫瓦尔认为,在面对面的沟通中,通过语言产生的信息传递大概占到35%,65%的活动都是通过非语言沟通完成的。这就凸显了非语言沟通在沟通过程中的重要作用。一般来说,非语言沟通主要存在以下特点。

5.1.1 非语言沟通在某些情境下可以替代语言沟通

在某些特定情境下,可能不方便或者无法进行语言沟通,这时候人们往往会用较为委婉或间接的非语言方式来表达相应的信息。例如,在嘈杂的餐厅,有时候人们不得不用手势来招呼朋友甚至是和朋友交流。在中国古代,当主人对客人不耐烦时,往往会倒扣茶杯,相当于下逐客令;类似地,在一些西方国家,当面试考官对应试者不满意时,则故意装出坐立不安的样子,应试者就理解面试官的意思了[④]。

对不同文化的人们而言,很多时候并不是不会对方的语言就无法沟通了,非语言动作仍然能使彼此保持一定的沟通。以人类的发展为例,人类在学会语言之前,首先会的是非语言沟通。例如,刚出生的宝宝开心的时候会对父母笑,有求于父母的时候也会露出楚楚可怜的表情。因此,当不熟悉对方语言的时候,非语言沟通在一定程度上可以替代语言沟通。当然,前提是双方对这一非语言行为的文化理解是一样的。例如,美国人和中国人交流的时候,无论是谁对对方竖起大拇指,对方都会很开心,这

[①] 许晓梅.非言语沟通研究的进展[J].浙江社会科学,2002(04):166-171.
[②] Malandro, L. A. & Barker, L. *Nonverbal communication*[M]. New York: Random house, 1989.
[③] Samovar, L.et al .*Understanding Intercultural Communication*[M]. Belmont: Wadsworth, 1981:156.
[④] 陈宝文.跨文化交际中非语言交际的语用功能及外语教学[J].外语与外语教学,2008(06):35-37.

是对对方认可甚至是表扬的体现。当庆祝团队的成功时，都可能会开心地大跳起来，相互击掌庆祝。

5.1.2 非语言沟通可以强化语言沟通的作用

很多时候，当语言行为不足以传达所要传递的信息时，非语言沟通的重要性就凸显出来了。配合非语言的动作、声调等，可以使信息传达得更充分、更生动。例如，当人们在给孩子讲《小红帽和狼外婆》的故事时，不仅会模仿狼的叫声，"凶凶地"对小红帽说话，也会配合一定的动作来表现狼的可怕，使得孩子能更好地理解故事。因此，人类社会用非语言方式来表达信息有着悠久的历史。在很多情境下，人们习惯于用非语言的动作或手势来强化语言沟通的作用。我们以手臂动作为例，在北美，由于手臂动作需要有一定的空间才能施展开来，因此，很多说话者习惯于在讲话的时候配合一定幅度的手臂动作，以展示自己的强势或强大。一个大幅度的手臂动作可能是说话者想要震慑听众，体现自己的权力。例如，在美国，一位男性商人很可能通过间歇性地用拳头来重击桌子的形式凸显自己谈话的要点。

不同文化中，同样的非语言动作的含义可能并不相同。还是以手臂动作为例，在日本，男性的手臂动作远远少于美国男性。这可能与日本的空间较小也有关系，大幅度的手臂动作可能会侵犯到他人的空间。更重要的是，对于崇尚集体主义文化的日本人来讲，大幅度的手臂动作会使自己"鹤立鸡群"，引发别人的注目，破坏群体的和谐。因此，日本人的手臂动作要远远少于美国人。相比之下，阿拉伯人的手臂动作比美国人还频繁。他们几乎每说一句话都会伴随相应的手臂动作。对阿拉伯人来说，手臂动作既能表示高兴，也能表示愤怒。动作的夸张与语言的夸张是相伴相生的。夸张和重复有利于建立可信性和严肃性。在挥动手臂的过程中，阿拉伯人也许偶尔会触碰到听者。对于阿拉伯人来说，仅仅靠言语似乎不足以表达思想感情。非语言动作不是伴随着语言而产生的，相反，非语言动作是语言信息中不可或缺的组成部分。因此，非语言沟通可以强化语言沟通的作用。

5.1.3 非语言沟通可以体现真相

大多数时候，人们可以控制自己的语言，该说什么以及该怎么说都可以仔细思考再说出口。然而，非语言的动作、行为等很多时候是下意识的，因此，它们所传递的信息往往是在人们不知不觉中就体现出来的，更能凸显沟通主体内心的真实情感。爱德华·霍尔在《无声的语言》中提到，很多时候，非语言行为所体现的意义要比语言更多且更深刻，语言往往会把大部分意思隐藏起来，非语言则很难有意识地去控制。因此，相较于语言，非语言更能体现人们的真实想法。在商务谈判或者沟通的时候，通过关注对方的非语言行为，获得的收获可能会更大。

5.2 非语言沟通的类型

受文化背景以及社会经济背景的影响,不同的文化对于非语言交流的规则、范式和动作背后的含义都有截然不同的理解。例如,在对话的时候,应当保持多远的距离较为礼貌?该不该和对方进行目光接触?本节将解读跨文化沟通中的非语言沟通。非语言沟通主要包括体态语、副语言、客体语言和环境语言四个方面。

5.2.1 体态语

体态语包括基本的姿势姿态、礼节动作(如握手、拥抱、亲吻、微笑等)以及人体各部分动作(如头部动作、面部表情、眼神、手部动作、腿部动作等)所提供的交流信息。常见的非语言沟通形式如表5-1所示。

表 5-1 非语言沟通的常见形式

编号	常 见 形 式
1	手势,刻意的或是自我指导的(自我中心主义),如紧张时搓手
2	面部表情,如微笑、皱眉或打哈欠
3	姿势和立场
4	服饰和发型(头发更像是衣服而非皮肤,更易受时尚潮流影响)
5	人际距离(亲近性)
6	眼神接触及所看的方向,尤指发生倾听行为时
7	特定物品和非语言符号,如别针、徽章、手杖和珠宝
8	辅助语言(表现为语言却往往被看作非语言行为的部分,如语速、音高、音调变化和音量)
9	味道,包括食物具有的特征意味,饮茶或喝咖啡被附加的沟通功能,以及靠吸烟、嚼口香糖等"过嘴瘾"
10	化妆。如补妆、擦粉、烫发、纹身
11	对时间的把握。致电或拜访一位朋友是否过于早或迟;发表演讲、用于吃饭的时间是不是过长或过短
12	言语行为中的时间控制与停顿

资料来源:John C. Condon and Fathi S, Yousef, *An Introduction to Intercultural Communication*, 1st Edition. Boston:Allyn and Bacon,1976.

从姿势姿态上讲,同样的动作在不同的国家的含义可能并不相同,甚至是截然相反。例如,用拇指和食指圈成一个圈,中指、无名指和小拇指伸直,在中国和美国,都是"OK"的意思,在日本代表"钱(或钞票)",而在巴西,同样的动作则有侮辱的意思。再以打车为例,在中国,打车的时候我们习惯于身体前倾,右手伸出去,手心向着车头的方向挥挥手;美国人打车的时候,则会在路旁右手握拳竖起大拇指来向司机示意;然而,对澳大利亚人来讲,这种手势则带有侮辱性质——在当地被看成是淫荡的表示①。因此,了解体态语的不同,对于跨文化沟通而言至关重要。

以正式沟通为例,在和他人沟通的时候,是应当正襟危坐还是可以随意一些?有些国家的人们在相互交流时,哪怕是正式的场合也显得较为随意。例如,美国人在开会的时候或者谈判的时候,可能会把脚竖起来放在桌子上或者椅子上,然而,这种行为在中东地区则是带有侮辱性的,无法被当地人接受,甚至会引起当地人的反抗。罗杰·艾克斯泰尔的书中曾经描述过这样一个场景②:

> 在英语系二年级的诗歌讨论中,一位英国教授主持了讨论,他开始解释这首诗的细微之处,并因此忘形。他背靠在椅子上,把脚放到桌子上继续解释。学生一片暴怒。在那天放学前,爆发了一场由大学的全体学生社团组织的游行。各级领导都收到了学生的申诉。第二天,这甚至上了报纸的头条。无心的行为导致的后果,在外来者看来可能是荒唐的、可笑的、困惑的、不可理解的甚至是难以置信的。然而对当地人而言,学生的行为是合情合理的。这些学生和他们的支持者之所以愤怒,是因为该行为方式在本国所暗含的意思。在中东地区,一个人把两只鞋子放在桌子上被认为极具污辱性。

类似的故事在国际商务活动中不断发生。在一名美国出口商和沙特官员会面的过程中,进入沙特官员的办公室后,这名美国商人坐在椅子上,跷起二郎腿,鞋底对着沙特官员。随后,用左手将文件递给了沙特官员。商谈进行中,当沙特官员为他提供咖啡时,他拒绝了这名官员的咖啡。基于上一个案例,读者已经了解到鞋底对着沙特官员的这种行为在沙特已经是一种侮辱了。除此之外,在伊斯兰文化中,左手是不干净的,因此,用左手递文件的行为也让对方非常不开心。最后,拒绝对方的咖啡在沙特人看来是拒绝了自己的友好和热情。种种行为让沙特官员极为愤怒,自然,价值千万美元的生意就流产了③。

除了基本的姿势姿态之外,很多国家在礼节动作上的差异也较大。以见面为例,泰国人是双手合十,弯腰的同时说一声"萨瓦迪卡",以示对对方的尊重。在法国,由于人们比较热情,一般见面后会相互亲吻面颊及手背以示友好,或者握手,或者是法式拥抱以向对方表达自己的善意④。这种拥抱并不会受性别的限制,不论是同性或是异性,拥抱礼都可以使用,这也是法国等欧洲国家常见的社交礼仪。然而在中国,一般只有同性或者特别亲

---

① 李元胜,跨文化非语言交际语用失误研究.华中科技大学学报(社会科学版),2004(02):112-116.
② Roger E. Axtell, ed., *Do's and Taboos Around the World*[M]. New York: Wiley, 1990.
③ Schermerborn. Jr. John R. *Management for Productivity*[M]. New York: John Wiley and Sons, 1993.
④ https://baijiahao.baidu.com/s? id=16369362753059612608&wfr=spider&for=pc.

密的朋友才可以使用拥抱礼。在中国,熟悉的人们在见面或者离别的时候打招呼经常挥动右手,同样的动作在一些西方文化中只是含有告别的意思,并不是打招呼的方式。日本人见面的时候习惯于鞠躬。美国人和加拿大人则是习惯于握手。而在非洲的马赛部落,见面礼仪竟然是朝向对方吐口水,这是表达他们对对方欢迎一种方式①。同样是握手,拉美人在握手的时候触摸往往比较柔软,北美人则会强劲有力,以显示自己的自信。设想一下,不了解对方文化、第一次见面的拉美人和北美人握手后,拉美人可能会想:"这个人握手怎么这么重,攻击性太强了。"北美人则可能在心里暗暗地想:"这个人握手一点劲都没有,太软弱了吧!"

不同国家在目光接触上也有不同的文化规范。对很多英语母语的国家来讲,说话时直视对方的眼睛代表自己在认真地听对方讲话,是对对方尊重的体现。缺乏目光交流可能会被对方认为是缺乏沟通的诚意,或者是不够尊重。然而,在拉丁美洲和很多亚洲国家,目光低垂才是尊敬对方的表现。在印第安人的文化中,直视目光是不尊重他人的行为。以一个英国人和韩国人之间的沟通场景为例,在对话的时候,韩国人偶尔看英国人一眼,然后低下头听英国人讲话,英国人可能认为韩国人对他们不够重视,交流的时候缺乏诚意,没有什么互动。而对韩国人来讲,他们说话的时候,英国人一直盯着他们看,他们也不舒服,感到很不自在②。

列昂内尔·布鲁格(Leonel Brug)是一家跨国公司的职员。他是在拉美的加勒比地区的库拉索(Curacao)的奶奶家和南美的苏里南(Surinam)的姥姥家被带大的。小的时候,在库拉索,他总是避免和别人有目光接触,因为这样,他的奶奶曾经打了他一个耳光,说:"看着我的脸。"原来在当地,在和老年人沟通的时候,为了表示对对方的尊敬,一定要有目光接触。列昂内尔很快就学会了。后来他到了苏里南,为了表示对姥姥的尊敬,他一直盯着姥姥的脸。结果,他又挨了姥姥的耳光。原来,在苏里南,有礼貌的孩子从来不与他人进行目光接触③。

5.2.2 副语言

副语言(paralanguage)这一术语最初是由特雷格(Trager)在1958年提出的。通过对文化和沟通过程中相关语言学等研究素材的整理归纳,特雷格提出了一些伴随正常语言沟通而产生的、可适用于不同语言情景的语音修饰成分,并将其命名为副语言。所谓副语言,是指那些伴随语言并能为其添加意思的声音系统。因此,副语言具有声音的特性,如音色、音调、音高、音量、音频以及重音等。基于阿尔伯特·梅哈拉比安(Albert Mehrabian)的统计,在沟通过程中,社会意义的38%是由伴随言语的副语言行为(如音量、音高、笑声、

---

① https://www.sohu.com/a/431959863_120854673.
② 刘艳.国际商务谈判中的非语言交际[J].新经济,2016(20):113.
③ [荷]丰斯·特龙彭纳斯,[英]查理斯·汉普登-特纳.在文化的波涛中冲浪:理解工商管理中的文化多样性(第二版)[M].关世杰,主译.北京:华夏出版社,2003.

感叹声等有声讯号)传递的①。

在进行沟通的时候,说话的人在一句话的末尾是用升调还是用降调?是不断地变换语速还是始终保持平稳的语速?是不断改变声音的大小还是始终保持中等的声音?语音修饰特征在不同文化间有很大不同。图5-2介绍了三种不同文化群体在讲话时语调上的差异。

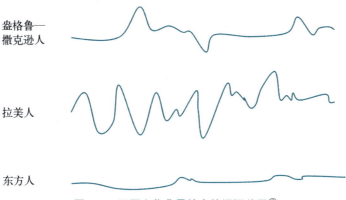

图 5-2　不同文化背景的人的语调差异②

可以看出,盎格鲁—撒克逊人在讲话的时候伴有一定的声音起伏,说话抑扬顿挫,跌宕有致,以体现聊天的重点。拉美人在讲话时声音的起伏非常频繁,语调和频率都很高,情绪激昂,保持亢奋状态,反映出他们略显"夸张"的沟通方式。东方人在讲话时语调平缓,很少有起伏,即使有,起伏也不大。这种语调的差异也体现出不同文化的差异性。以对比明显的拉美人和东方人为例,拉美文化较为注重个人的情感,丰富的情感、充沛的对话体现出人对于生活的热爱,因此在讲话的时候经常会眉飞色舞,语调也很夸张。东方人则更强调"喜怒不形于色",讲究沉稳含蓄,"不以物喜,不以己悲",讲话时声音语调平缓是这个人成熟稳重的体现,而夸张和起伏的语调往往会招来"这个人怎么这么不稳重"的印象。例如,非日本人听日本男性说话时,感觉他们好像是在一串串地"吐"单词,一串单词说完后稍作停顿,接着又吐出另一串。

从升调降调上来说,在美国,说话者提问用升调,代表一个无声的问号。如果升调之后伴随着停顿,则可理解为说话者在等待对方的回答。如果说话者提问的时候没有用升调,那他可能不是在等待对方回答,只是修辞性地反问,并且已经准备好继续讲下一点。说话者表达完一个意思以后一般会用降调,表示他已经说完了,现在该轮到别人了。同时,在美式英语中,如果以高声调来结束一个句子,暗示说话者的自我怀疑或不确定。相反,法语句子的句尾音一般比英语和德语要高。因此,即使讲法语的人对一件事很确定,

---

① 曹合建.副语言与话语意义[J].外国语(上海外国语大学学报),1997(05):18-21.
② [荷]丰斯·特龙彭纳斯,[英]查理斯·汉普登-特纳.在文化的波涛中冲浪:理解工商管理中的文化多样性(第二版)[M].关世杰,主译.北京:华夏出版社,2003.

由于其句尾音要比英语和德语高,来自德国或美国文化背景的听众仍会认为他可能对这件事并不确定①。

5.2.3 客体语言

客体语言是指物质上有意无意的展示,尤其是人工用品,包括对皮肤的修饰、对身体气味的掩饰、着装、家具、车辆等。这些物质在一定程度上传递出非语言信息,展示使用者或者所有者的文化特征。以服饰为例,日本的和服、韩国的韩服、沙特阿拉伯的长袍,无一不能凸显其当地的文化特色。在很多权力距离较高的国家和地区,客体语言在一定程度上反映了物品使用者的社会地位。这就会给跨文化沟通带来一定的障碍。

英国老板朱莉抵达泰国之后,请财务经理帮忙买一辆车。泰国财务经理问她想要哪一款奔驰车,朱莉摇摇头说,一辆铃木就够了。几周后,朱莉问财务经理车买得怎么样了,这个泰国人停了一会儿后,不得不说:"如果你要买奔驰车,明天就能到,但是铃木车要等很长很长时间。"朱莉让他想办法催一催。又过了一个月,朱莉再次询问进度,后勤部门答复说,因为买铃木要花太长时间了,所以他们已经决定买一辆奔驰。朱莉忍无可忍,要求下属必须对这件事作出解释。泰国的管理人员有些不好意思地说,他们这样做,只是不想以后骑自行车上班。原来,对泰国人来说,车的价格对应的是人的身份。如果身为总经理的朱莉开铃木,他们就不能开比铃木更好的车,也就只能骑自行车上班了。

5.2.4 环境语言

环境语言包括空间距离(如是否拥挤、领地观念、近体距离、座位安排、空间取向等)、时间信息、建筑设计以及灯光和颜色标识等室内装饰。其中,空间距离对于理解跨文化沟通至关重要,我们将在第二节中重点阐述。

从时间信息来看,不同国家和地区的人对一周从哪天开始的理解也不尽相同。中国人习惯于将星期日看成一周的最后一天,而西方人一般以星期日为一周的第一天。因此,中国人在星期三说"上星期一"和"下星期六"时,分别指的是上周的星期一和下周的星期六,而英美人则会理解为本周的星期一和星期六。另外,对时间的态度也会因文化不同而大相径庭。中国人受到邀请到别人家里做客,往往会提前半小时左右到场,女客人还会帮女主人做一些力所能及的事。然而,美国人往往比约定的时间迟到几分钟,怕主人因为没准备好而感到尴尬②。

此外,建筑设计在很大程度上可以反映不同文化的差异。为什么在北京会有四合

---

① [美]艾丽斯·I.瓦尔纳,[美]琳达·比默.跨文化商务沟通(第五版)[M].孙劲悦,译.大连:东北财经大学出版社,2016.
② 李元胜.跨文化非语言交际语用失误研究.华中科技大学学报(社会科学版),2004(02):112-116.

院这样的建筑？美国的建筑则更多是独门独户？这可能就和中美不同的文化相关。众所周知，中国是典型的集体主义文化，美国则是典型的个体主义文化。集体主义文化一个典型的特征是区分内外群体，内群体是指与个体有着密切关系的群体，如家人、亲戚、朋友、老乡等；外群体则是与自己毫无关系的人的总和。集体主义文化中的个体，往往会对内群体的人特别亲密、慷慨大方、互相帮助等，有时候甚至是愿意牺牲自己的利益而成全他人；与之相比，对外群体的人则有一定的戒备感。四合院这一建筑类型完美地契合了集体主义内外群体区分的价值观：四合院内是彼此熟悉的邻居，大家抬头不见低头见，互帮互助，互敬互爱；四合院之外则是陌生人。美国的个体主义文化则更加注重自己的隐私性，因此，独门独栋的建筑更好地保证了主人的隐私性，更受到当地人们的青睐。

5.3　跨文化沟通中的空间距离

空间关系学（Proxemics）的研究主题就是人与人之间使用物理空间传递信息的方式。理查德·霍奇茨（Richard M. Hodgetts）以及唐纳德·库拉特科（Donald F. Kuratko）将美国人面对面的沟通距离分为四种：亲密距离、个人距离、社交距离以及公众距离（见图 5-3）。其中，亲密距离用于很亲密的沟通，距离大概在 0.46 米；个人距离用于家人和朋友之间的交谈，距离大概在 0.46 米到 1.2 米；社交距离主要是用来处理大多数商务事务，距离大概在 1.2 米到 2.4 米；公众距离则是在房间里大声呼喊或者对着一群人讲话时使用的距离，大概在 2.4 米到 3 米。

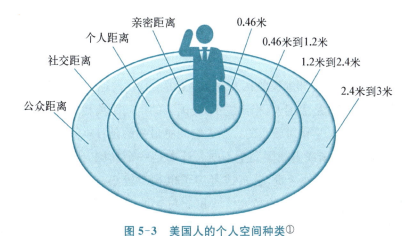

图 5-3　美国人的个人空间种类[①]

---

① ［美］弗雷德·卢森斯，［美］乔纳森·P. 多. 国际企业管理：文化、战略与行为（原书第八版）[M]. 周路路，赵曙明，等译. 北京：机械工业出版社，2015：191.

在人们对话的时候，虽然很少有人能说出来多远的距离让自己感到舒适自在，但大多数时候，人们都是按照自己的舒适距离站立或者坐立的，这个距离我们称之为私人空间距离。在很多文化中，人们认为私人空间是神圣不可侵犯的，如果有人侵入了这个私人空间，这个人可能会感受到侵扰。不同文化之间的私人空间距离差异可能给跨文化沟通带来一定的障碍（如图5-4所示）。对阿拉伯人以及非洲人来说，喜欢谈话的时候距离特别近，以显示彼此的亲密以及对对方的友好。对日本人来讲，则倾向于站得较远才感到舒适。相比之下，欧美人的空间距离居于两者之间。设想一下，如果一个阿拉伯人和一个日本人谈生意，为了表示自己的热情和亲切，阿拉伯人靠得离日本人很近，而这种近距离给日本人很强的压迫感和不舒适感，于是，日本人往后退了一大步。阿拉伯人可能觉得站得"太远"无法讲话，于是，继续往前迈一步，相应地，日本人再往后退一步。如果不了解对方的空间距离，两个人可能都会对对方不满意。阿拉伯人可能会想："为什么你要一直往后退呢？怎么这么冷漠？太不友善了吧！"同样地，日本人可能也在心里暗暗地给对方贴上了"没礼貌"的标签。

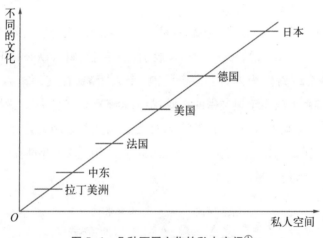

图 5-4　几种不同文化的私人空间①

如图5-4所示，拉丁美洲国家的私人空间是最弱的，在沟通的时候距离较近，其次是中东地区国家的人，再就是法国人，相比之下，美国人的空间距离相对较大，然而和德国相比，美国人的空间距离又是相对较小的。私人空间感最强的是日本人。值得一提的是，日本对于隐私的定义和美国或者德国完全不同。日本是一个岛国，土地资源稀缺，人口密度较大，因此，空间显得格外珍贵，公寓或者房子也相对较小。在这种拥挤的物质环境中，日本人仍然能够创造出自己的私人领域和个人空间，怎么做到的呢？日本人的这种私人领地更像是一种产生于大脑中的意象，而非一种实体存在。因此，美国人或者德国人把隐私等同于实际的空间距离，对日本人而言，隐私更多同个体的精神空间联系在一

---

① ［美］艾丽斯·I.瓦尔纳，［美］琳达·比默.跨文化商务沟通（第五版）[M].孙劲悦，译.大连：东北财经大学出版社，2016：172.

起。这就解释了为什么日本人这么重视私人空间,但在办公室格局上,仍然是采用公开的办公室布置方式。从另一方面来讲,日本有较强的集体主义文化,他们对于团队的重视要远远高于对个人隐私的顾忌,因此,在日本,人们很少有私人办公室,更多的是公开的办公室。管理者通常也没有很大的办公室。即使有,也设计成有透明的窗户,能够直接看到外面的员工,且管理者会花费大量的时间和精力与办公室外面的员工待在一起。如果管理者更多的时间是待在自己的办公室里,会被看成对群体的不信任,或者是怀有敌意的表现①。

之前有一个小故事,讲一家日本企业在装修好其美国分公司之后,员工却对办公室布置提出抗议,并拒绝进去办公。原来,日本人设计的办公室延续了其在日本的传统,是开放的公共空间,这让有着较强隐私性的美国人难以接受,认为自己的一举一动都在别人的目光之下,无法安心工作。最后,日本设计师重新对办公室进行设计,为每位员工的办公桌加上不透明的隔板,隔离成一个个小小的空间,美国人才重新进去办公。

如同在文化隐喻一节中所提到的,德国人的办公室有较强的隐私性,门通常是关着的,如果要进入他人的办公室,需要事先敲门,并等他人同意之后再进入。美国对隐私的看重没有德国强,但也相当注意办公室隐私。在美国,办公室的大小和位置甚至反映了这个人的成就、权力以及在组织中的职位。通常,权力越大,办公室也越大,且还会配备秘书审查来往人员,将那些管理者不想见的人拒之门外。而在阿拉伯地区,因为人们习惯与熟人做生意,经常将私人的住家房屋当作工作空间来使用。阿拉伯人的房屋进门的地方有个大厅,是用来进行社交聚会或者建立商业联系的。门厅是开放的"房间沙龙",亲朋好友以及商业伙伴等可能每周都要在此聚会,或者闲谈聊天,或者进行商务活动。

人们对于私人空间的看重在一定程度上也影响了人与人之间的身体接触。不同的文化对沟通时的身体接触有着不同的规则。例如,美国人有时会在谈话时触摸对方的手、手臂或肩膀。但在一些文化中,这种行为可能并不合适,尤其当你在中东使用左手触摸他人的时候,会被视为对他人的侮辱。再如,和印度尼西亚人交流的时候,不可以拍印度尼西亚人的头,也不能触摸异性的印度尼西亚人。

本书编者之一马博士曾经有过一次经历:第一次到波士顿下飞机的时候,不小心碰到前面的一位美国男士,他马上回过头来非常严厉地对我说:"请靠后一些。"虽然我非常诚恳地道歉了,但仍然感觉心里不舒服,心想我不过是不小心碰了你一下,怎么脾气这么大啊。当天下午,到了我的老师家里,和老师讨论起这件事情,她们两个马上说:"哦,不,文杰,在美国千万不要碰到别人,美国人很介意陌生人碰到自己。"

---

① [美]弗雷德·卢森斯,[美]乔纳森·P.多.国际企业管理:文化、战略与行为(第八版)[M].周路路,赵曙明,等译.北京:机械工业出版社,2015.

因为她在中国也生活了半年,就继续对比中国的生活,说:"这一点和中国人很不一样。我们之前在中国生活的时候,有一次孩子们想要体验一下地铁,上海的地铁要比波士顿的更现代化一些。我们按照以往的生活规律,7点钟出门,大概7点半到地铁2号线里面,发现要乘坐地铁的人太多了。这些人之间几乎没有任何距离可言,前胸贴后背,车门打开的时候更是拥挤。我们四个人在那里站了半小时,愣是没敢上前。"我笑了,跟她说:"是的,在上海,尤其是早高峰和晚高峰的时候,人特别多,有时候甚至不是你主动想上去,人流涌动就把你自动地推到地铁上面了。"故事讲到这儿,我也理解了为什么飞机上那名美国男士要非常严厉地告诉我退后一点了。对我们而言,其实没有特别强的空间隐私感。想起之前看到的一个笑话,说挤不上地铁虽然已经很惨了,但更惨的是明明都挤下去了又活活被挤上来了……我已经习以为常的空间距离在他的眼里并不正常,甚至是一种冒犯。这就是不同的文化对空间距离的影响。

案例

芬兰人自带"抗疫文化基因"[①]

近日,欧盟委员会官方民调机构"欧洲晴雨表"调查显示,芬兰人对新冠肺炎疫情期间采取的禁闭式生活相当适应,生活满意度居欧洲之首。73%接受调查的芬兰人认为非常或相当容易适应疫情下的社交限制,23%的人认为这些限制甚至改善了生活质量,只有5%的被访者感到难以或很难适应限制,而在喜欢社交的葡萄牙,这一数据高达62%。这不得不让人感慨,以"社恐"著称的芬兰人简直自带抗疫文化基因。

1. 保持社交距离并非难事

芬兰人低调内敛,喜欢安静,甚至有点"社恐"的性格被绘本《芬兰人的噩梦》表现得淋漓尽致。主人公马蒂害羞又善良有礼,重视私人空间,常常在一个个小困境中遭遇尴尬。公交车上不想和陌生人并肩而坐;想免费试吃,却不想跟促销员说话;电梯里只有一个陌生人时,浑身不自在……这些日常片段对芬兰人来说简直是噩梦,而他们的白日梦则是一辆空无一人的巴士,一部只有自己的电梯,一种无须打扰别人也不会被别人打扰的生活。绘本对芬兰人社交心态直白而又诙谐的描绘引起许多中国读者的共鸣,他们甚至创造出一个新词——精芬,也就是"精神上的芬兰人",用来自称。

---

① 节选自:宋燕波,芬兰人自带"抗疫基因"[N],环球时报,2020-11-26.

如此"社恐"的芬兰人，在疫情中保持社交距离并非难事，他们相互间本来就保持着相当远的距离，排队时离前面的人至少一米，在室外等公交车时甚至相距两三米。和别人说话时，也自然而然地保持距离，少有身体接触。记者曾在街头目睹一个有趣的场景：一位游客向芬兰人问路，游客站得太近，芬兰人后退两步，游客急切说话间往前迈了一步，芬兰人马上后退一大步，把自己贴在了墙上，满脸尴尬。

对社交距离的需求，可以追溯到最初的定居者。芬兰地处北欧，森林广袤，湖泊众多，人口密度小。最初的房屋都是单家独户修建在临水的山上，四周都是自家的土地，每户之间距离很远。据说，早年的定居者如果看到屋旁河流有刨花漂过会很生气，因为这说明有人破坏了规矩，把房子建得太近了。记者的一位朋友说，他爷爷以前选了一片林子想买下来建房子，但往高处一站，刚好看见远处邻居家冒出的炊烟，爷爷当即就认为这不是一个宜居的地方，因为离别人家太近了！

2. 尊重个人空间是基本社交准则

有人说，芬兰人是天生的孤独者。他们喜欢独处，善于独处；不爱寒暄，扎堆闲聊和没事串门更是少见。对芬兰人来说，疫情下的社交限制不过是日常，是黑暗漫长的冬夜里宅家的另一种形式。春季疫情蔓延以来，约60%的在职人员在家办公，芬兰成为欧洲远程办公率最高的国家。当地调查显示，大部分人认为远程办公压力更小，干扰更少，更容易平衡工作与生活。当然，时间长了，很多人也开始希望和同事喝杯咖啡，面对面交流。

尊重个人空间，不随意打扰别人，这是芬兰人的基本社交准则。一个英国游记作家曾经和一名芬兰向导在拉普兰远足，他对芬兰人的不愿扰人感触颇深。他写道："我们整整走了两天都没遇到一个人，这时我看到有个人远远走来，很期待能和他攀谈几句，说说拉普兰绚烂的秋色。那个人越走越近，几乎头都没点一下就经过我们继续向前。我问向导为什么不停下来聊会儿，向导说，那个人可能就是为了到这荒野中享受安静和独处，我们没有权利去打扰他。"

思考题

1. 非语言沟通有哪些特点？
2. 非语言沟通对跨文化沟通有哪些影响？
3. 空间距离对跨文化沟通有什么影响？
4. 本章内容对你将来和其他国家的人进行非语言沟通带来了哪些启示？

章末案例

一次升职面谈带来的意外[①]

贝克是西印度群岛某国加勒比钒土公司的总工程师。他现在正准备离岛去担任离威尼配格公司不远的K矿业公司的生产经理。威尼配格公司是大陆矿业中一家迅速扩张的加拿大公司。这个消息是在一个月以前公布的，现在对于贝克来说，万事俱备，只欠和他的继任者——年轻有为的巴拉加尼亚小伙子麦特·雷诺斯进行最后一次面谈了。成功的面谈是至关重要的，只有这样雷诺斯才能意气风发、斗志昂扬地放下旧工作，面对新工作的种种挑战。只要一按门铃，雷诺斯就会走进门来，但贝克若有所思地望着窗外，心里在想该说些什么，更确切些，该怎么说才能让对方明白自己的真实意图。

贝克是英国人。他虽然才45岁，但是，在世界各地（如远东地区、非洲、欧洲和西印度群岛）为大陆矿业效劳了23年。贝克对他的前一份在汉堡的工作不太热衷，但是对西印度群岛的工作却是喜出望外，而当地的气候并不是唯一吸引人的地方。贝克曾经对海外工作情有独钟（在那些被他称为发展中国家的地方），因为他自认为在与当地员工打交道方面天赋异禀，至少比大多数远离故土为大陆矿业效劳的人要强。但是，在巴拉加尼亚才待了24个小时，贝克就意识到他要利用所有的天赋来面对需要解决的问题。以前，他用天赋解决这些问题的时候是屡试不爽、效率颇高的。

贝克与生产经理哈金斯第一次面谈的全部话题就是雷诺斯和他的前程。此时此地，贝克清楚地认识到他最重要的任务之一就是让雷诺斯跟随他，成为他的继任者。哈金斯一直认为，雷诺斯是加勒比钒土公司最有前途的员工之一。雷诺斯在伦敦大学获得了甲等理学和工程学位。但是，作为财政和经济规划部部长的儿子，他的政治抱负也不小。

当得知雷诺斯决定为公司效力，而不是在他父亲任显赫要职的政府机关工作的消息时，公司喜出望外。公司自第二次世界大战以来就推行了一系列强有力的本土化计划，这个计划造就了18名巴拉加尼亚中层管理者。这个计划使加勒比钒土公司在其他跨国公司中处于领先地位，也被认为是促成雷诺斯作出上述决定的重要原因。这个本土化计划的成功实施营造了公司和政府的和谐关系。这种和谐关系在三年以后巴拉加尼亚独立时显得尤为重要。所以，哈金斯没花多大力气就说服贝克相信雷诺斯成功的职业发展对公司的重要性。

与哈金斯的面谈已经过去两年了，贝克坐在办公椅上，回想着自己到底是怎样

[①] 陈晓萍.跨文化管理（第三版）[M].北京：清华大学出版社，2016.

成功地培养了雷诺斯？雷诺斯身上有哪些优点促使他成功？有哪些缺点阻碍了他的发展？他的个性是怎么样的？首当其冲、毫无疑问的是雷诺斯对技术工作熟门熟路。一开始，雷诺斯就表现出对技术的敏锐感和热情度。他处理新任务的能力和他在部门讨论中所提的建设性意见都给贝克留下了深刻的印象。雷诺斯深受各个阶层的巴拉加尼亚员工的欢迎。他处理和外籍经理的关系也是游刃有余。他的缺点有哪些呢？

首先是雷诺斯的种族敏感。他在伦敦大学的4年强化了他的种族观念，对外籍人员的行为举止都非常敏感。这样的情感表现为他刚从伦敦回来就代表联合劳工党投身政界。该党派在独立前的选举中获得胜利，其党员出任了第一任总理。雷诺斯的志向不在政治。尽管他是个忠诚的民族主义者，但他还是觉得应该以更好的方式实现自我、奉献社会（钒土占巴拉加尼亚出口额达五成以上）。最好的方式就是把他的工程天赋充分发挥出来。正因为如此，哈金斯发现劝说雷诺斯放弃政治追求而去生产部门当助理工程师其实是相当简单的一件事情。

贝克深知这一点，雷诺斯的种族观影响了他们之间的关系。从表面上看一切都很和谐，他们之间保持了最基本的礼节，他们总是有可以共同分享的笑话和幽默感，他们互相拜访，一起打网球……但他感到他们之间总是有一层障碍，虽然看不见、摸不着，但真真切切地存在着。这层障碍给贝克带来了持续的挫败感。与其他国籍的人打交道都是顺风顺水的，为什么与雷诺斯打交道就不行了呢？但是至少贝克不像其他国籍的人那样选择顺其自然，他还是想方设法地在雷诺斯身上寻找"突破口"。巴拉加尼亚人对其他国籍的人有点傲慢，有点玩世不恭，这个问题贝克去年在雷诺斯的员工报告中就曾指出并和雷诺斯商谈过。贝克知道，在接下来的面谈中，他必须和雷诺斯触及这个问题，因为高级制图员杰克逊昨天就向他抱怨过雷诺斯的粗鲁无礼。有了这种想法，贝克对着对讲机说："麦特，进来一下好吗？我有话跟你说。""坐啊！"贝克拿出烟盒，递上香烟说，"抽一支吧。"贝克拿出打火机，停了停又继续说："麦特，我几天后就要去加拿大了。走之前，我想和你谈一谈。你马上就会坐到我现在坐的位置上。但是，从另一方面讲，我长你10岁，所以可以给你提供一些经验。"

贝克说这些话的时候注意到雷诺斯的表情有点僵硬，于是他接着说："你我都学过很多公司课程，都清楚当一名人事主管的要求，要经常听取员工报告，看看有什么事情要处理，而不是把员工报告当作一年一次的惯例。"

雷诺斯对他的话表示赞同。贝克接着说："我永远也忘不了在德国时，我和上任老板间关于工作业绩的谈话。他用了所谓的'正负技法'。他坚定地认为，如果一个主管通过讨论的方式来促进其员工的业绩表现的话，他的首要目标就是让员工感到谈话和讨论是能鼓舞和激励人的。因此,所有的批评都应该是有所裨益的,有建设性的。他说鼓励人的最好方法是讲优点,讲事实,也讲缺点,再加事实。我对此非常赞成,所以,我也会用同样的方法来与你讨论。"

雷诺斯沉默不语,贝克接着说:"就你的工作业绩来看,你的优点远远超过你的缺点。你把理论应用于实践的能力相当不错,我对这点的印象很深。你用独创的方法把空气送到五层天井,你在部门会议上的发言也总是见解独到。其实,我上个星期就跟哈金斯先生说过了,从技术方面来看,要挑选一名总工程师,没人比你更能胜任了。"

雷诺斯笑着说了谢谢,插话道:"您把我说得太好了,我唯一的担心就是怎样达到这么高的期许呢?"

"我认定你行,"贝克接着说,"如果你能克服我接下来要谈的关于你的几个缺点的话。这个问题我以前跟你谈过,那就开门见山了。我感觉你对巴拉加尼亚同胞要比对欧洲来的同事友好得多。说实话吧,昨天我听到杰克逊先生的抱怨,说你对他不恭。这可不是第一次了。"

"麦特,我肯定没有必要来提醒你和外籍管理员处理好关系的重要性。因为在巴拉加尼亚人经过公司完整培训之前,欧洲人肯定会在高级管理层占一席之地,这对你的前途至关重要。你看我能帮你做些什么吗?"

贝克在这个话题上滔滔不绝时,雷诺斯有些坐立不安,过了几秒钟他回答道:"这太奇怪了,不是吗?一个人对另一个人的印象怎么可能随着他的意图而如此变化多端?我再一次向你保证,我与杰克逊和歌德逊之间的口角和他们的肤色是毫无关系的。如果有一位巴拉加尼亚人行为霸道,我保证也会一视同仁。在这间屋子里,我可以说我不是唯一发现杰克逊和歌德逊难相处的人。我可以说出很多和我有相同感觉的外国人的名字。无论如何,我给你留下了和欧洲人相处不好的印象,对此我表示遗憾。这是你对我的误解,我会尽快、尽量改过来的。您最后说的,欧洲人会在以后的一段时间内占据高层领导的位置,我欣然接受这样的状况。我知道加勒比钒土公司会提拔一些巴拉加尼亚当地人,只要他们有足够的经验,几年以来就是这样操作的。最后,我还要向您保证,我的父亲也是这样想的,我要开开心心地工作,在今后很多年内都留在公司。"

雷诺斯说得如此诚恳,贝克觉得难以相信他所听到的一切。贝克觉得在这个话题上已经无法深谈下去,就说:"麦特,我对你的印象有可能是错了,但我还是想跟你说句老话:'重要的不是事实,而是人们的感觉。'我们就此打住吧。"

但是贝克突然觉得他并不想"就此打住"。没能在雷诺斯身上实现突破,又再次听到他直白地否认其种族倾向,对此贝克深感失望。贝克想开始另一个话题。"我刚才跟你说过'正负技法',现在再回到这个问题上来。我忘记说你的一个优点。我恭喜你不仅保质、保量地完成工作,而且表现出很强的克服困难的能力,我这个欧洲人都从来没有遇到过这样的困难。"

"你知道,大陆矿业是公认的大企业,是美国和西欧经济社会环境的产物。我的祖先在过去的两三百年间就是在这样的环境中成长起来的,所以我才能生存在一个商业社会中。"贝克接着说:"对你而言情况就大不相同了,因为你和你的祖先对这种商业环境只有五六十年的经验。你需要面临填补五十年到两三百年的代沟的挑战,而你却能超越如此特殊的障碍。这就是我认为巴拉加尼亚特别是加勒比钒土公司一定会前程似锦的原因。"

贝克说话的时候,雷诺斯一直侧耳倾听。然后他说:"哦,我要再次谢谢您,谢谢您刚才说的。在我看来,这是对我付出的努力最好的表扬。我希望越来越多的人会像您这样想。"

一阵沉默之后,贝克突然觉得自己期待已久的"突破"终于要实现了,但是雷诺斯只是笑了笑。他们还是没有冲破横亘在中间的藩篱。在贝克结束谈话前5分钟,他们聊了聊西印度群岛和加勒比天气的强烈反差,谈了谈西印度是不是有可能在球赛中打败英国。虽然贝克和雷诺斯之间还有一层相当厚的隔膜,但贝克还是对这次友好的谈话颇感满意,谈话在欢快的气氛中结束了。

然而,这种感觉持续到第二天早上就夭折了。贝克比往常晚了很长时间来到办公室。他刚一落座,秘书就紧皱着眉头走了进来。她迫不及待地告诉贝克:"今天早上我来的时候就发现雷诺斯在门口,看上去好像很生气的样子,执意说有封很重要的信要寄出,不容任何拖延。他一副心烦意乱的样子,静不下来,房间里也乱糟糟的,一点也不像他的作风。他甚至等不及读一遍,就在他认为是信结尾的地方签上了自己的名字。信已经寄出去了,给你的那封就在你的桌上。"

案例讨论题
1. 贝克和雷诺斯之间的隔膜究竟是什么?为什么会有这层隔膜?
2. 贝克与雷诺斯的这次谈话是否有效?贝克犯了什么样的错误?
3. 贝克收到的那封信的内容可能是什么?
4. 如果是辞职信,直接影响该决定的主导因素是什么?
5. 如果你是贝克,你会怎样处理?

第6章 跨文化冲突

教学目的和要求

1. 掌握跨文化冲突的类型及产生的原因；
2. 了解跨文化冲突对跨国公司经营的影响；
3. 掌握文化智商的主要内容；
4. 了解双重文化认同(BII)的概念；
5. 掌握如何管理跨文化冲突。

开篇案例

牙买加人和印度人的跨文化冲突[①]

ABCO 公司是一家综合保险公司，这家公司隶属于一家牙买加的大型企业集团贾吉斯集团。牙买加位于加勒比海的高风险灾难地区，但牙买加普通保险公司的资本基础不足以提供高风险保险，如地震和飓风造成的损失。因此，牙买加的普通保险公司依赖全球再保险公司，承保其中的一些高风险。1988 年，吉尔伯特飓风席卷牙买加，使牙买加的商业活动瘫痪了几个月。在 ABCO 公司，飓风摧毁了公司的计算机系统，很多保险档案都丢失了，很多人对系统上可能不存在的一些保险提出了索赔。在飓风和其他世界灾难之后，再保险不仅成为要解决的重要问题，而且再保险公司开始要求 ABCO 等公司提供更高质量的计算机存储硬件和软件。

为了应对这一危机，贾吉斯集团董事长进行了一项调查，调查如何通过使用 IT 系统改进理赔处理流程，为客户提供更优质的服务，以及如何为再保险公司提供他们所需的更详细的风险信息以及计算机硬件和软件。基于调查结果，公司决定开发一种名为 Goras 的新的保险信息系统。贾吉斯集团委托一家领先的管理咨询公司进行需求研究，并在 ABCO 内成立了集团软件开发公司 Gtec，以增强现有的信息技术技能。1990 年 3 月，印度软件专家拉吉和其他经验丰富的印度软件开发人员组成

---

① Krishna S, Sahay S, Walsham G. Managing cross-cultural issues in global software outsourcing[J]. *Communications of the ACM*, 2004, 47(4): 62-66.

了Gtec的最高管理团队。

在对客户以及再保险公司的需求研究之后,贾吉斯集团意识到,这个软件开发团队不仅需要具备一定的IT技术,还需要具备保险系统方面的专业知识,于是,集团内部选拔出优秀的牙买加人团队作为保险顾问被借调到了该项目中,其中包括贾吉斯集团的信息技术部经理罗伯茨以及他所管理的牙买加人组成的信息技术人员。该项目的初始阶段,印度人和牙买加人都对完成这一项目展示出较高的热情。根据过去的项目开发经验,印度开发人员就软件开发问题向牙买加成员寻求保险系统知识专业指导,每周都会颁发"最有帮助的成员"和"项目冠军"奖,并提供现金奖励。

随着时间的流逝,印度人和牙买加人之间的冲突开始出现,特别是在高级领导和团队领导层。牙买加人认为拉吉过于专制,"他认为自己的话就是命令,就是毋庸置疑的法律"。相比之下,项目团队的牙买加高级官员罗伯茨则认为牙买加人的管理风格更受大家认可:"如果有待解决的问题,我们会坐下来一起协商解决,这并不应该是一个层级结构,这是一个团队的努力,我们需要见面并讨论项目的每一步进展。"

牙买加人员的不满可能源于比管理风格上的具体冲突更深层次的根源:很多当地人认为根本不需要印度人来"指手画脚"。Gtec的一位核心开发人员表达了这样的观点:"整个项目都被他们(印度人)剥夺了。这是我们的公司,我们可以为公司开发这个信息系统。现在变成一大帮印度人在做这件事。他们最开始只是做一些基础的工作,慢慢地,印度人就担任了所有的高管职位,并变成了整个项目的负责人。"

当然,不仅仅是牙买加人对印度人不满,印度人对牙买加人的印象也不怎么好。例如,拉吉批评牙买加人不能认真对待截止日期,在他们(牙买加人)的眼里,截止日期貌似没有任何意义。拉吉说:"对印度人来说,一旦截止日期已经明确,就不会有任何可以讨论的余地,如果完不成,他们会加班到每天晚上9点钟,甚至周末也会加班加点去赶在截止日期之前完成任务。但是牙买加人不是这样。如果牙买加人意识到他们无法在截止日期之前完成任务,他们就会给我打电话,然后找借口说为什么他们需要更多时间。他们希望我理解并适应他们的节奏。"

拉吉还认为,在协调项目活动的方式上,印度人和牙买加人存在重大的文化差异。在印度,负责软件开发的项目经理会"四处走走,看看大家的完成情况",然后协调和管理员工的开发流程。然而,在牙买加,项目协调存在很大的问题。牙买加人没有办法同时做两件事。拉吉以牙买加在国际田径比赛中的表现做了个比喻:"牙买加人跑步很厉害,但他们在接力赛中没办法获得奖牌。为什么呢?因为他们传递接力棒的时候经常有问题,或者掉落或者传得太晚,根本就没有任何训练告诉他们要如何协调彼此的工作,使得工作能正常进行。"

相比之下，一位团队的牙买加成员则认为印度的协调方法就好像父母对待子女一样，在他看来也与印度的种姓结构有关："对我来说，严格的截止日期是不可能的，我也不喜欢和团队中的人走得那么近。我不愿意让我融入完全不同于牙买加人所习惯的那种工作环境中。在这里就好像在学校里一样，一个年长的人告诉我要按照他说的做——为什么我要按照他说的做呢？我做不到像他们的种姓制度那样——等级如此分明。"

这些评论反映了牙买加人和印度人从深层文化上对等级制度和权威的态度上的差异，印度人也意识到了他们和牙买加人的区别："每个牙买加人都讲人人平等。对他们来说，老板也要平等对待员工。如果某个月底任务要到期了，即便你是老板，你也不能干预我。他们不希望有人监督他们干活。如果老板询问他们任务的进展，简直是在贬低他们的价值。"

6.1 冲突及跨文化冲突

6.1.1 跨文化冲突的类型

组织冲突已经在冲突管理中得到了相当多的关注。跨文化冲突是指不同文化的个体或群体之间相互否定、相互排斥甚至相互对立、针锋相对的状态。

在跨国公司经营与管理过程中，跨文化冲突现象可能发生在不同文化背景的员工之间，也可能发生在企业和东道国的客户群体之间。本节主要讨论不同文化背景的员工之间的冲突。在现实生活中，冲突在本土企业和跨国公司中都很常见，但由于缺少共同的知识背景、对不同的文化和价值观缺乏了解，跨国公司中的跨文化冲突会更突出。这种冲突主要体现在三个方面。

（1）任务冲突。任务冲突是指对于工作内容、工作要点等的看法不一致，例如，应不应该做某项任务[1]。对跨国公司员工来讲，不同文化的人有着不同的受教育背景、工作经历以及技能和特长，这种在教育上、培训上以及工作上差异化的背景有可能在工作的时候带来不同的观点和意见，也就增强了彼此关于任务该如何划分等方面的争执。在开篇案例里，由于印度人较高的权力距离，在安排任务的时候习惯性指派，导致牙买加人非常不满意，就是任务冲突的一种：印度人指派的任务未必是牙买加人想做的。

---

[1] Hinds P J, Mortensen M. Understanding conflict in geographically distributed teams: The moderating effects of shared identity, shared context, and spontaneous communication[J]. *Organization Science*, 2005, 16(3): 290-307.

(2)过程冲突。过程冲突是指团队对于如何实施和完成工作的认识不一致,例如,应该先做哪项任务、后做哪项任务等。文化差异导致组织中的员工采用不同的标准来指导自己的工作实践,进而会产生一系列工作过程冲突,相当多的研究证实了这一观点。开篇案例中,印度人和牙买加人有关截止日期观点的差异就是过程冲突的一种:对印度人来讲,一旦截止日期确定了,就没有商量的余地,如果完不成,加班加点也要努力完成。而对牙买加人来讲,完不成就可以将日期往后延。可想而知,双方关于截止日期的差异将导致双方在完成任务的过程中经常发生冲突。

不同文化群体对有关时间安排的不同理解,很容易导致人们在工作过程上的冲突。有关时间安排的文化可粗略分为单线活动型和多线活动型。单线活动型文化中的人们习惯于用直线思维来制定计划、安排日程、组织工作:在一个时间只做一件事情,如果有多件事情,就按照顺序一件一件来完成。典型的单线活动型文化群体包括德国人和瑞士人。多线活动型文化的人们习惯于在一个时间内做许多事情,在工作过程中,不是根据时间表而是根据每件事情的情绪或重要性来安排顺序。例如,开会的时候可能会接一个他们认为非常重要的电话,接完之后继续开会。意大利人、拉丁美洲人和阿拉伯人属于这类人。这种时间安排的不同文化风格导致来自单线活动型文化的人们和来自多线活动型文化的人们经常因为应当如何安排任务的优先级发生冲突。因此,不同的文化背景决定了不同的思维和工作习惯,不同的思维和工作习惯造成了跨国企业经营中员工之间的跨文化冲突[1]。

(3)人际关系冲突。人际关系冲突也被称为关系冲突、情感性冲突或者情绪冲突,是指团队成员之间的敌意、不相容以及个性冲突[2]。对人际关系处理态度的不同是导致跨文化人际关系冲突的一个原因。对于阿拉伯地区以及东亚地区的人们来说,人际关系在人们的社会生活中占有非常重要的地位,即便是在组织中工作,人们也倾向于维护彼此之间的人际关系,甚至认为人际关系某些时候要比完成任务更为重要。而大多数欧洲国家的人们在人际关系方面表现得比较淡化,工作和日常生活有严格界限,更为强调按制度办事。当两种不同文化的人们在一起工作时,人际关系的冲突也就较为常见。

> 一位正在给伊朗人传授使用一种特别复杂技术的美国工程师,在培训过程中感到很失望,因此决定给受训人员的表现写较差评语。一位伊朗人找到这位美国工程师并质疑说:"我一直把你当成我的朋友,你为什么不给我一个好的评语?"[3]

文化差异导致员工对工作的思考方式不同,一旦总部强行推行特定的工作范式,则会迅速引起其他地区员工的不满,进而很可能从原先的任务冲突、过程冲突上升到人际关系

---

[1] 刘璞,井润田.中外合资企业的跨文化冲突研究[J].管理学报,2006(1):113-116.
[2] Hinds P J, Bailey D E. Out of sight, out of sync: Understanding conflict in distributed teams[J]. *Organization Science*, 2003, 14(6): 615-632.
[3] [美]南希·阿德勒.国际组织行为(第四版)[M].杨晓燕,主译.北京:北京大学出版社,2004:81.

冲突上。例如，巴吧等人(Baba, Gluesing, Ratner & Wagner)发现，位于法国的地方团队员工对于来自美国同事的"文化帝国主义行为"非常反感并表示出强烈的抵抗情绪。在法国员工看来，强行推广美国标准和规范是"对法国文化的侵犯"。同样地，在开篇案例中，由于牙买加人和印度人在工作过程中的任务冲突和过程冲突发展到后面就变成了两个文化群体的人际关系冲突，导致牙买加人认为就不应该让印度人来这里工作。这种"该不该来这里工作"已经和工作本身没有任何关系，变成了对一个群体的不认可、对立甚至是抵抗。

不同文化群体的人们在一起工作时，很容易因为文化、价值观、社会规范的不同而导致工作内容、工作流程上的冲突，进而升级到和工作没有关系的人际关系冲突上。当人们不了解对方的文化背景或者价值理念时，对于双方不同的观点和态度，很容易彼此指责、误解并引发冲突，甚至可能会引发成员对来自远方伙伴的人身攻击。不同文化群体的人们关于工作内容以及工作流程的冲突并不完全会给组织带来负面影响。很多时候，这种冲突反而促进了组织完善其工作流程、优化工作内容，进而积极影响组织效率。然而，一旦上升为人际关系冲突的层面，则很容易对双方的关系造成破坏性的影响，不利于组织工作的开展。

6.1.2 跨文化冲突产生的原因

跨文化冲突产生的原因主要有以下几个。

(1) 缺乏跨文化敏感性。缺乏跨文化敏感性是跨文化冲突产生的最重要原因之一。这种跨文化敏感性包括两个方面：① 对不同文化的敏感性，即能够识别其他个体的行为、感知或者情感方面的差异的能力。福康纳(Faulconer)对美国教师的定性研究表明，那些能够意识到自己对其他文化有偏见的教师能够在新的文化情境下产生较高程度的移情作用，进而消除自己的文化偏见[①]。② 对自己文化的敏感性。在跨文化沟通的时候，人们很容易意识到来自不同文化的人可能在哪些方面和自己是不一样的，然而，人们很难意识到自己身上的文化属性。因此，对自己文化的敏感性也是跨文化敏感性的一部分。跨文化敏感性较高的个体会对其他文化感兴趣（开放思想），能够注意到文化之间的差异性并对这种差异性保持高度的敏感性，同时也愿意改变自己的行为来尊重其他文化中的个体（灵活变通）。相应地，如果缺乏跨文化敏感性会导致个体无法意识到冲突背后的文化差异，更易于加深彼此的误解和对立情绪。例如，由于不了解法国人追求生活质量、中国人追求事业成功这一不同的价值观，在一家法国公司工作的员工对于法国人按时下班却完不成任务非常不解：

有一次我们有个很紧急的任务，团队内的中国组员都选择留下来加班，但是法国

---

① Faulconer T. These kids are so bright! Pre-service teachers' insights and discoveries during a three-week student teaching practicum in Mexico[J]. *Cultural Awareness*, 2003, 16(1): 22-31.

员工却选择要按时下班。我非常不理解,明明任务已经很紧急了,就剩下两三个小时,为什么他们就这样下班了呢?关键是他们下班之后,我们就联系不到他们了!我们的领导是法国人,他一点都不着急,只说让我们到时间交给他就行了。人都走了,我上哪交给你去?这种事情也不是发生一次两次了,对于我们中国员工来讲,当紧急繁重的工作来临时,我们愿意牺牲自己的个人时间,以换取团队最终能够顺利完成工作任务的圆满结果。在这一过程中,保持组员之间的畅通联系是必不可少的。然而我们经常找不到那些法国员工,感觉他们真的是"背叛"了这个团队。

相应地,我国第一家跨国汽车并购案(上汽并购韩国双龙)之所以失败告终,就是缺乏跨文化的敏感性问题。

2004年,上汽集团力挫蓝星集团入主双龙汽车,在国内外引起了不小轰动,一度成为中国汽车工业走出国门、迈向世界的标志性事件。然而,仅仅4年后,双龙就申请破产并最终被印度塔塔集团收购,上汽40亿元打了水漂,这无疑是对急于走出去的中国企业当头一棒,令人深思。上汽集团入主双龙失败主要是未能处理好跨文化冲突。在韩国社会和企业中,论资排辈是最基本的文化。韩国人见面最先打听的也是对方的年龄,然后根据年龄确定如何称呼、如何使用语言(韩语有敬语和半语之分)。不幸的是,上汽并没有完全了解韩国这一独特的企业文化。2005年,上汽向双龙派出5位高管,除了58岁的蒋志伟以外,其他人平均年龄为44岁,最年轻的只有37岁。对于韩国管理层和员工来说,这批高管被认为是没有经验的,不足以领导双龙汽车。之后,上汽以销售业绩不佳为由,撤掉了在双龙工作多年、数次救双龙于生死的总经理苏镇琯及经营班子,掌握了企业的实际控制权,并提拔年仅48岁的产品开发本部部长崔馨铎为新任代理总经理。在韩国人看来,崔馨铎不仅年龄难以服众,而且在公司管理层中也是排名10位以外,缺乏足够的管理经验。这种安排被韩国员工认为是儿戏,是不关心双龙发展的表现,加重了对上汽管理层的不信任。另外,上汽也没有充分理解韩国因具有高度战斗性和旺盛斗志而世界闻名的工会文化,而是以现代企业管理者的姿态来到双龙。上汽按照中国文化的思路办事,更注重政府和公共关系,而没有花大力气去处理与工会的关系。这也被韩国员工认为是面子工程,不关心员工福利,不关注员工发展。这一切最终演变成韩国工人的"玉碎"罢工,把双龙推向了破产,导致上汽折戟双龙[①]。

(2)民族中心主义。民族中心主义(ethnocentrism)是跨文化人际关系冲突产生的原因之一。所谓民族中心主义,就是按照本民族文化的观念和标准去理解和衡量其他民族文化中的一切,包括人们的行为举止、社会习俗、交际方式以及价值观念等。由于不同文化所表现的种族文化取向不同,来自一种文化的人如果具有较强的种族优越感,相信自己文化的行为方式优于他人,很容易有偏见地对待异族文化,从而产生跨文化冲突问题。对

---

① 相均泳.世界那么大,靠啥去看看:企业走出去应化解跨文化冲突[N].中国环境报,2017-05-10(011).

于跨国公司来讲，组织里的员工和管理者都有可能会有自我优越感。对于跨国公司来说，优越感有多种表现形式。比如，一些跨国公司由于相信自己在国内的经营方式优于东道国的竞争者，因而在海外运营的时候，不考虑东道国客户的需求，简单粗暴地采取与在国内相同的方式进行经营和管理。从组织行为的角度，在管理东道国员工的时候，让那些在母公司做得出色但缺乏海外管理经验或者是东道国管理经验的经理担任东道国子公司的重要岗位，容易引发这些管理者与当地员工之间的冲突。

从员工的角度来讲，民族中心主义较强的个体往往以自己的文化为标准来看待其他的文化群体，否定甚至贬低其他文化群体的生活方式、价值观念甚至是文化成就。民族中心主义往往使人以本民族为中心，以本文化、本民族为中心的管理者认为，本国人比外国人更聪明、更可靠、更可信任。如果不同文化的员工都存有民族中心主义思想，跨文化冲突就不可避免地产生了，而且往往是最难以协调的人际关系冲突[1]。

一位瑞士的高层管理人员等待他的西班牙同事签订一份重要的供货合同，而这位同事超过约定时间一个多小时才到。在他烦躁的等待中，他认定西班牙同事肯定做事懒惰且毫无事业心。瑞士高层管理人员消极错误地评价了他的西班牙同事，他以自己的文化标准认为做事准时才是正确的。这就犯了民族中心主义的错误：以自己的文化标准认为做事准时才是正确的，暗自把自己的文化准则归为"好的"一类（"瑞士人总是按时到达，特别是重要的会议，那样才是优秀的行为"），而其他文化行为是"坏的"（"西班牙人从不按时到达，是不好的行为"）[2]。

6.2 跨文化冲突对跨国公司经营的影响

6.2.1 跨文化冲突对创新的影响

冲突并不完全是破坏性的。首先，跨文化冲突能够引发不同群体强烈的思想和观点的交锋，进而产生新的理论观点、思想火花以及操作技巧等。对于跨国公司而言，一定程度的任务冲突和过程冲突有助于组织优化工作流程，提高任务完成的质量。当发生观点碰撞的时候，为了支持自身的观点，人们需要拿出足够的证据，表达清楚为什么自身的观点是正确的，这个过程可以帮助人们增强对对方的理解，有助于人们加深对问题本质的了解。其次，不同文化的社会规范和价值观导致人们不同的思维方式，往往使得双方对彼此对立的观点有更深刻、更透彻、更全面的认识，尤其是在高技术企业或者研发型团队中，冲突的观点相互碰撞，易于产生有关产品或者技术的灵感。奥利科夫斯基（Orlikowski）发现，通过

---

[1] 李彦亮.跨文化冲突与跨文化管理[J].科学社会主义,2006(2)：70-73.
[2] ［美］南希·阿德勒.国际组织行为(第四版)[M].杨晓燕,主译.北京：北京大学出版社,2004：61.

将产品开发工作分散在全球不同的文化群体,有助于员工了解到如何通过全球分散以及组织的多样性来进行创新,进而提高团队的创新水平[①]。

6.2.2 跨文化冲突对组织效率的影响

员工文化的多样性使得团队能够充分利用多样化的技能和视角来解决问题,进而促进团队的有效运营。大多数情况下,文化差异往往意味着不同国家和地区员工的期望、工作规范以及对组织的需求等差异较大,也就增加了工作的复杂程度。同时,跨文化的冲突使得不同文化的员工对同一任务要求的理解不同,进而导致任务执行过程中的冲突。此外,从决策制定的角度来看,不同的文化有着不同的道德规范和行为模式,对同一事物的观点、主张和意愿可能完全不同,且大家往往从自己的角度出发来制定决策,各抒己见,难以达成能为大家都接受的决策。因此,跨文化冲突给组织的决策过程带来了诸多羁绊,使得决策过程要远远高于同一文化群体的决策过程。再加上民族中心主义带来的人际关系冲突,给跨国公司的组织效率带来了消极的影响。

在东京工作的一名美国银行的经理接到一份要求购买一种新的金融软件的订单。美国经理立即给银行的软件生产部门负责人——一个毕业于名牌大学的日本人打电话说明此事,请他对生产订单产品所需的时间做个估计。这位日本人不肯作出回答。无论美国人怎样坚持,最终也未能说服日本人。日本人不配合的态度导致两人的关系非常紧张。日本人对自己的行为做了这样的解释:对他来说,数字意味着准备工作,意味着对发货时间的承诺。但美国人并不这样认为,他指出当时他只不过是需要一个粗略的估计而已,并不要求作出承诺。日本人的这个态度使美国银行在开拓国外市场业务方面失去了一次机会[②]。

6.2.3 跨文化冲突对项目质量的影响

不同文化的员工背景各异,有助于他们获取更多不一样的外部信息技术知识,这些外部知识会对项目质量起到积极的影响。文化是个体思考问题的方式和认知模式,文化认同是导致个体信念、期望、基本假设以及行为逻辑等一致或不一致的主要原因,这些因素共同导致了全球分布团队运营的有效性。丹尼尔等人(Daniel,Agarwal & Stewart)的研究发现,跨国公司中员工文化背景的多样性对于项目的成功有着重要影响。

这种成功是建立在不同文化的人们之间相互理解、达成共识的基础上的。如果团队成员面临较高的跨文化冲突,尤其是人际关系冲突,很难保质保量地完成项目开发任务,甚至会造成项目的失败。在本章的开篇案例中,ABCO公司的信息系统开发工作始于1990年,原计划在一年之内完成,由于牙买加人和印度人之间的跨文化冲突,出现了严重

---

① Yates J, Orlikowski W J. Genres of Organizational Communication: A Structurational Approach to Studying Communication and Media[J]. *Academy of Management Review*, 1992, 17(2): 299-326.
② 解淑青.跨国公司的跨文化冲突与策略研究[J].经济理论与经济管理,2008(10):77-80.

的延误和重大的项目成本超支。最终,用户进行的验收测试显示,这一信息系统在设计上存在重大缺陷,该系统最终于1992年8月交付给ABCO公司,经过进一步的用户测试和系统修改,1992年12月ABCO首次尝试使用这一信息系统,测试结果表明系统是失败的:相比起开发系统所花费的时间、精力以及资本,这个系统性能很差,并且客户也反馈新系统的功能很有限。这样的案例在国际商务活动中比比皆是。

6.2.4 跨文化冲突对绩效的影响

多数跨文化冲突的研究聚焦在冲突对绩效的影响上。一些学者认为冲突对于团队绩效是破坏性的,另一些学者则认为一定程度的冲突会给团队带来一些好处,因为团队可以考虑到更多的选择并且对于决策思考得更为全面。汉兹和贝利(Hinds & Bailey)认为,跨文化冲突对绩效的影响取决于冲突的类型。如果是任务冲突,当团队成员通过协调、理解冲突的原因并构建共同的理解框架以解决冲突之后,任务冲突对团队是有利的。如果不同文化的个体彼此之间有着误解,且已经归因到个体层面(例如,牙买加人认为公司就不该雇佣印度人),这就使得人际关系冲突更为严重,从而消极影响组织的绩效。人际关系冲突很可能导致彼此之间的信任程度降低,造成员工之间的猜疑和误解,破坏和谐的组织文化,形成"跨文化冲突—低绩效"的恶性循环。

6.3 管理跨文化冲突

6.3.1 提高个体的文化智商

文化智商(Cultural Intelligence)是近年来管理学中提出来的新概念,代表性研究学者有伦敦商学院的厄利(Earley)和新加坡南洋理工大学的安吉(Ang)。厄利和安吉(2003)提出了文化智商的概念,用来描述个体的跨文化适应能力。文化智商反映的是个体在新的文化背景下,通过信息的收集、处理和判断,采取恰当的有效措施来适应新的文化情境的一种能力[1]。文化智商本质上也是智力或者智商的一种,与情商等类似。我们都知道,对于一个人的成功来讲,智商和情商都很重要。在跨文化情境下,一个人的事业成功更大程度上取决于文化智商。文化智商可以帮助个体降低跨文化冲突,实现有效的跨文化沟通和交流。

具体来讲,文化智商是指个体在与自己所处文化背景不同的成员互动时,对彼此文化差异的敏感性,对不同文化的包容性,以及能够基于对文化差异的认识来调整自己的行为,以达到与对方有效互动的能力。文化智商包括元认知、认知、动机和行为四个方面。

---

[1] 薛求知.什么是"文化智力"[J].党政论坛:干部文摘,2014(9):1-10.

(1) 元认知文化智商。元认知文化智商主要是指个体在和不同文化背景的人们交往时,能否意识到自己所运用的文化常识、能否检查自己文化常识的准确性以及能否调整自己的文化常识。比如,很多人可能在和不同文化背景的人交往时,知道自己是在和不同文化背景的人交往,却不能说出来到底自己和对方哪里不一样。如果你问他:"你们之间有什么文化上的差异?"他可能会跟你说:"中国人和法国人,文化差异是很显然的。"这就是元认知文化智商,清楚地知道自己和对方可能不一样,但并不能明确地说出彼此的区别。

(2) 认知文化智商。认知文化智商反映的是个体对不同文化的基本知识掌握情况,例如,是否了解不同文化的法律和经济体系,是否熟悉不同文化的语言规则(如词汇和语法等)以及表达非语言行为的规则,是否了解不同文化的价值观和宗教信仰、婚姻体系、艺术品或者手工艺品等。这些基本的知识储备使得个体能够理解不同文化之间的相同点和不同点,在和不同文化的人们交流时更能了解对方的言行举止。例如,一名经常和中国人在一起工作的美国人这样描述他眼中的中国同事:

> 我发现中国工程师不会拒绝美国工程师的请求,不管会给他们带来多少不方便。比如我们说早上8点半开视频会议,他们会说"好"。在美国,我们基本开车十几分钟都能到单位,远的也就三十分钟到四十分钟。但是在中国,很多工程师住的都离单位非常远,需要乘坐公共交通工具通勤,可能需要一个多小时甚至两个小时才能到单位。其实,对他们来说这个时间段开会是很不方便的,然而如果你问他们,他们会说"好",不会跟你说那个时候公司班车已经没有了,如果乘坐公共交通工具需要再多走很多路。

(3) 动机文化智商。认知文化智商是可以通过大量学习而获得,一个人可能有很多不同文化的知识,但并不代表这个人愿意与来自不同文化的人交流。因此,动机文化智商就是从情感方面出发,指人们是否愿意与来自其他国家的人们互动和交流。具体来说,动机文化智商包括个体是否能够在跨文化互动中意识到并尊重来自其他文化同事的文化背景和属性,并对此持包容和尊重的态度。同时,动机文化智商较高的人对与来自不同文化的个体交流持开放的态度,持有较高的好奇心,期望去了解对方的文化,能积极地投入到与对方的互动和交流中。此外,动机文化智商较高的人也能够更好地适应和不同文化的人们的沟通和交流。

> 迈克和艾迪是一家跨国公司在中国地区的两名管理者。两个人都是土生土长的美国人,几乎同时上任,然而,半年之后,由于迈克和中方员工之间的冲突很大,他的团队被迫解散,团队成员都加入了其他团队中去。艾迪则和中国团队的成员打得火热,大家对他的评价非常高,团队的绩效也在整个公司中出类拔萃。为什么会这样呢?原来,迈克一直都不喜欢和来自不同文化的人交流,他经常说的一句话是:"我不关心文化上的差异,只要把活干好就行了。"艾迪则相反,虽然是一个土生土长的美国人,但艾迪从小就对中国文化充满了好奇,听说要带一个中国团队之后,特别开心,抓住机会就请他的中国团队成员教他说中文,从最开始的"你好",到后面的"谢谢",再

到后面的"吃了吗"。每一次和中国团队成员开会,会议上都充满了笑声。久而久之,团队成员都特别喜欢艾迪,也很感谢艾迪对中国成员的爱护,工作的动力更是强劲了许多,导致团队的绩效远远高出其他小组。

(4) 行为文化智商。行为文化智商是个体在与文化背景不同的个体进行互动时,是否能够针对性地调整自己的行为以适应这一跨文化的沟通和互动过程要求。行为文化智商的个体能够基于对方的文化背景来调整自己的行为,以更好地与对方互动。这种行为调整主要包括言语行为调整以及非言语行为调整。例如,当意识到美国同事沟通的低情境特点之后,中国人在与美国同事互动过程中也试图变得直接,就是调整自己的语言来适应对方的行为。在上面那个案例中,当美国工程师意识到中国工程师每天要起很早来跟他们开会,不管他们提议几点开会中国工程师都会说"好"之后,主动调整了开会的时间,使得中国工程师可以晚一点到单位,赢得了中国同事的好感。这就是典型的行为文化智商,能够有意识地调整自己的行为来适应中国人不习惯直接拒绝别人的文化特点。一名在法国公司工作的中国员工意识到中国人沟通的时候是高语境、法国人则是低语境之后,这样调整自己的行为:

> 我感觉法国人说话会更直一些。比如我跟中国的组员提建议的话,我讲话会尽量委婉一些,在指出存在的问题之前,会先夸赞一下他们的模型,像"哇,真好看",然后具体地夸一下哪里好看,再慢慢提出问题,比如,"这里亮度再高一点就更好了",当然,他们也是这么对我的。但是跟法国同事提建议的话,我就可以直接说哪里不对,他们可能也会希望我这么做。当他们问出"你觉得哪里需要改进?"这样的问题时,他们会希望我直接说出存在的问题[①]。

从文化智商的四个维度可以看出,对于在跨国公司工作的个体来讲,较高的文化智商有助于个体了解不同国家同事的文化特点,并能调整自己的行为来适应这种跨文化沟通的情境,这对于个体有效地解决跨文化冲突甚至是避免跨文化冲突起到了重要的作用。

6.3.2 提升员工之间的文化认同

(1) 寻找不同文化之间的共同点。尽管不同的文化在各方面都存在一定的差异,然而,不可否认的是,人类作为一个整体,存在更多的共性。因此,在文化差异的基础上求同存异,找到双方都能接受的文化共同点,成为降低跨文化冲突的重要举措。这种文化共同点可能存在于很多方面,例如,在精神层面,不论对哪一种文化的个体,都有生存需求、安全需求、社交需求、尊重需求以及自我实现的需求;在物质层面,不论哪一种文化的个体,都有满足衣食住行的物质需求;在行为层面,尽管不同的文化差异较大,但从事的职业大都类似;在制度层面,任何一种文化都有一定的制度约束,尽管制度约束的内容存

---

① 来自法国企业员工施瞳瞳。

在差异。因此,这些共性的追求或者共性的文化是企业和个体发展文化认同、降低文化冲突的要素之一。

(2) 招聘那些双重文化认同的员工。为了降低跨国公司员工之间因为文化差异带来的冲突,招聘那些拥有双重文化认同(Bicultural Identity Integration, BII)的个体来参与团队工作非常重要。双重文化认同是指那些曾经在两种文化环境中都生活了很多年、对两种文化非常熟悉并认同的个体。这些人往往能熟练地说两种文化的语言,对于这两种文化均有较强的了解,理解不同的语言或者非语言行为背后的价值观念差异,我们称之为有较高的 BII。双重文化认同的个体对于有效解决跨文化冲突至关重要。当跨国公司的员工因为文化差异而导致任务冲突、过程冲突或者人际关系冲突的时候,双重文化认同较高的个体能及时地从文化角度出发来解释这一冲突出现的原因,帮助不同文化的人们发展对不同文化的认同,从而从根源上降低跨文化冲突和误解。

(3) 发展个体的跨文化敏感度。本内特(Bennett)提出的跨文化敏感度发展模型共包含六个阶段[①]。第一个阶段为否认阶段(Denial),处于这个阶段的个体认为自己群体的文化是唯一真实存在的文化,对于其他文化则更多是持回避态度,对彼此文化的差异也更多停留在表层。第二个阶段为抵制阶段(Defence),处于这个阶段的个体承认异文化的存在,但认为自己的文化是最优越的,在文化差异的情境下更多苛责其他人的文化。第三个阶段为最小化阶段(Minization),处于这个阶段的个体认为自己的文化世界观所包含的元素是通用的,是普遍性的,这些普遍的文化世界观可以掩盖彼此文化的差异。前三个阶段均处于民族中心主义阶段,也就是个体仍然以自己民族所具备的文化作为中心来解读他人的文化或者面对的文化差异。之后,个体进入民族相对主义阶段,开始认同彼此的文化差异。第四个阶段为认同阶段(Acceptance),处于这一阶段的个体认同与其他个体文化的不同,并将自己民族的文化视为世界文化体系的一类。值得注意的是,"认同与其他个体文化的不同"与"认同其他个体的文化"有着本质的不同。个体可能认同彼此文化不同,但不一定认同其他文化的世界观。在行为上,这一阶段的个体对异文化产生好奇心理,并持尊重的态度。第五个阶段为适应阶段(Adaptation),处于这一阶段的个体会通过移情或者同理心来采用异文化的视角而非自文化的视角来看待问题,并可能会通过改变自身的行为来适应互动对象所处的文化。第六个阶段为融合阶段(Integration),处于这一阶段的个体已经能够融合自身文化与异文化,并可以协调在不同文化和世界观下自身的言行举止,以此来适应跨文化互动的情境。因此,当个体进入第四个阶段及以后时,更有可能发展文化认同,从而有助于降低跨文化冲突。

---

① Bennett M J. Towards ethno relativism: a developmental model of intercultural sensitivity[A]. In Paige R. M. (Ed.) *Education for the Intercultural Experience*[C]. Yarmouth: Intercultural Press, 1993: 21-27.

6.3.3 跨文化冲突解决策略

基于在双方相互冲突的时候是更多考虑对方的诉求还是自身的诉求，托马斯将冲突分为五种类型：回避型、迁就型、强迫型、协同型以及妥协型，如图 6-1 所示。

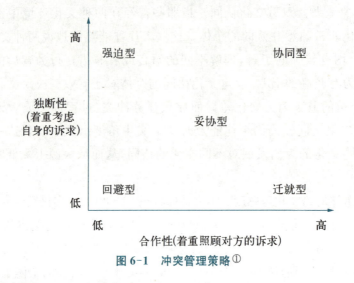

图 6-1　冲突管理策略①

强迫型策略是指在冲突中着重考虑自身的诉求，寻求自我利益的满足，而不考虑对冲突另一方的影响。强迫型策略是一种"我赢你输"的非合作策略，通常是冲突一方利用自身的权力、地位、资源以及信息等优势向对方施加压力，迫使对方退让甚至是放弃自己的诉求。这种冲突管理策略仅仅是取得了表面的一致意见，难以让对方心悦诚服。一般而言，采取强迫型的冲突管理策略是在冲突双方彼此利益相互独立、难以找到共赢部分时使用。

回避型策略是指冲突的一方试图将自己置身事外，既不考虑对方的诉求，也不考虑自身的诉求，只关注平息冲突，以避免事态扩大。可以看出，虽然回避型策略在一定程度上避免了冲突事态的升级，然而对于解决问题并没有本质的帮助。回避型冲突管理行为本质上是保留了自己的不同意见，但并没有真正地解决冲突问题，冲突仍然存在，只是被"回避"了而已。这种回避也有可能回避对一些重要问题的看法或者意见，进而影响工作的正常进展，降低工作绩效。回避策略往往运用在冲突双方均没有足够力量解决问题的时候，或者冲突的问题与双方利益上没有太多的相关性，因此，冲突双方并不关心问题解决与否。

迁就型策略是指冲突一方主要考虑对方的诉求，寻找对方利益的满足，而不考虑自身的诉求。或是冲突一方屈从于对方的意愿，牺牲自我的利益。迁就型策略主要是为了维

---

① 资料来源：Kenneth Thomas, Conflict and Conflict Management, in *Handbook of Industrial and Organizational Behavior*, ed. M. D. Dunnette. New York: John Wiley, 1976.

持彼此的关系,以寻求长远的发展。与回避型冲突管理策略类似,迁就型冲突管理策略并未从实质上解决冲突问题,而是通过选择退让的方案去避免表面冲突,对绩效的影响很可能是消极的。

协同型策略是指冲突双方本着互惠互利的原则,相互协商,既考虑己方的诉求,也考虑对方的诉求,努力在诉求中寻找平衡点,实现双赢的合作。由于这种方法考虑到双方的利益,因此在实际的管理中较为受欢迎,然而,这种冲突处理方式往往需要耗费很长的时间,如果事情较为紧急,协同型策略可能不合适。协同型冲突管理策略通过与他人一起协商如何作出决策,综合运用集体智慧来完善问题解决方案,对绩效有着积极影响。

妥协型策略是指冲突双方各让一步,各自放弃一部分诉求,来分享共同的利益。这种策略没有明显的赢家和输家,达到了中等程度的合作,适用于那些非原则性的问题。其明显的优势就是可以快速实现双方都能接受的方案,双方基本达到了自己的目标。在双方势均力敌且有冲突的利益诉求时较为合适。

将托马斯的冲突管理策略运用到跨文化冲突中,在面临彼此文化差异导致的冲突时,加拿大跨文化组织管理学家南希·爱德勒认为,解决跨文化冲突有三种方案选择:文化凌驾(Beyond)、文化折中(Compromise)以及文化融合(Synergy)[1]。

(1) 文化凌驾。文化凌驾的特点是一种文化群体的观念、价值观和理念等凌驾于其他文化之上,组织内员工的行为或者组织决策均受这种文化支配,其他文化则处于被压制的状态。文化凌驾类似于托马斯模型中的强迫型文化策略,这一方式的优点是组织内部短期能够形成"统一"的文化,然而,这种"统一"仅仅是表层文化的统一,中层的价值观、社会规范以及深层的基本假设是无法统一的,因此,只能让来自不同文化的成员反感并抵触这种表层文化,加剧跨文化冲突以及其对组织带来的负面影响。

(2) 文化折衷。文化折衷是指不同的文化群体采取妥协和退让的方式,有意识地回避文化差异,从而求同存异,以实现组织内部的和谐与稳定。这种方式使得双方将关注点聚焦在任务本身,而非双方之间的文化差异上。然而,基于文化对个体行为的影响,人的一举一动都有着文化的烙印,如高语境和低语境、插嘴和沉默、身体距离远近等。因此,在日常工作中,人们很难完全规避文化带来的语言和非语言沟通,当双方的文化差异较大时,这种文化折衷的方式难以奏效。

(3) 文化融合。文化融合是指在承认彼此之间文化差异的基础上,相互协调,相互尊重,相互补充,从而形成一种全新的组织文化,这种汲取众多文化所长而融合成的组织文化有较强的稳定性。不仅使得跨国公司可以充分利用员工的知识互补和能力互补产生更具有创新性的想法,更能增强企业在全球范围内的竞争力,从而实现企业的可持续发展。文化融合型的跨文化冲突解决策略承认由多种文化背景组成的组织中各个民族

---

[1] 党兴华,弓志刚.我国企业国际化进程中的跨文化管理创新[J].山西财经大学学报,2006(04):72-76.

的异同点，并进一步把这些差异看成组织创新的源泉。因此，文化融合是跨国公司处理跨文化冲突的重要策略之一，有助于企业充分挖掘跨文化合作的优势，将潜能转变为现实的竞争优势。

文化智商量表[①]

请阅读每个陈述，选择最能描述你的能力的回答。反馈的价值取决于你回答问题时的诚实度。答案没有对错之分，请选择最能真实地描述你的回答。

和其他同行相比，

1. 我能意识到自己与不同文化背景的人交往时所应用的文化常识。

A. 非常不同意　B. 不同意　C. 稍微不同意　D. 中立　E. 稍微同意　F. 同意　G. 强烈同意

2. 当与陌生文化中的人们交往时，我调整自己的文化常识。

A. 非常不同意　B. 不同意　C. 稍微不同意　D. 中立　E. 稍微同意　F. 同意　G. 强烈同意

3. 我能意识到自己在跨文化交往时所运用的文化常识。

A. 非常不同意　B. 不同意　C. 稍微不同意　D. 中立　E. 稍微同意　F. 同意　G. 强烈同意

4. 当与来自不同文化的人们交往时，我检查自己文化常识的准确性。

A. 非常不同意　B. 不同意　C. 稍微不同意　D. 中立　E. 稍微同意　F. 同意　G. 强烈同意

5. 我了解其他文化的法律和经济体系。

A. 非常不同意　B. 不同意　C. 稍微不同意　D. 中立　E. 稍微同意　F. 同意　G. 强烈同意

6. 我了解其他语言的规则（如词汇、语法等）。

A. 非常不同意　B. 不同意　C. 稍微不同意　D. 中立　E. 稍微同意　F. 同意　G. 强烈同意

7. 我了解其他文化的价值观和宗教信仰。

A. 非常不同意　B. 不同意　C. 稍微不同意　D. 中立　E. 稍微同意　F. 同意　G. 强烈同意

8. 我了解其他文化的婚姻体系。

A. 非常不同意　B. 不同意　C. 稍微不同意　D. 中立　E. 稍微同意　F. 同意　G. 强烈同意

[①] Ang S, Dyne L V, Koh C, Ng K Y, Templer K J, Tay C, Chandrasekar N A. Cultural Intelligence: Its Measurement and Effects on Cultural Judgment and Decision Making, Cultural Adaptation and Task Performance [J]. *Management & Organization Review*, 2007, 3(3): 335-371.

9. 我了解其他文化的艺术和手工艺品。

A. 非常不同意　B. 不同意　C. 稍微不同意　D. 中立　E. 稍微同意　F. 同意　G. 强烈同意

10. 我了解其他文化中表达非语言行为的规则。

A. 非常不同意　B. 不同意　C. 稍微不同意　D. 中立　E. 稍微同意　F. 同意　G. 强烈同意

11. 我喜欢与来自不同文化的人交往。

A. 非常不同意　B. 不同意　C. 稍微不同意　D. 中立　E. 稍微同意　F. 同意　G. 强烈同意

12. 我相信自己能够与陌生文化中的当地人交往。

A. 非常不同意　B. 不同意　C. 稍微不同意　D. 中立　E. 稍微同意　F. 同意　G. 强烈同意

13. 我确信自己可以处理适应新文化所带来的压力。

A. 非常不同意　B. 不同意　C. 稍微不同意　D. 中立　E. 稍微同意　F. 同意　G. 强烈同意

14. 我喜欢生活在自己不熟悉的文化中。

A. 非常不同意　B. 不同意　C. 稍微不同意　D. 中立　E. 稍微同意　F. 同意　G. 强烈同意

15. 我相信自己可以适应一个不同文化中的购物情境。

A. 非常不同意　B. 不同意　C. 稍微不同意　D. 中立　E. 稍微同意　F. 同意　G. 强烈同意

16. 我根据跨文化交往的需要而改变自己的语言方式（如口音、语调等）。

A. 非常不同意　B. 不同意　C. 稍微不同意　D. 中立　E. 稍微同意　F. 同意　G. 强烈同意

17. 我根据跨文化交往的情境需要而改变自己的语速。

A. 非常不同意　B. 不同意　C. 稍微不同意　D. 中立　E. 稍微同意　F. 同意　G. 强烈同意

18. 我根据跨文化交往的情境需要而改变自己的非语言行为（如手势、头部动作、站位的远近等）。

A. 非常不同意　B. 不同意　C. 稍微不同意　D. 中立　E. 稍微同意　F. 同意　G. 强烈同意

19. 我根据跨文化交往的情境需要而改变自己的面部表情。

A. 非常不同意　B. 不同意　C. 稍微不同意　D. 中立　E. 稍微同意　F. 同意　G. 强烈同意

思考题

1. 跨文化冲突有哪些类型？
2. 跨文化冲突对跨国公司经营带来哪些影响？
3. 什么是文化智商？它主要包括哪些内容？
4. 如何管理跨文化冲突？

章末案例

福耀集团的全球化之路

1987年,一家生产玻璃制品的小工厂在山清水秀的福建省福州市落地了。30年后,这家企业已经成为专注于汽车安全玻璃和工业技术玻璃领域的大型跨国集团。这就是驰名全球的福耀玻璃工业集团股份有限公司(简称福耀玻璃)。

在福耀玻璃的全球化发展道路上,美国汽车玻璃工厂(FGA)的建立是值得浓墨重彩的一笔。2014年年初,当俄亥俄州政府官员宣布福耀玻璃将向通用汽车在当地的旧工厂投入2亿美元用于投产汽车用玻璃时,在国内外引起了轩然大波。作为传统制造业,中国企业在"走出去"时更多选择欠发达国家和地区,很少选择欧美等成熟经济体建厂。这类对外投资有两个特殊点:首先,从发展中国家到发达国家投资建厂,很容易激起东道国员工的民族中心主义情绪;其次,制造业企业在东道国设厂招聘的员工大都是教育水平不高的流水线工人,因此,员工群体与一般的高科技企业相比存在明显差异。制造业企业在发达地区投资所遇到的跨文化管理、文化冲突问题应该怎么办?

福耀玻璃美国工厂是建立在原来通用汽车的厂址上,其最初雇佣的工人大都是原来在通用汽车工作过的蓝领。福耀董事长曹德旺深知工人从原来在通用汽车到现在为发展中国家的福耀玻璃工作心理上可能存在的落差。在2019年奥斯卡金像奖最佳纪录长片《美国工厂》中有这样一个片段,在视察办公室的时候,当下属说起要不要在办公室挂两幅画,一幅中国风格的一幅美国风格的,曹德旺挥了挥手说:"不,就只挂美国的,入乡随俗。"开工之前,曹德旺请专家对从中国过去的员工进行跨文化培训,"美国人说话直言不讳,他们不会是遮遮掩掩的,表现得非常明显……"[①]

然而,文化的很多影响是根深蒂固的。同样是在纪录片中,曹德旺前来工厂视察,前来迎接的中国高管单手握手大幅度弯腰致意,美国高管则是双手握手致意。在讨论到庆典当天的细节时,副总裁戴维介绍说可能还得有屋檐,以防变天。曹德旺回答说:"中秋季节,天高气爽,不要有屋檐。"美国管理者问:"下雨怎么办?"曹德旺坚定地回答:"不会下雨。"对于工厂的设计,曹德旺也有自己的观点。即便是工厂的门已经设计好并下了订单,曹德旺认为门的朝向不妥,要修改门的朝向。美国工厂高管戴维回应:"我们才刚签合同……这样要花三万五千美元。"他长叹了一口气,跟着走进了还没装修好的办公区域,最后还是修改了门的朝向。在完成了厂房装修

---

① 纪录片《美国工厂》。

之后,开业庆典顺利召开。中美员工齐聚一堂,庆祝工厂终于顺利开工,一切似乎正朝着既定的轨道前进。

随后的一系列事实证明,福耀玻璃还是低估了中西方文化差异带来的影响。第一个问题就是如何交流和沟通。在福耀玻璃美国工厂办公区域的装修还在进行的时候,前台坐着的一个美国大叔指着墙上钉着的"MARCHING FORWARD TO BE WORLD LEADING AUTOMOTIVE GLASS PROVIDER"标语说:"应该要说 TO BE THE WORLD。"当然,这只是一些小细节,然而,透过这个小细节,也能想象出语言的差异给工作带来的影响。从中国派遣到美国的员工选拔标准中,技术熟练的重要性要远远高于语言熟练。这样才能更好地带动美国当地员工熟悉设备的使用和生产运营。可以想象,双方的沟通会存在多大的障碍。在工厂里,经常见到中美员工借助动作来进行沟通。比如,用手比画着拿个扳手,或者当中国员工教美国员工如何清洁玻璃四周时,双方没有言语交流,只有动作示意。当机器出现故障迫不得已需要直接沟通时,中国员工和美国员工通过微信翻译功能手忙脚乱地进行沟通。不畅通的沟通多了,自然会沮丧。一名美国员工说:"我们想找办法时,他们都会不开心。大家都不开心,大家都用自己的语言来表达不开心,然后大家走自己的路,五分钟后再回来碰头。"另外一名员工则抱怨:"如果我的主管是不会讲英文的中国人,那你怎么管理我?……那你又如何理解我碰到的问题?"工人拉里说:"为了与中国员工交流,我不得不下载手机翻译软件,如果不这样,他们听不懂我在说什么。如果我去操作高温炉或玻璃联合界面,操作界面是中文的,我看不懂中文,我得去叫中国人帮我调成英文,我才能看懂接下来该如何操作。"①

伴随着沟通困难而产生的一系列问题接踵而来。2016年,美国职业安全与健康管理局收到11名福耀玻璃美国工厂员工的联名投诉信,他们认为工厂存在很多安全隐患,希望美国职业安全与健康管理局介入处理。2017年6月12日,《纽约时报》一篇《中国工厂遇到了美国工会》的报道在国内引起了轩然大波②。福耀玻璃是否在美国遇到"水土不服"的问题也成为舆论关注的焦点。

《纽约时报》称,美国职业安全与健康管理局因为安全违规向福耀玻璃开出22.6万美元的罚单。华盛顿大学公共卫生系教授戴维·迈克尔斯曾经做过前美国劳工部长助理以及职业安全与健康管理局主管,对这一问题比较有发言权。他认为,一般罚单金额是基于危险以及违反规定的情况计算出的,而这一罚单的金额在美国的工厂里可以算是比较大的,说明福耀玻璃的安全问题还是很严重的。事实上,这一

---

① [东方时空]追踪福耀美国工厂"水土不服"风波调查:福耀在美国遇到了什么事?http://tv.cctv.com/2017/06/25/VIDEjOe3iuNboBlm4hYgVYQ5170625.shtml.
② 许凯.曹德旺遭遇的是"成长的烦恼"[N],国际金融报,2017-06-26.

问题也可以从《美国工厂》中可见一斑。影片中，一名员工抱怨说："我们工作的房间只有一个入口，另一边没有出口。如果失火，就会被困在里面。"另一名员工说："我绝对拒绝用直立推高机抬起两倍的货量，机器不够强，你要是想做，那好，你去做，我不做。我不要让大家冒生命危险。"福耀集团的安全主任在安抚一名手部受伤的员工。相比起受伤的手，这名员工更加担心自己会不会因为动手术不上班而失业："我很担心我的分数，我不想失业，我的薪水呢？薪水没问题吧？"看着自己包扎过的手，她满脸的担忧，或为生计，也可能为了自己的手。窑炉卸货员鲍比说："在通用工作了15年，我都没有受过伤。而现在，我的腿受伤了。"央视记者也对这一事件进行了跟踪报道。在央视的采访视频中，福耀玻璃的员工辛西娅表达了对工厂的不满："福耀工厂应当学会更好地倾听员工，他们应当对建议保持开放态度，而不是知道了以后什么也不做。从一开始我们要求工厂贴上防火标识，已经过去一年半的时间了。如果你的员工已经提出这样的建议，你也想改进，就要学会听他们在说什么，你应当愿意改变。"福耀玻璃的安全问题，最终以福耀玻璃与管理局和解将罚金降至10万美元，并承诺建立安全管理体系，定期与工人开会，倾听员工的担忧，回应员工的关切，更严肃地对待安全问题而告一段落。

除了安全问题外，员工也非常关心自己的福利问题。当福耀玻璃想把美国工厂原来的午餐室改成生产线时，引发了员工的抱怨："这里为什么要改成生产线而不继续当午餐室？到处都有告示这么说，那午餐室到哪去？……那边三个坏掉两周的微波炉为什么还没被换掉？"在福耀玻璃美国员工休息区，处理员工关系的瑞吉无奈地回应："我不知道，我刚放假回来。"员工生气地说："他们要把桌椅全拿掉，把这里变成生产线，跟其他地方一样。我希望他们把你的办公室变成生产线！"对于工作，也有员工说："他们（中国人）工作都不停歇，一直在工作，一天24个小时，他们周日也工作，他们有时候不要我们吃午餐的，因为他们要做完某数量的玻璃。"在央视的采访中，辛西娅说："如果我去医院看病，花了几个小时，我希望能被允许，而不是被扣分。"当记者问到这些是否是福耀玻璃必须给的待遇时，这名员工回应道："不是必须的，但是美国的部分公司都是这么做的。"《纽约时报》声称，福耀玻璃的员工说，如果想要申请带薪休假，必须要提前很多天，否则会被当作旷工来处理。对此，曹德旺回应道："福耀玻璃美国工厂的员工每年都有15天的带薪休假，这是工厂给员工的福利。如果需要申请这个带薪假，需要工厂统一安排，在不影响生产的情况下安排员工来休假。否则，一旦员工集中起来休假，会影响工厂的正常生产经营。而这也是基于美国联邦法律的规定制定出来的员工管理规定，这是企业的权利。"

在纪录片中，我们看到，当福耀玻璃美国工厂的员工来中国工厂这边培训和学习经验时，中国工厂的一名主管对美方主管说："讲句实在话，你一个月8天假，周末都有假,一天8个小时,这已经很爽了。这里的(中国工厂)员工一个月大概休1—2天。"镜头转到福耀玻璃中国工厂员工这边,员工对于假期的回应是这样的:"有时候不放假,不让回去,也很少回去。基本上到过年的时候才能回去。我们上12个小时。很累啊,累也没办法啊。"一名男性员工说:"领导叫我们做我们就做。我现在有两个小孩,一个才半岁,一个4岁。如果说做玻璃比较忙的话,那就有可能休不了,一年回去一次两次吧。""大的有11周岁了,小的8周岁。因为加班陪他们的时间特别少。"另外一位女员工回答着,手中的活一刻都没有停下来。

中国和美国员工关于工作的一系列不一致似乎变成了"中国人"和"美国人"的不一致。在央视采访中,员工辛西娅说,有(美国)人因为没有佩戴安全眼镜而被福耀玻璃开除。但是,她看到很多中国工人也没有佩戴安全眼镜,没有戴防护设备,也没有穿安全鞋(却没有被开除)。她愤愤不平地表示:"如果有美国人因为这些原因被开除,那这些规定应当适用于所有人。"《纽约时报》则称,在福耀玻璃工作了几个月的美国高管戴维·伯罗斯,声称自己因为"不是中国人"而被开除。这一点遭到了福耀玻璃董事长曹德旺的强烈否认,指出其被开除的真正原因是职业操守有问题,作为职业经理人,并没有尽力维护公司利益,这是福耀集团无法接受的。在纪录片中,我们也可以看到,有员工认为"中国人在控制整个工厂",也有员工抱怨:"他们(中国员工)把我们当外国人","中国人真的不帮我们,他们只走来走去叫美国人做事……"

这些消极的声音大都来自想要成立工会的员工,这些声音也的确阻碍了福耀玻璃的既定生产计划。实际上,美国工厂工作的中国员工也有诸多困扰。在很多中国员工看来,美国员工的动作比较慢,"手指头比较粗一点,(要)一直教一直教。"速度非常慢,效率很低,产出也很低,更要命的是,用曹德旺的话说,还"不能管"。曹德旺苦心积虑地思考如何让美国人理解并接受中国人在美国的投资,并动员远在美国的中国员工:"我们都是中国人,祖国是我们的母亲,这是永恒的。中国人到(美国)来办企业,最关键的不是赚多少钱的问题,(而是)让美国人改变对中国人的看法和对中国的看法。因此,每一个中国人都应该树立这种观念,就是保国卫民,关键在我们在座的各位。"①

当然,并非所有的美国员工都不认同福耀玻璃美国工厂的管理和经营。事实上,868票对444票否决了成立工会就已经侧面证实了福耀玻璃的管理是受到大部分员工的认同的。在央视的采访中,虽然员工对福耀玻璃的管理有诸多抱怨,但是当央视记者问到在福耀玻璃退出俄亥俄州或者和福耀玻璃一起解决一些冲突之间

---

① 员工访谈部分来自纪录片《美国工厂》以及央视东方时空栏目组对福耀美国工厂的追踪报道《福耀美国工厂"水土不服"风波调查:福耀在美国遇到了什么事?》。

二选一时，员工不约而同地选择和福耀玻璃一起解决分歧。有员工说，"你问我这里有没有文化冲突？我相信存在的。中国人有中国人的做事方式，美国人有美国人的做事方式，但是我相信大家都是为了把这一件事情做好。哪怕有时候有中文翻译在场，我们仍然会互相听不懂，有时候需要用手势。不过我部门的很多中国人，我想他们都在努力学英语，交流比去年刚开始的时候好很多了。我知道有一些做法在中国可以，在美国不可以。但是当公司发现这些问题的时候，我觉得事情总是能够得到很快解决。"另一名员工则说："我们希望福耀玻璃成功，我们希望看到福耀玻璃成长和继续扩大，成为世界最大的汽车玻璃制造工厂。"在美国的找工作网（Indeed）上，我们也可以看到员工对福耀玻璃美国工厂的评价是褒贬参半。很多美国员工指出，公司的福利和工资都很好，中国员工也很友好，可以学到很多新东西，在自己工作遇到困难的时候会得到帮助，等等。

经历了艰难的磨合期，福耀玻璃美国工厂终于迎来了好消息。福耀玻璃公布的数据显示，2017年6月实现盈利300多万元人民币，进入盈亏平衡点[①]。自此之后，福耀玻璃美国工厂实现了连续两年盈利，2017年，美国工厂的净利润为508万元人民币，2018年，这一数额达到2.4亿元人民币。2019年的半年报数据表明，尽管全球经济增速放缓以及国内汽车行业持续负增长等因素导致福耀玻璃上半年的净利润减少了近两成，但美国工厂的表现仍然耀眼：净利润达到1.4亿元人民币，相比起去年同期增长17%[②]。如同福耀玻璃美国法务部律师米卡尔所说，把中国文化和美国文化融合在一起来经营企业，一定会遇到一些障碍，这很正常。最终，一定会努力实现中美员工共同的目标：安全经营、服务客户、制造玻璃。

案例讨论题

1. 福耀玻璃美国工厂面临哪些类型的跨文化冲突？
2. 福耀玻璃美国工厂出现跨文化冲突的主要原因有哪些？
3. 如何管理福耀玻璃美国工厂的跨文化冲突？

---

① https://www.sohu.com/a/163448520_629444.
② http://news.163.com/19/0828/22/ENMTASMI0001899N.html.

第7章 跨文化谈判

教学目的和要求

1. 掌握分布式谈判和整合式谈判的概念;
2. 了解文化差异对谈判的影响;
3. 掌握跨文化谈判的基本策略。

开篇案例

盖尔道公司与美国团队的跨文化谈判

盖尔道是巴西家喻户晓的品牌,是全球第 14 大钢铁制造商,业务遍及 14 个国家,包括美国和印度。盖尔道公司由德国移民朱·盖尔道创立,盖尔道于 1869 年搬到巴西南部,并于 1901 年在阿雷格里港买了一家阿甲工厂。他将生意交给了他的儿子雨果·盖尔道,后者又把它在 1946 年交给他的女婿科特·约翰彼得。

最近,艾琳在与一群盖尔道的高管合作期间,从牵头巴西盖尔道团队的玛丽娜·莫雷兹和她的美国同事吉姆·宝莉那里听说了一则真实地发生在盖尔道最近一起收购事件背后的有趣故事。这次收购最后取得了成功,但收购的过程充满了耐人寻味的曲折。

"会议一开始很顺利,"穿着优雅米色裤装且充满活力的莫雷兹说道,"我们前往密西西比州的杰克逊维尔,吉姆的团队非常友好地欢迎了我们。那天早上,我们开门见山地谈起了生意。"在为期 3 天的紧张而艰难的谈判中,小组稳步地推进议程,连午餐都是在会议室点三明治吃,全天只休息一小会儿。一直谈到晚上 7 点左右,大家都很疲惫了,这才算结束了一天的谈判,会议结束后美国人回家,巴西人则回到他们的酒店。

结束时,美国团队对他们所取得的谈判成果感到非常满意。他们认为,讨论是有效率和富有成效的。短暂的午餐时间和紧张的日程代表着对巴西团队为筹备谈判和远道而来所投入的时间的尊重。但巴西人却表现得不那么乐观,并认为会议没有取得期望的成果。"尽管已经推进了两天,但我们并不确定是否可以信任他们。"

莫雷兹解释道,"值得肯定的是,他们有组织,有效率。但是除此之外,我们对他们并没有更深入的了解。我们不相信美国人会兑现他们的承诺,我们也不确定他们是否会成为好的合作伙伴。"

即使坐着的时候仍然似乎比其他人要高一截的宝莉继续说道:"在那之后,我把美国团队带到巴西继续讨论接下来的事宜。"虽然每一天的会议都安排得满满的,但是用餐时间却很长,午餐时间经常超过一小时,晚餐有时会一直持续到深夜。巴西团队借此机会与美国同事分享美食,与他们谈天。"但我们感到很不舒服。"宝莉回忆道,"第一顿午餐吃了很久,我们开始不停地看着手表,并坐立不安。我们担心要如何完成我们需要完成的工作。我们开始怀疑巴西团队到底有没有认真地对待这些谈判事宜。"

美国人所不理解的是,这些午餐和晚餐象征着对巴西人来说至关重要的东西。"对我们来说,这种类型的午餐传递了清晰的信息。"莫雷兹解释道,"亲爱的同事们,我们已经合作了这么久,我们想向你们表达我们对你们的尊重——即使在这两天里,除了在更深层次上相互了解和建立个人之间的关系和信任以外,没能进一步推进我们的工作,我们也算很好地利用了我们的时间。"①

7.1 谈 判 概 述

7.1.1 谈判的定义

谈判是指有共同利益的两方为了取得对自己有利的结果而进行沟通、协商、争辩、妥协的过程。换言之,谈判是为了一方或多方达成一个大家都可以接受的结果而进行讨价还价的过程。基于这一定义,谈判有三个重要的前提条件:首先,参与谈判的双方利益上有相关性,有共同感兴趣的问题,如果谈判双方没有任何利益相关性,目标完全不同,就不会产生谈判活动。其次,谈判双方在利益上存在一定的冲突,这个冲突产生的原因是双方具有互赖互补的关系:一方获得的利润越高,另一方可能就越低;一方做的事情越多,另一方可能越少。最后,谈判双方均是理性的,都追求自身利益最大化,因此才需要和对方协商。

在谈判中经常用到的两个术语是立场和利益。所谓立场,是指谈判者想要得到的具体结果,比如,薪酬不得低于2万元/月,订购数量不得低于2万吨等,也就是我们常说的

---

① Meyer, E., *The culture map: Breaking through the invisible boundaries of global business* [M]. New York: Public Affairs, 2014.

底线。利益则是隐藏在立场背后的原因。为什么薪酬不得低于 2 万元/月？是因为你认为自己的学历、知识和素质值这个薪酬，还是因为目前这个行业的均价就是这个价格，你觉得低于这个价格没有面子？还是因为你已经拿到另外一家公司的签约意向书，对方给你提供的就是这个薪酬？同样地，订购数量为什么不得低于 2 万吨？是因为你预测未来这一原材料会涨价，想提前囤货呢，还是因为经过估算目前公司下一订单所需要的原材料至少要 2 万吨呢？可以看出，同样的立场背后的利益可能完全不同，而这种不同的利益才是影响最终谈判结果的关键因素。因此，在谈判的时候，人们更需要关心的是立场背后的利益，而非立场本身。然而，目前，大多数的谈判中，人们更多聚焦于立场进行谈判，这也是很多谈判最终以失败收场的重要原因之一。事实上，关注利益要比关注立场更能取得谈判的成功。

7.1.2 谈判的种类

从谈判目的上来讲，谈判分为分配式谈判（distributive negotiation）和整合式判（integrative negotiation）。

（1）分配式谈判。分配式谈判也被称为"零和谈判"，是指拥有相反目标的双方围绕特定价值进行竞争的谈判[1]。举个例子，家里只剩一个冰激凌，小明和哥哥都想要这个冰激凌，如果给了小明，哥哥就没有了；如果给了哥哥，小明就没有冰激凌了。因此，两个人的目标都是完全拥有这个冰激凌。这就是典型的分配式谈判，一方的收益对另一方而言就是损失。在分配式谈判中，双方非常重视眼前的竞争所带来的利益，竭尽全力地为自己争取最大利益，获得最大价值。这主要是因为双方的目标有直接的冲突，大家都追求同一实质性利益。

（2）整合式谈判。整合式谈判则是指两个群体在整合利益、创造价值、达成协议方面相互合作的讨价还价。在整合式谈判中，双方都努力最大化双方的收益，再来分配。如果将分配式谈判比喻成分割蛋糕，一方分得多另一方则分得少；整合式谈判则是先把蛋糕做大，然后双方分一个更大的蛋糕，这样，参与谈判的每一方都获得了比原来预期更高的利益。因此，整合式谈判有时也被称为双赢谈判，并不是每个人都完全得到了自己原来想要的东西，而是相互的妥协和配合使得双方都保留了对自己最重要的东西，并有所收获。

基于两种谈判不同的目标，可以看出，分配式谈判中，双方更关注眼前的利益，不在意长期关系的构建，倾向于做"一锤子买卖"。整合式谈判中，双方更关注建立长远的关系，都花时间去考虑对方的诉求，并将彼此的目标尽可能地整合起来。在商务谈判中，整合式谈判往往比分配式谈判更能取得良好的谈判效果。表 7-1 总结了分配式谈判和整合式谈判的特点。

---

[1] *Harvard Business Essentials: Negotiation*[M]．Boston：Harvard Business School Press，2003．

表 7-1 分配式谈判和整合式谈判比较

	分配式谈判	整合式谈判
目标	在有限价值下争取获取最大的价值	先共同创造更高的价值,再获取更高的价值
牵涉问题	单个	多个
动机	单方获益	共同获益
立场和利益	更关注立场	更关注立场背后的利益
让步妥协	让步越小越好	如果有必要,愿意让步以促进彼此关系
关系	短期导向	注重长期关系的培养
结果	非输即赢	双赢格局

资料来源:基于 *Harvard Business Essentials*:*Negotiation*[M],Boston:Harvard Business School Press,2003,P2-6;苏勇,罗殿军.管理沟通(第二版).上海:复旦大学出版社,2021:207 整理。

7.1.3 谈判的一般流程

一般而言,一项完整的谈判包括以下五个基本步骤。

(1) 计划和准备。计划和准备是谈判过程的第一阶段。在这一阶段,谈判各方需要尽可能地收集各方信息,了解市场情况以及对方的需求,为谈判做好基本的信息储备。

(2) 确定基本规则。确定基本规则是谈判过程的第二步。在这一阶段,谈判各方需要确定谈判的立场及利益,即所能接受的底线以及背后的原因。基于立场和利益,仔细研究可选择的谈判方案。一般而言,可选择的谈判方案越多,谈判成功的可能性越高。在这一过程中,谈判各方要认真思考自己的最佳替代方案(Best Alternative To a Negotiated Agreement,BATNA)。最佳替代方案即如果目前的谈判无法达成协议,谈判一方可以达到目标所存在的其他可能性。一个好的替代方案可以让谈判者占据有利的强势地位。同时,谈判者也要站在对方的立场去思考,对方的最佳替代方案可能是什么。所谓知己知彼百战不殆,了解或猜测对方的最佳替代方案有助于谈判者确立自己在谈判中的立场。

(3) 交换意见。交换意见是谈判过程的第三步。在这一阶段,双方要表明自己在关键问题上的立场,告知对方自己的需求、对对方的诉求以及自己愿意支付的价码。同时,本着合作的原则,双方也会解释和说明自己提出这一立场的原因,即背后的利益诉求。这些立场并非一成不变,很可能在随后的谈判过程中发生改变,取决于双方的谈判过程以及谈判意愿。

(4) 讨价还价。讨价还价是谈判过程的第四步。在这一阶段,双方开始通过质疑、劝说、对抗或者说服的策略来反驳对方的立场和利益,试图说服对方接受自己的观点,或者在两方的立场和利益中寻找折衷的空间,从而达成一致目标。虽然双方都不愿意放弃自己的立场,但他们也非常清楚,如果寸步不让,谈判很可能无法进行。因此,这一阶段双方会不断通过讨价还价寻找双方的利益契合点,试图整合双方的利益以达成合作协议。

(5) 达成协议。一旦经过讨价还价阶段并达成合作协议,最后一步就是将协议条款正式化的过程了,其主要目的是形成包含各种明细的正式合约,以执行和推进交易流程[1]。

7.1.4 谈判的策略

(1) 分配式谈判的策略。在分配式谈判中,一方的获益就意味着另一方的损失,其谈判策略与旨在双赢的整合式谈判完全不同。我们以买衣服为例讲解分配式谈判的谈判策略。假设你在丽江小镇上旅游的时候闲逛,看到一件心仪的手工裙子,店主报价 650 元。你很想买下这条裙子。然而,对方多赚 1 元钱,就意味着你要多付出 1 元钱,而你又不可能经常在这里买衣服,因此,这是一个典型的分配式谈判。在此谈判过程中,你应主要做到如下几点:

首先,切忌透露关于己方的重要信息。信息透露得越多,对方越清楚己方的底线和立场,也就越不利于己方的利益争取。如果在谈判的过程中,你表达出非常喜欢这件裙子,对方可能就会咬住要价不松口。如果你表达出自己在上海一家企业工作,年薪 50 万元,对方让步的概率就会更小。

其次,要尽可能详细地了解对方的信息,如对方的资源、优势、缺点、交易的目的、最佳替代方案等,这些信息掌握得越充分,越能在谈判中占据主动优势。可以在和店主闲聊的时候了解对方是以此为谋生手段,还是仅仅出于兴趣爱好开了一家手工服饰店。如果是前者,谈判的空间可能就会更大,后者则相对较小。

再次,定锚。所谓定锚是指第一次报价的议价范围。你的第一次还价就是锚点。定锚非常重要,如果低于对方的预期过多,对方可能失去了谈判的兴趣。如果你还价到 50 元,对方可能立马赶你出门。如果你还价 620 元,很可能高于对方的预期,对方欣喜地将衣服卖给你,对你而言花费了过多的费用购买这条裙子。因此,定锚要在充分了解对方信息的基础上进行。

再次,在分配式谈判中,要慎重地作出让步。大幅度的让步会让对方认为己方还有很大谈判的空间。例如,当你从还价 300 元直接涨到 400 元时,对方会认为还可以涨得更高。如果你从 300 元涨到 310 元,就给对方一个暗示:你认为价格已经差不多了,不能更高了。

最后,要适时地显示你结束交易的意向。如果经过几番讨价还价,仍未达到你的底线,你可以适时地显示出打算结束交易的意向,这样对方才不会期待你作出更多的让步。

当然,对于分配式谈判来讲,最好的策略是能否创新性地将其转换为一个整合式谈

---

[1] [美]苏珊·C.施奈德,张刚峰,[法]让-路易·巴苏克斯,[奥]京特·K.斯塔尔.跨文化管理(原书第三版)[M].北京:机械工业出版社,2019.

判。当谈判从分配式谈判转换为整合式谈判的时候,双方可以谈判的内容、谈判的空间以及谈判的方案就会更多,谈判成功的可能性也就越大。

(2) 整合式谈判的策略。整合式谈判往往涉及多个事项,如何让谈判双方达成协议并实现双赢成为谈判领域专家研究的重要议题。对整合式谈判而言,以下几个技巧值得参考。

① 非针对性补偿技巧。这一技巧是指使一方得到自己想要的东西,且使另一方在某些不太相关的事宜上得到补偿。以毕业生卖东西为例,你有一辆电动车,由于车况保养很好且电瓶刚换没多久,想以 800 元的价格卖出去。有一名在校生想要购买这辆电动车,但是,他感觉价格略贵,想让你让步,而你坚持 800 元已经是你的底线了,但是,了解到这名在校生也想要出国留学,你愿意把自己的托福、雅思等相关资料全部赠送给他。最后两人达成了一致意见。这就是非针对性补偿技巧,你获得了你想要的 800 元卖出电动车,你已经获得了名牌大学的录取通知书,雅思和托福资料对你而言没有意义,但对他来讲非常重要,所以,他也在一些不太相关的事宜上得到了补偿。

② 滚木技巧。这一技巧是指谈判双方都在那些对自己不太重要的事项上让步,而在自己认为重要的事项上取得较为满意的结果。可以看出,这一策略运用的前提是谈判双方认为重要的事项不冲突,如果双方都认为某一事项很重要,这一策略将会失效。例如,辛苦工作一周后,你和男朋友打算本周五晚上约会,主题是吃饭和看电影。你想去吃家门口新开的一家很有情调的意大利餐馆,你男朋友想去吃火锅。晚上的电影你比较想看最近很火的《你好,李焕英》,而你男朋友很想去重温《阿凡达》。恰好,相比起吃饭,其实你更喜欢看电影;而相比起电影,你男朋友是个典型的"吃货",更热衷于吃饭。因此,运用滚木技巧,你们的约会计划就可以是吃火锅,看《你好,李焕英》。当然,如果你和男朋友都更喜欢电影,就无法运用滚木技巧来谈判了。

③ 搭桥技巧。这一技巧是指在目前所有的可选方案之外想出来的可能解决问题的办法。这种谈判方案需要谈判双方有较强的创新性。例如,最近几年,突发疫情应对成为热门的研究话题,北京市引进一位该领域的技术专家,A 高校和 B 高校都很想要这名技术专家,然而现在只有一位专家,如果去了 A 高校,就没办法去 B 高校;如果去了 B 高校,就没办法去 A 高校,两所学校最近都处在突发疫情应对研究的攻坚阶段,如果采用搭桥技巧,则可以将这名专家引进到北京市疾病预防控制中心,不管 A 高校的老师还是 B 高校的老师,遇到相关的问题都可以去找这名专家咨询。

④ 降低费用技巧。这一技巧是指使得谈判一方得到自己想要的东西,并使谈判另一方在相关事宜上降低费用,从而达成协议。例如,在逛商场的时候,你和一位女士同时看上了一块手表,而这块手表只剩一块了,再调货需要一个月。你很想要这块手表是因为之前逛的时候你女朋友特别喜欢,但又没舍得买,她这个周五过生日,你准备买来送她做生日礼物。为了能买到这块手表,你向这位女士表明,如果她愿意割爱,你可以付她一定的费用,降低她再去买调货表的成本。这样你获得了这块手表,那位女士买手表的价格也低

了一些,双方都获得了自己满意的结果。

7.2 文化差异对谈判的影响

在本章的末尾,安排了一项跨文化谈判的模拟练习。在那个模拟练习中,由于教师要求学生要尽可能地体现出两种文化的特色,而这两种文化存在明显的差异,这种文化差异将给跨文化谈判带来更多的障碍。本节主要结合跨文化谈判模拟练习,讨论文化差异对谈判带来的影响。

7.2.1 文化差异影响双方谈判前的准备

对谈判而言,一个重要的步骤就是谈判前准备。格雷姆和林(Graham & Lam)曾经比较了中国人和美国人在谈判过程中的差异,发现对于中国人而言,谈判前的准备是一个非常长的过程。首先,在中国,人们很少跟陌生人做生意,因此,即便是不熟悉的两方想要合作,往往也需要找中间人,通过中间人的介绍、引荐之后,才有坐在谈判桌前的可能性。这主要是因为中国是典型的集体主义文化,集体主义文化中的人们有着明显的内群体和外群体之分。人们往往对内群体(自己熟悉的人)非常信任,而对于外群体(陌生人)非常不信任。双方一旦通过中间人认识之后,就不再被归为"陌生人"那一类别了。对美国人来讲,谈判前的准备更多是从网络或者一些机构那里获取谈判对方的有关信息,充分准备好谈判对方的资料即可,无需一定要认识对方或者找到认识对方的人。格雷姆和林举了一个美国公司和中国公司谈判的案例。

> 在得知中国邮政储蓄总公司计划对其计算机网络进行现代化改造后,霍尼韦尔·布尔公司很想做这笔生意。得知北京分公司的销售总监与中国邮政的高管是大学好友之后,霍尼韦尔·布尔公司便请销售总监与中国邮政的CEO取得联系,邀请他参加在波士顿霍尼韦尔·布尔总部的合作伙伴论坛。在会议上,霍尼韦尔·布尔公司大中华地区负责人向中国邮政CEO详细介绍了公司的技术特长以及为什么有能力做好这一计算机网络系统,最终达成了合作协议。

当通过第三方或者中间人建立联系后,双方也很少快速地进行谈判,大多需要经过冗长的熟识过程,确认对方值得信任之后,才会正式开展谈判。这种谈判风格在关系导向的国家(如中国、韩国、巴西等)较为盛行。

本章开篇案例也体现了不同文化的人们对信任的理解不一致而带来的谈判障碍。基于梅耶的文化地图理论,对基于任务信任的美国人而言,"全天只休息一小会儿""午餐都是在会议室点三明治吃"代表对巴西代表团远道而来的尊重,集中精力攻克谈判要素。因此,看到巴西人"午餐时间经常超过一小时"开始怀疑巴西团队是否真的认真对待谈判事宜。然而,对基于关系信任的巴西人而言,是否选择合作更多取决于对他人的了解,因此,他们选择花很多时间来与美国同事聊天、分享美食，以此来了解美国同事，并拉近彼此的距离，建立彼此之间的信任，这个过程对巴西人而言至关重要。对巴西人而言，关系文化模糊了工作与人际关系之间的界限。在会议室外度过的时间通常为彼此合作提供了最有价值的互动机会。社交是促成合作的重中之重。人们建立人脉关系之后，业务就自然而然地开展了。

文化差异也影响双方谈判团队的准备。在成就文化的国家，人们在组建谈判团队时往往倾向于选择那些在某些谈判方面有较强能力的人，而不会关心谈判者的年龄、性别等。然而，在归属文化的国家，人们在组建谈判团队的时候也很看重谈判者的社会地位。甚至会通过谈判团队中成员的社会地位判断对方的合作意向。正如第二章中所列举的案例，泰国的莲花公司一看乐购派来的谈判人员是一名年纪轻轻的女士，不清楚对方其实是派了一名经验丰富的青年人才，误以为对方不尊重自己，差点导致谈判还未开始就已经结束。

7.2.2 文化差异影响双方的信息交流方式

如在语言沟通和非语言沟通两章中所讨论的，语言沟通和非语言沟通中的文化差异给双方的信息交流带来了较高的障碍，这种障碍在谈判当中更为凸显。以沉默和插嘴为例，当习惯于插嘴的盎格鲁—撒克逊人不断打断东方人的讲话时，东方人可能因此被激怒，认为对方不尊重自己。类似地，低语境的美国人对谈判的时候中国人总是说"再看看吧""还不错""还好""还可以""还行"也非常崩溃：中国人到底是说行还是不行呢？格雷姆（Graham）曾经对日本人、美国人以及巴西人在谈判时的语言行为和非语言行为差异进行了统计分析，结果发现，不同国家的谈判者沟通风格差异较大，如表7-2所示。

表7-2　不同国家谈判中的沟通风格差异

行为方式和定义	频率或频度		
	日　本	美　国	巴　西
每半小时谈判者说"不"的频率	5.7	9.0	83.4
每半小时发生的10秒钟或以上的沉默次数	5.5	3.5	0
随机选择10分钟，谈判者凝视对方的时间	1.3分钟	3.3分钟	5.2分钟
每半小时谈判者触摸对方的次数（不包括握手）	0	0	4.7

资料来源：John L. Graham, The Influence of Culture on the Process of Business Negotiations in an Exploratory Study, *Journal of International Business Studies*, 1985, 16(1): 81-96.

如表7-2所示，对于高语境的日本人而言，很少直接和对方说"不"；对于低语境的巴西人而言，说"不"的频率是日本人的15倍。可以想象，在谈判的时候，频繁说"不"的巴西人会让日本人非常沮丧：对方到底有没有合作的诚意？为什么我方提出的观点他们总是不同意呢？当难以忍受任何沉默的巴西人与习惯于沉默的日本人展开谈判时，巴西人很可能因为日本人的沉默而焦躁不安：对方是不同意我方的报价吗？为什么沉默不语？到底哪里出了问题？

在本章末尾部分的跨文化谈判模拟练习中，也有类似的情况出现。由于A国文化习惯于沉默，而B国文化则难以忍受沉默，导致在谈判过程中双方因为沉默与否产生了一定的冲突，如某个参与谈判的学生事后反思：

> 在谈判过程中，A公司人习惯于以沉默作出回应，但是这种沉默不具有任何实质性意义，不代表"同意"或是"不同意"，有时候仅表示我们正在思考对方的提议。同时，A公司人即使在被反复追问的情况下也不轻易表态，因为A国人看重人际关系，不会向对方直接挑明否定的态度。但B国文化强调迅速反馈，不仅认为沉默代表对提议表示不满，而且还极其厌恶沉默氛围，试图通过不断地反馈和盘问，或者提出新的要求，来逼迫A公司说出自己的心理预期。对于A公司人来说，不断地逼问让人觉得对方没有耐心且鲁莽大意，但对B公司来说这是更大的挑战，极有可能在A公司的沉默下调整自己的底线，作出一步步的退让，这在真实的商战中是十分危险的。同时，没有目光接触也让B公司的人无法把握A公司的态度，加剧了估计A公司对提议不满的判断。

另一位同学则关注到，沉默这一文化特点可能是一把双刃剑，在其中一组的谈判过程中，由于在B组报价过程中A组保持沉默，B组成员完全不清楚对方是基于文化的原因才保持沉默，不断地降低自己的底线，从而给对方更高的盈利空间；但也发现在大多数小组的谈判中，由于A组成员的沉默导致B组成员丧失合作的意愿：

> 按照角色来讲，我以为会是B公司的人物设定比较占优势，因为可以更多地表达自己的意见，而且非常主动。但是实际的情况各不相同，有的谈判组里反而是被A占据了主动权，B小组急于求成，当A公司不说话或者不表态的时候，自己不停地作出让步，B公司明显处于不利位置。但是也有一些谈判小组里，A公司一直坚持自己的慢热性格，坚持原则，导致B小组失去耐心。在现实谈判中，这是可能发生的。

7.2.3　文化差异影响双方的谈判风格

（1）说服策略。谈判过程中，谈判者的说服能力对谈判成功与否影响较大。不同的国家和地区的人们有关如何说服他人习惯采用的策略并不相同。具体来看，主要的说服策略可以分为倾听文化、对话文化和数据文化。

① 倾听文化。倾听文化中的人们很少主动地发起谈话或者讨论，他们更喜欢认真倾听他人的观点，然后形成自己的观点。大多数亚洲国家具有较强的倾听文化，如日本、中国、新加坡、韩国等。欧洲的芬兰也有较强的倾听文化特质。总体上，倾听文化的人们在谈判的时候更倾向于请对方先发表观点和态度，在认真倾听的过程中提取重要的信息，形成己方的判断，并以此为基础来说服对方。

② 对话文化。对话文化中的人们喜欢聊天，在对话的过程中获取各种各样的相关信息，建立自己的人际关系网络，基于对话过程中提取的信息以及建立的人际关系网络来解

决各种各样的问题。因此,对话文化中的人们较为重视人际关系,工作或任务均要让位于人。典型的对话文化包括意大利、西班牙、葡萄牙、法国、拉丁美洲国家以及沿地中海国家,其次为阿拉伯地区国家、非洲国家、印度以及巴基斯坦等。在谈判过程中,对话文化的人们更倾向于不停歇地去和对方聊天,试图直接说服对方,或者在和对方聊天的过程中,就自己关心的问题向对方提问,以此来获取他们想要的信息,形成己方的观点和判断,进而说服对方。

③ 数据文化。数据文化中的人们更加重视数据,这些数据并非是任何渠道都可以获取,更多是来自报纸、杂志以及其他书面媒体等的正式信息,而不是那些来源不确定的"小道消息"。德国文化、美国文化、新西兰文化等都是典型的数据文化,人们希望能够用数据说话。

透过电影看文化

在电影《刮痧》中,由于爷爷给孙子进行了刮痧,被美国儿童福利局的人误认为是家长虐待孩子,导致华裔家庭许大同一家需要与美国儿童福利局对簿公堂,许大同需要向法官陈述为什么刮痧不是虐待。在法庭上,许大同和法官发生了如下对话:

许大同:我觉得你们没有明白,刮痧是传统的中医疗法,可以治疗各种疾病。几千年来,中医认为人有七经八脉(seven "jing" and eight "mai"),就像无数小溪流向江河,江河又奔向大海,人的身体就像非常复杂但看不见的生命网络,如同计算机网络一样。人的气发自丹田("dan tian"),又回到丹田,也是同样的道理……

法官问大同的律师:律师,你的当事人在说些什么?

律师一脸无奈。

许大同还想继续解释,法官打断他的话:我们理解不了你的话。这样吧,许先生,密苏里州的每一辆车的车牌上写的是什么?

许大同:嗯,用证据说话("Show me states")。

法官:完全正确!你可不可以请一位医学权威来证明你的论点?要用一个普通法官能看懂的英文来证明。

从这段对话可以了解到美国的数据文化。当许大同试图解释中医的七经八脉时,在英文中甚至找不到对应的词汇,法官和律师自然也无法明白许大同想说的是什么。因此,法官让许大同找到证据来证明刮痧的确是一种中医疗法,而非虐待儿童。可以看出,对数据文化的人们来说,证据高于一切。因此,在谈判过程中,来自数据文化的人们更倾向于用数据说服对方,列举证据来证明自己的观点和态度,并希望对方同样能够用数据和证据来说服自己。

(2)初始报价。文化差异对双方谈判策略的影响还体现在双方初始报价以及讨价还价方式上。从初始报价上讲,有一些国家的谈判者往往倾向于在最初报价时给出一个极端的价格,然后慢慢让步,以此表现出自己合作的诚意,典型的代表如中国和阿拉伯地区国家。另一些国家的谈判者则倾向于最初报价接近自己的预期,以此来体现合作的诚意,典型的代表如美国和瑞典。如果完全不了解对方谈判策略的阿拉伯人和瑞典人进行谈判,当瑞典人预期底线为 1 000 万美元并报价 1 200 万美元时,阿拉伯人直接给出 100 万美元的报价,则导致瑞典人质疑阿拉伯人谈判的诚意。然而,对阿拉伯人而言,基于自己的谈判文化,很可能以为报价 1 200 万美元的瑞典人底线可能也就是 200 万美元。这就导致双方很难成功实施谈判。

(3) 讨价还价策略:威胁、许诺和其他行为。基于艾德勒(Adler)的研究,谈判中常用的讨价还价策略包括以下几种:口头承诺、威胁、推荐、警告、奖励、惩罚、使用社会规范、承诺、自我披露、提问以及命令等。格雷姆对日本、美国以及巴西在谈判中运用这些策略的情况进行了统计,结果如表 7-3 所示。

表 7-3 日本、美国和巴西运用讨价还价策略的跨文化差异

行为方式和示例	日 本	美 国	巴 西
口头承诺 例:如果你签三年合同,我可以每个月便宜 500 元钱。	7	8	3
威胁、警告、惩罚 例:如果你不同意我的条件,我就把这件事透露给媒体。	7	8	6
推荐 例:老板便宜点吧,我推荐我的同学都来你这里买。	7	4	5
使用社会规范 例:我们卖给别人都是 10 元钱。	4	2	1
承诺 例:我们会在 10 月底之前完工。	15	13	8
自我揭露 例:这个月我们只能给你们生产一万件,我们人手不够。	34	36	39
提问 例:可以和我们分享一下你们在欧洲的生意吗?	20	20	22
命令 例:这个问题你必须答应,赶紧搬走吧。	8	6	14

注:(1) 右侧数字是在半小时的讨价还价中该策略应用的次数;(2) 结合 Graham(1985)和陈晓萍(2017)整理而来。

表 7-4 以北美人、阿拉伯人以及俄罗斯人为例,对比他们在谈判风格上的文化差异。

表 7-4 北美人、阿拉伯人、俄罗斯人的谈判风格差异

	北美人	阿拉伯人	俄罗斯人
谈判风格	注重事实:追求逻辑	注重情感:追求情感	注重理念:追求理想
冲突:如何反驳对方的论点	用客观事实	用主观情感	用理想观念
让步	在谈判开始时就作一些小的让步,以建立关系	让步贯穿谈判整个过程,是谈判的一部分	极少让步

续 表

	北美人	阿拉伯人	俄罗斯人
对对方让步的反应	通常作出回报性让步	几乎总是回报对方的让步	将对方让步视为懦弱,几乎从不回报
关系	短期	长期	没有持续关系
权威	较宽泛	较宽泛	有限权威
初始立场	温和	极端	极端
最终期限	非常重要	随意	忽略

资料来源：Glenn E. S., Witmeyer D, and Stevenson K. A., Cultural Styles of Persuasion[J]. *International Journal of Intercultural Relations*, 1977, 1(3): 52-66.

由表 7-4 可以看出,北美人在谈判的时候充分体现了他们的数据文化:在整个谈判过程中注重事实,追求逻辑,在反驳对方观点的时候也习惯于用客观事实。同时,美国人在谈判过程中的初始立场较为温和,不会提出极端的报价或者观点,且愿意在谈判开始的时候作出一些小的让步以建立彼此之间的关系,他们也希望谈判对手能如此。此外,他们非常关注谈判的最终期限,希望能够遵守严格的截止日期,在计划日期内完成谈判。这种谈判方式往往会使他们在那些不太关心截止日期的谈判对手那里吃亏。

> 在结束越南战争的巴黎和谈过程中,美国代表团预定了一周的酒店,他们的谈判对手越南则是租用一个城堡整整一年。随着谈判的进行,时间压力使得美国人不得不一周接一周地去调整酒店入住时间,以适应越南人的时间安排①。

关系导向的阿拉伯人在谈判的时候更多是利用主观感受、情感诉求来和对方进行谈判,同时这些策略也是他们反驳对方的主要方式。在谈判初始,阿拉伯人往往会给出非常极端的报价,主要是因为让步是贯穿整个阿拉伯人谈判过程的,如果初始报价较为温和,可以想像最终的成交价格将远远低于预期,因此,他们倾向于给出一个极端的价格,然后再不断让步。

俄罗斯人一般不希望和他们的谈判对手建立连续的关系,因此,他们也不认为在谈判中有必要建立关系。在谈判的过程中,俄罗斯人几乎不会作出任何让步,且会将对方的让步视为对方软弱的信号。他们的初始报价往往较为极端,截止日期在他们眼里完全可以忽略。在谈判的过程中,负责谈判的人往往只有有限的权威,因此,他们可能经常需要请示上级。

7.2.4 文化差异影响双方的合作目标

在谈判的时候,是旨在完成当下这一笔生意还是希望能和对方建立长期合作?不同的文化对这一问题的态度并不相同,这也影响了他们在谈判过程中的倾向性。以韩国人

---

① [美]南希·阿德勒.国际组织行为(第四版)[M].杨晓燕,主译.北京:北京大学出版社,2004.

和加拿大人的谈判为例,长期导向的韩国人在谈判的时候不仅希望能就本次议题达成协议,更希望能通过本次合作建立长久的合作关系,为未来的长期合作打好基础。因此,在谈判的过程中,他们可能更希望与对方建立关系,更倾向于从对方的角度出发,采取整合式谈判的策略,考虑对方的立场和利益,共同把蛋糕做大,然后分割更大的蛋糕。短期导向的加拿大人的谈判目的可能就是奔着"一锤子买卖"来的,因此,更希望在有限的蛋糕基础上分得更多的份额,更多采用分配式谈判的策略。这就可能导致双方在谈判的时候质疑对方的诚意,进而给谈判的成功带来一定的阻碍。

7.3 跨文化谈判的策略

7.3.1 谈判三要素

一项成功的谈判取决于三个主要因素:谈判者、谈判环境以及谈判过程中战略和战术的运用。不同国家的谈判风格在这三方面均有较大的差异,本节将从这三个要素出发,谈一谈跨文化谈判的相关策略。

(1) 跨文化谈判者。不同的文化对优秀谈判者应该具备哪些素质有不同的看法。如表 7-5 所示,有关美国谈判者、中国谈判者、日本谈判者以及巴西谈判者的核心要素有较大的差异。

表 7-5 有助于谈判成功的不同文化谈判者素质

美国谈判者	日本谈判者	中国谈判者	巴西谈判者
准备和计划能力	敬业	坚决果断	准备和计划能力
面对压力进行思考	悟性和开拓能力	必胜信念和自信	面对压力进行思考
判断和才智	必胜信念和自信	准备和计划技巧	判断和才智
言语表达	诚实	产品知识	言语表达
产品知识	展示倾听技巧	有趣	产品知识
悟性和开拓能力	视野广阔	判断能力和才智	悟性和开拓能力
诚实	言语表达		竞争性

资料来源:[美]南希·阿德勒.国际组织行为(第四版)[M].杨晓燕,主译.北京:北京大学出版社,2004:144.

可以看出,美国和巴西对于优秀谈判者的特点看法大致相同,中国和日本对于优秀谈判者的看法也有很多共同特点。了解不同国家和地区的人们对优秀谈判者看法的差异,就可以在和这些地方的人谈判的时候着重突出自己这些方面的特点,从而促使谈判成功。

(2) 谈判环境。谈判是应当在己方办公室进行、对方办公室还是在一个中立的地方?

大多数的谈判都选择在一个第三方中立地点来进行。在日本,人们更倾向于到商务娱乐场所进行谈判,用于改善和谈判对手成员之间的关系。很多亚洲企业和北美企业在进行谈判的时候选择夏威夷地区,这样双方都需要旅行,不会厚此薄彼。当然,也有部分谈判选择在其中一方的办公室进行,这一点在东亚国家更为明显,主要是为了体现自己对合作的重视以及对合作伙伴的重视。例如,在吉利并购沃尔沃的谈判中,李书福就特意飞到瑞典工厂和那里的工会技术人员进行谈判,并成功赢得了对方的认可。

谈判会议的座次应当如何安排?大多数的谈判过程,都是双方团队面对面坐在会议室桌子的两侧进行。这种谈判方式有助于观察对方团队的反应,及时调整己方战略。然而,这种谈判方式也在无形之中加深了双方的竞争和对立情绪。因此,阿德勒(2004)建议,谈判双方可以坐在同一侧,如同日本谈判者一样,把所有与谈判相关的问题挂在墙上,这样双方可以共同面对问题,共同努力解决问题①。

(3) 谈判战略和战术。随着国际商务活动的日益增多以及跨文化沟通和管理知识的不断积累,很多企业已经对不同国家和地区人们的谈判风格有所了解,在进行跨文化谈判的时候,适当适应对手的谈判风格,或者汲取其他文化谈判风格中有效的策略,对于谈判的成功往往会起到意想不到的效果。例如,当了解到日本人在谈判过程中习惯于沉默时,将这种沉默理解为对方的文化而不是自己的报价没有达到对方的预期,将有助于稳定谈判局面,免得使己方陷入被动。

> 历史上,承办奥运会的国家都亏损几百万美元。彼得·尤伯罗斯经营的1984年洛杉矶奥运会却实现了盈利一亿多美元,这还是在苏联没有参加的情况下。可想而知,如果苏联也参加本次奥运会,盈利水平将进一步提高。那么,这种盈利是如何做到的呢?一个重要的因素就是组委会适应不同文化的谈判方式,在报价时采取极端态度的讨价还价。例如,奥运会组委会预期日本支付的奥运会转播权费用是1 000万美元,因此,当日本人提出600万美元的转播权费用时,组委会直接报价9 000万美元。结果,通过有效地使用在其他国家盛行的极端态度报价,双方以1 850万美元达成协议,远远超出了组委会最初预计的1 000万美元②。

7.3.2 跨文化谈判的原则

基于前几节的论述,文化差异加剧了谈判过程的冲突和误解,因此,一个优秀的跨文化谈判者,除了在谈判者、谈判环境以及谈判战略和战术方面积极准备外,更要能够认识到彼此的文化差异,尊重文化差异并能协调文化差异。

(1) 认识文化差异。认识文化差异是跨文化谈判的基本原则。只有认识到文化差异,才能正确地理解对方一些举动背后的含义,不会因为语言上或者行为上的一些举动而

---

① [美]南希·阿德勒.国际组织行为(第四版)[M].杨晓燕,主译.北京:北京大学出版社,2004.
② [美]弗雷德·卢森斯,[美]乔纳森·P.多.国际企业管理:文化、战略与行为(原书第八版)[M].周路路,赵曙明,等译.北京:机械工业出版社,2015.

误解对方的言行,进而给谈判带来不必要的困扰。这一点,在跨文化模拟谈判中体现得非常明显。在跨文化模拟谈判中,双方并不清楚对方的文化规则,很可能因为文化上的冲突而带来负面的影响。我们发现很多小组并非因为谈判内容而导致谈判失败,更多是因为不能理解对方的文化而导致谈判失败。例如,有一个A公司团队谈判的时候很注意减少和对方的目光接触,导致B公司的团队非常沮丧,谈判结束后不断地表示对方"没有礼貌"。一名参与谈判的同学事后反思:

如果谈判的双方有着巨大的文化差异,谈判往往是很难顺利进行下去的。在同学们的谈判中,很容易发现一个有趣的问题,就是基本信息中给的需要商定的问题有4个。但是根本没有小组会在有限时间内推进到第3个问题甚至全部商定完,往往在规定时间内谈判双方在前两个问题上还争执不休。B方的谈判风格是必须要求对方当面给出明确的答复,但是A方的谈判风格是不能提供明确的信息,两种矛盾的谈判风格也是造成谈判难以推进的原因。因此,如果谈判双方无法意识到这个问题,进而作出相对的调整,就会像模拟谈判一样很容易陷入僵局。

如果双方由于文化的差异造成谈判风格的巨大差异,在谈判的过程中更容易产生对其文化的误解,进而对谈判方产生不满、消极的情绪。例如,在模拟谈判的过程中,A公司的风格是被动的,不提供信息也不提出自己的立场,也不会明确否定对方的建议,这种态度就多次被B公司质疑,甚至B公司认为A公司没有合作的诚意。如果双方没有提前了解对方的谈判风格,可能B公司觉得A公司谈判消极被动、没有诚意,A公司觉得B公司过于咄咄逼人、过于强势,那么双方可能就不欢而散。

(2)尊重文化差异。在认识文化差异的基础上,能做到尊重文化差异,是跨文化谈判成功的第二个重要原则。在跨文化谈判的过程中,尤为需要注意降低自己的民族中心主义心态,文化没有优劣之分,因此,不论自己是否可以理解对方的文化,优秀的跨文化谈判者必须要能做到不妄加评论对方的文化准则,尊重对方的文化。例如,如果不是印度人,很难理解为什么印度人认为左手是不干净的。然而,在与对方谈判的时候,要能尊重对方的这一文化,不要用左手递给对方文件或其他东西,以免激怒对方,使得对方认为自己不尊重他们。同样,在跨文化模拟谈判中,有同学给出了如下反馈:

在谈判中,遇到冲突的时候,正确的处理方式是选择理解和包容对方的文化,或者让对方适应自己的文化。在这个谈判案例中,B公司的谈判者可以告诉A公司的谈判者自己国家的办事风格是怎样的,这样A公司的谈判者也许能够理解,从而使得谈判顺利进行下去。或者双方提前了解好对方的风格,然后适应对方的风格。

(3)协调文化差异。在认识并尊重文化差异的基础上,更要主动地采取措施去协调文化差异,才能使得谈判更为有效地进行。

一位欧洲石油公司业务部的经理在与一位韩国石油商就双方的合作事宜展开谈判。第一次会晤的时候,韩国商人向这名欧洲经理赠送了一支银质的笔。然而,这一小小的礼物却被这位欧洲经理婉言谢绝了,尽管他当时也知道韩国人赠送礼物的风俗,但仍然害怕变成受贿。让这个欧洲经理吃惊的是,第二次会晤的时候,这名韩国商人向他赠送了一部立体声收音机。他对于受贿的恐惧更甚,于是又拒绝了。

第三次会晤时,当这位欧洲经理看见对方又向他赠送一件韩国瓷器时,他才明白到底是怎么回事。原来,他拒绝对方的本意是想告诉对方,"是时候谈生意了",却让对方产生了完全相反的反应:对方以为他想的是"想和我谈生意,你必须先给我些贵重东西"。这种尴尬使得他恍然大悟。他发觉韩国商人只是想通过礼物来建立一种良好的关系,根本没有行贿之意。为了避免类似的误解,在后来与韩国人的谈判中,这个欧洲经理决定告诉对方,他很愿意建立良好的关系,但没必要互赠贵重礼物①。

7.3.3 跨文化谈判风格的确定

在跨文化谈判中,很多国家的风格可能是相悖的,例如,在谈判最初的时候是该拥抱还是该握手?是该和对方目光接触以示尊重还是不该和对方目光接触以示尊重?在什么时候,跨文化谈判者需要使用自己的文化风格?在什么时候,跨文化谈判者需要使用对方的文化风格?跨文化谈判专家史蒂芬·威斯(Stephen Weiss)基于谈判者对对方文化的熟悉程度以及对方谈判者对己方文化的熟悉程度两个维度,提出五种不同的谈判风格(见图 7-1)。

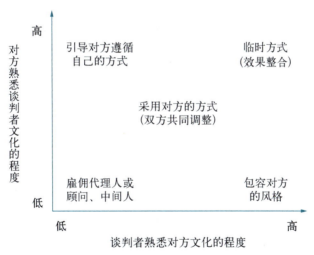

图 7-1 跨文化谈判中的文化应对策略

资料来源:Stephen F. Weiss, Negotiating with Romans-Part 1, MIT *Sloan Management Review*, Winter 1994.

如图 7-1 所示,当谈判双方对于对方的谈判风格均不熟悉的时候,最好雇佣代理人或者顾问、中间人来参与谈判,以免因为文化问题而导致沟通上的误解或冲突。当己方谈判团队熟悉对方的文化,而对方可能并不熟悉己方的文化时,最好是在谈判过程中包容对方

---

① [荷]丰斯·特龙彭纳斯,[英]查理斯·汉普登-特纳.在文化的波涛中冲浪:理解工商管理中的文化多样性(第二版)[M].关世杰,主译.北京:华夏出版社,2003:190-191.

的文化。当己方谈判团队并不熟悉对方的文化,而对方对己方的文化较为熟悉时,谈判者可以引导对方遵循自己的方式,以此来避免出现一些冲突或误解。如果谈判双方均对对方的文化有一些了解,谈判过程中可以共同尝试来调整自己的风格适应对方的风格。当谈判双方均对对方的文化非常熟悉时候,可以临时选择一种风格为双方所用,也可以创造一种协同方法来进行谈判。尽管没有哪一种文化适应策略可以保证谈判一定会取得积极的效果,但可以明确的是,谈判双方对对方的文化了解越深,选择的策略更能适应双方当时的情境,越有可能达成理想的谈判结果。

7.4 跨文化谈判的模拟练习[①]

跨文化谈判是指来自不同文化背景的个体或群体之间展开的谈判。毋庸置疑,由于文化背景的差异,跨文化谈判比一般的谈判面临更多的困境。本节将通过一个模拟练习来体验跨文化谈判的感受。

本练习共分 A 和 B 两个角色。A 公司的团队成员只能看到第一部分和第二部分内容,B 公司的团队成员只能看到第一部分和第三部分内容。拿到谈判资料之后,各小组可以充分搜集信息,按照本章第一节学习的谈判策略来准备自己的谈判方案。此外,与一般的商务谈判模拟不同,A 公司的团队成员还需要熟悉 A 公司文化的特点,在谈判的时候一言一行要能够体现出自己的文化特色。同样,B 公司的团队成员也要能在谈判的时候体现出 B 公司的文化特色。准备好之后,每个小组进行 15 分钟左右的跨文化谈判模拟。

7.4.1 A 公司和 B 公司的基本信息

A 公司概况

A 公司是一家专业生产玻璃制品的公司,专注于玻璃科技领域的技术开发、技术服务与生产。A 公司是 A 国玻璃产业的巨头,其生产的玻璃制品在 A 国市场上占据较高的份额。同时,A 公司的玻璃制品也远销海外,在日韩、北美等国家均拥有固定的客户。A 公司近年来布局欧洲市场,A 公司向欧洲的 B 国某汽车企业 B 公司出口钢化玻璃已经一年。

B 公司概况

B 公司是 B 国一家汽车企业。由于 B 国的人力成本较高,B 公司常会向其他国家进口部分生产所需的配件来节约成本。其中,上一年 B 公司汽车配件之一的钢化玻璃购买自 A 公司。同时,B 公司还向韩国、比利时、墨西哥等国进口钢化玻璃。

---

① 受 Thomas Gladwin 的跨文化商业谈判模拟练习启发编撰的适合中国读者的谈判案例。

7.4.2　A 的角色

你们公司向 B 公司出口钢化玻璃已经一年，两方的合同即将到期。你们公司希望今后的几年能够继续向 B 公司出口，借机逐步打开欧洲市场。因此，应对方邀请，你方派出一行人员到 B 公司总部进行后续合同的谈判。谈判的议题主要有以下四个。

（1）报价。你们公司根据国际市场行情，报价为 1 200 美元/平方米。这一报价是本国玻璃市场的最低价。但考虑到你们前期和 B 公司合作很愉快，未来也想要长期合作，如果对方诚意较足，你们可以将价格降至 1 150 美元/平方米，这也是你们的底线。你方通过市场调查，发现 B 公司也同时从韩国、比利时、墨西哥等国进口钢化玻璃，但是经过多方打探，你方初步认为，你们的报价与墨西哥公司的价格水平相近，且要低于韩国和比利时公司的报价。

（2）合同年限。根据市场调查，未来钢化玻璃的市场价格有下行趋势。因此，这一次你方希望不再是仅签订 1 年的合同。由于双方已经有了较为良好的合作基础，你方希望此次能够签订 5 年的合同。

（3）采购数量。经过前期的市场调查，你们发现，B 公司从韩国、比利时、墨西哥等国进口的钢化玻璃量较大，高于去年从你方进口的数量。你方希望 B 公司今年能够扩大从你方采购的钢化玻璃数量，从去年的 1 000 万平方米提升至 1 500 万平方米，且在 5 年内每年的出口量逐渐提升，最终能够成为 B 方最大的钢化玻璃供应商（超过墨西哥、韩国、比利时等国家的供应商）。如果 B 方能够承诺 5 年内每年给到你方的钢化玻璃采购量都在 1 800 万平方米以上，你方可以将今年的报价适当降低。

（4）B 方欧洲其他国家汽车工厂供货权。你方还发现 B 公司在欧洲其他国家也设有汽车工厂，你方希望此次谈判能够拿下 B 公司在欧洲其他汽车工厂的钢化玻璃份额，实现向欧洲多国供货。已知 B 公司在除 B 国外的欧洲国家还有 3 家汽车工厂，你方想要拿到这 3 家在不同国家的汽车工厂的供货权，同时，在合同期内逐年增加对这 3 国的供应量，最终要能够占据这 3 国汽车工厂约 50% 的钢化玻璃份额。如果 B 方能够承诺第一年就能给到这 3 家汽车工厂 50% 的份额，你方可以考虑将玻璃的价格适当下调。

A 公司谈判人员的谈判风格

来自 A 国的谈判者有如下行事风格：注重礼仪，强烈的集体主义观念，高权力距离，谈话迂回，情感内敛。你们的团队在和 B 公司谈判的时候要表现出这些特点。具体的指导语如下所述（以小组形式讨论每项特点，并讨论在每个谈判阶段如何表现这些特点）：

（1）A 国人很注重礼仪。见面的时候会和对方握手，并交换名片。同时，A 国人非常注重关系的建立，他们希望先与谈判对方互相了解并成为朋友，再来谈生意。因此，A 国人不会立刻进行谈判，总是要先寒暄一番，然后再进入主题。在谈判的时候，他们习惯于距离对方远一些，以示对对方的尊重。同时，在对方讲话的时候，他们不会盯着对方看，否则，会被认为是没有礼貌。

(2) 有强烈的集体主义观念。A方以团队的形式参与谈判。在正式谈判前，A方谈判团队内部会先达成统一的意见，制定统一的谈判策略。团队每个成员会负责其专属的一部分谈判内容。在正式谈判过程中，A团队成员会根据事前商议好的谈判战略进行谈判。如果谈判中出现事先没有考虑到的问题，A方会进行集体讨论，待所有成员达成共识以后作出统一的决定。

(3) 高权力距离。A国等级森严、注重地位。在谈判中，团队中职位高者会坐在核心的谈判位置，且主导谈判进程。团队成员如果有自己的想法必须先告知领导者，而不会擅自在谈判中发表个人意见。一般面临决策的时候都是领导拍板，员工不会作出决策。

(4) 谈话迂回。A方在谈判时不会急于表明自己的态度，更多的时候是先倾听对方的发言，直到听到对方提出的条件也符合自己的立场时，他们才会表态。A方说话比较委婉，不会非常直白地表达自己的立场。他们会使用间接、含糊的语言，如"大概""基本上"。他们很少说"不"，他们往往会说"这可能有难度"。因为他们认为直接拒绝对方或直接完全否定，可能会伤害双方的合作关系，而他们又非常注重关系。另外，他们习惯于等对方讲完之后，沉默一会儿再开口发言，在A国的文化里，适当的沉默体现出自己在认真思考对方讲述的内容。

(5) 情感内敛。A国人十分克制自己的感情，从不会显露出来。在A国的文化里，"喜怒不形于色"是值得赞赏的品质。因此，在谈判时，他们往往保持镇定而冷漠的表情，不会有夸张的表情和肢体语言，说话语调也较为平淡，音调平稳。

(6) 低不确定性规避。A国人对于不确定性有着较高的接受程度。他们可以接受风险、愿意接受不同行为的社会文化。因此，对于谈判出现暂时无法明确的事项，他们不会表现出不安。他们最常用的一句话是，"这个话题我们先放一放，一会儿再说"。

7.4.3　B的角色

你方从A国A公司进口钢化玻璃已经1年，两方的合同即将到期。你方之前与A国A公司1年的合作较为愉快，由于钢化玻璃库存马上就要告急，因此，近期邀请A公司来B国进行钢化玻璃的谈判。

谈判的议题主要有以下四个。

(1) 报价。你方通过市场调查发现，未来钢化玻璃的市场价格有下行趋势。你方希望进一步压价，你们希望能以1 000美元/平方米的价格签约，你们的底线是1 050美元/平方米。

(2) 合同年限。如果A公司同意本公司的价格，你方希望与A方签订更长的合同期限。但同时，鉴于有下行趋势的钢化玻璃市场价格，为了避免未来的不确定性，你方又不希望签订过于长的合同年限。你方想要与A方签订最多3年的合同。

(3) 采购数量。由于你方与韩国、比利时、墨西哥等国家的公司合同还未到期限，你方如果向A方进口过多数量的钢化玻璃，可能会有库存积压的风险。因此，在采购数量上，你方并不想采购过多,希望能够维持去年的1 000万平方米。但如果A公司给的报价符合你方的预期,你可以考虑在和韩国、比利时的公司的合约到期后转从A公司进口。

(4) 欧洲其他国家汽车工厂的供货。你方希望A公司还能够承担你方在欧洲其他汽车工厂的一部分钢化玻璃供货。但同时,你方不希望A公司掌握太多的份额,使得你方在所有国家的汽车工厂都过于依赖A方。你方担心A方会因此上调价格。你方想让A方承担这些汽车工厂约20%的供货量。当然,如果A公司能在报价上让步,你们可以考虑提高其在欧洲其他国家汽车工厂的供货。

B公司谈判人员的谈判风格

来自B国的谈判者都拥有如下行事风格:不拘礼节,强烈的个体主义风格,直率,没有耐心,表情丰富,进攻性强。你们团队在和A公司谈判的时候要尽量表现出这些特点,具体的指导语如下所述(以小组形式讨论每项特点,并讨论在每个谈判阶段如何表现这些特点):

(1) 不拘礼节。B国的人不拘礼节,不太注重那些正式的社交礼仪。他们喜欢上来先给对方一个大大的拥抱,以体现自己的热情。谈判的时候喜欢直奔主题,不太习惯寒暄聊天。他们喜欢离对方近一些,体现自己和对方的亲密。同时,对方讲话的时候,他们一定会盯着对方的眼睛看,以表示自己在认真听。

(2) 强烈的个体主义。B国很强调个体的价值,且B国文化十分鼓励人们表现自我。在谈判中,B方的每一位成员都会努力为谈判作出贡献。每一位成员有想法和观点时,都会第一时间在谈判中提出,B方团队喜欢各抒己见。

(3) 低权力距离。B国文化强调人与人之间的平等。上下级之间的关系比较亲近和友好,上下级更像是合作关系。每个人都可以对谈判决策作出影响。

(4) 表达直接,目标明确。B国人非常直率。他们在谈判时会积极主动地提供信息,并亮出自己的观点和立场。如果与对方的意见吻合时,他们往往会给出十分肯定的答复;如果对方提出的条件让B方无法接受时,B方人员会直接说"不"。同时,B国人还会极力证明自己的提议是最好的选择。此外,B方谈判具有明确的生意导向。他们不愿意花时间在与生意无关的话题上,如果谈判停滞不前,B方人员往往会表现得很急躁,因为他们急于达成谈判结果。

(5) 情感外露。B国人很善于表达自己的感情,他们情感外露,往往会用夸张的面部表情和肢体语言来表达内心的情感。在开心时,他们的语调会上扬。如果谈判中有让他们觉得无法接受的地方,B方人时常会皱眉或是表现出生气来。但他们认为这是自己坦诚的表现,并不觉得这会影响双方之间的谈判。通过肢体语言等来给对方压迫感,也是他们的谈判策略之一。

(6) 高不确定性规避。B国文化具有高不确定性规避特征。商业合同的条款往往十分明确、具体,B公司人会努力将所有事项都考虑进去。在谈判中如果出现在当时无法确定的因素时,B公司人会表现出一定的不安,急于明确该事项。他们最不能忍受的一句话就是,对于两方在此谈判模拟中的表现,裁判可将得分打在表7-6和表7-7中。"这个话题我们先放一放，一会儿再说"。

表 7-6　谈判模拟评分表格(A)

项　目	具　体　要　求	得　分
理解跨文化情境（60分）	是否体现出 A 国人很注重礼仪的特点(10分)	
	是否体现出 A 国人很强的集体主义观念(10分)	
	是否体现出 A 国人的高权力距离(10分)	
	是否体现出 A 国人谈话迂回的特点(10分)	
	是否体现出 A 国人情感内敛的特点(10分)	
	是否体现出 A 国人低不确定性规避的特点(10分)	
谈判技巧（40分）	是否运用到本堂课所学的谈判技巧：立场和利益、分布式谈判与整合式谈判、整合式谈判的技巧等(20分)	
	能否主动、准确、及时、机智地应付对方的刁难等,思路清晰,不冲动,逻辑正确,应对灵活(10分)	
	是否能识别出对方用的谈判技巧并予以回应,要价与砍价是否具有说服力(10分)	
目标实现（10分）	最初目标与实际成交价格的差距大小；报价的科学性；为成交作出的努力(10分)	
内容资料（10分）	谈判依据是否充分、合理、恰当有力；引述资料内容是否准确(10分)	
总　计		

表 7-7　谈判模拟评分表格(B)

项　目	具　体　要　求	得　分
理解跨文化情境（60分）	是否体现出 B 国人不拘礼节的特点(10分)	
	是否体现出 B 国人很强的个体主义观念(10分)	
	是否体现出 B 国人的低权力距离(10分)	
	是否体现出 B 国人谈话直率的特点(10分)	
	是否体现出 B 国人情感外露的特点(10分)	
	是否体现出 B 国人高不确定性规避的特点(10分)	
谈判技巧（40分）	是否运用到本堂课所学的谈判技巧：立场和利益、分布式谈判与整合式谈判、整合式谈判的技巧等(20分)	
	能否主动、准确、及时、机智地应付对方的刁难等,思路清晰,不冲动,逻辑正确,应对灵活(10分)	
	是否能识别出对方用的谈判技巧并予以回应,要价与砍价是否具有说服力(10分)	

续表

项　目	具　体　要　求	得　分
目标实现（10分）	最初目标与实际成交价格的差距大小；报价的科学性；为成交作出的努力（10分）	
内容资料（10分）	谈判依据是否充分、合理、恰当有力；引述资料内容是否准确（10分）	
总　计		

思考题

1. 分布式谈判和整合式谈判有什么区别？

2. 文化差异对谈判有哪些影响？

3. 本章内容对你未来参与跨文化谈判带来哪些启发？

章末案例

加拿大坎沃公司与中国壁纸厂的谈判①

加拿大坎沃公司(Canwall)是一家壁纸印刷器材的生产商。最近,它在中国江苏省的某城市新开了一家壁纸生产公司。于是,坎沃公司派了两位代表来中国商谈器材的销售问题。来的人是公司总裁查理·伯顿和营销总监菲尔·雷恩斯。在此之前,坎沃公司从未在加拿大以外的地区销售过设备,因此,两位加拿大代表对此次在中国受到的盛情款待感到非常高兴。

这已经不是坎沃公司与中国壁纸厂的第一次会面了。在此之前,中国壁纸厂的经理李先生曾随代表团访问过加拿大。一次偶然的机会,他会见了坎沃公司的高级销售人员和生产总监。随后,加拿大贸易代表来到中国,向李经理表达了坎沃公司对开展贸易的浓厚兴趣。进行这些会面后,双方保持了频繁的信件、传真往来。现在,坎沃公司的高层已准备好和中方进行贸易商谈。

伯顿和雷恩斯抵达中国的当天,李经理亲自前往上海机场迎接。之后,司机驱车140公里将他们送到目的地,并将其安顿在一家新建的宾馆里。几个小时之后,他们就被邀请享用了一顿由12道菜组成的盛宴,出席宴会的还有几位市政府高级官员。如此隆重的接待使得两位加方代表对交易充满信心。

第二天,中方带着他们先后参观了一个可供集装箱货船停靠的大型港口和几家能代表该地区经济繁荣状况的工厂。伯顿和雷恩斯急切地盼望可以尽早开始讨论有关业务的事宜,但是午饭后,中方让他们先休息一会。傍晚时分,一名会讲英语的员工来告诉他们,晚上李经理请他们去看当地舞蹈团的表演。

到了第三天,他们终于坐下来会谈了。然而,谈判的进展相当缓慢,双方首先介绍了各自公司的概况。在加方看来,这些似乎与贸易毫无关系。会议使用的翻译是由中方提供的,她试图使加方代表高兴。虽然加方代表感觉很愉快,但是沟通的进度却由于翻译过程而有所减慢。

中方还花了大量时间询问并谈论一个曾在加方工厂所在的那座城市做过贸易代理的人。可是,伯顿从未见过他,所以有关这个话题他无话可谈。

最后,当伯顿和雷恩斯终于可以发言时,他们惊讶地发现中方竟突然出现了多位谈判代表:有10个人正隔着桌子坐在对面。之后,当好几个人在不同时间在会场内接手机且并未道歉时,伯顿和雷恩斯感到有些不安。然而,中方人员仍然时常

---

① [美]艾丽斯·I.瓦尔纳,[美]琳达·比默.跨文化商务沟通(第五版)[M].孙劲悦,译.大连:东北财经大学出版社,2016:222-224.

点头,并微笑着说"yes"。伯顿和雷恩斯拿出早已准备好的销售数据,他们认为这些数据很有说服力,它们会说明在未来5年内,坎沃公司的产量将会翻一番。当一天的会谈结束时,两人满怀喜悦地回到他们下榻的宾馆,确信有关印刷设备的销售已经没问题了。

第四天,伯顿和雷恩斯被告知将昨天所讲的内容说与另外一些人听,这些人当中有四张新面孔。伯顿和雷恩斯感到迷惑,他们搞不清楚到底谁才是他们真正的谈判对象。昨天的欢欣鼓舞慢慢消失了。中方要求他们详细地描述其产品所应用的技术。可是,伯顿和雷恩斯都没有参与过设备的高科技核心部件的设计制造工作,因此只能尽其所能地加以介绍。当两人回到宾馆时,都已筋疲力尽。

中方提供的那名女翻译好像对技术术语也不太熟悉,因为她和工厂的翻译花了大量时间讨论如何翻译这些术语。此外,中方提供给加方的翻译是位女士,因此,伯顿和雷恩斯不得不在宾馆的大厅里与女翻译碰面,以讨论下一天的工作计划。可是,筋疲力尽的伯顿和雷恩斯多么希望可以坐在他们的房间里讨论,而不是吵闹的大厅里,被别人好奇地看来看去。女翻译要求在公共场所讨论,是因为作为女性,她不方便去他们的房间。

次日,谈判第一天出现过的一名中方谈判成员指出,两名加拿大代表所说的内容与坎沃公司的生产总监(该人为工程师)所说的有出入,两人听后感到非常懊恼。中方好像抓住了他们的"小辫子",责备他们说法不一。伯顿和雷恩斯立即给公司发消息,让公司把产品说明书和操作细则发过来。在下午的谈判中,虽然大家依旧彬彬有礼,但气氛有些令人感到不舒服。其间,一名中年女士突然闯进谈判室,对中方一名重要发言人耳语了几句。而后,这名发言人立刻起身,径直离开了谈判室,这让伯顿和雷恩斯感到很不安。两人期待着中方能就这个突发事件作出解释,可是却没有人作出回应。

由于时差的原因,伯顿和雷恩斯第二天才收到他们需要的传真文件。此时,谈判的议题又回到那些已被多次讨论的问题上。一切都进展得相当缓慢。中方赞赏坎沃公司设备所具有的高品质,但也担心一旦设备发生故障,自己无力修理。为此,中方谨慎地建议,加方应该帮助中方开展一系列维修培训。之所以谨慎,是不希望有暗示加方的机器很容易出故障的嫌疑。但是坎沃公司指出,要让他们公司的技术人员在这里待上几周甚至几个月,费用太高,难度太大。同时,他们还自信地表示,设备不会出现任何操作手册中没有涉及的问题。他们信誓旦旦地断言:中方完全能够自己照看设备。

最后,谈判的焦点终于从技术问题转移到通常作为谈判核心的价格问题上。事实证明,这确实是谈判中最艰难的环节。中方一开口就要求20%的折扣,加方觉得这是一个非常不道德的谈判手法,让人无法接受,因而他们坚持自己认为合理的价格,并提出至多在购买印花滚筒时可以优惠3%。

虽然伯顿和雷恩斯早就听说与中国人谈判很费时间,但他们以为一周时间绝对够用了。可是,现在一周时间就要过去了,而且他们必须在两天内赶回北京。为加快谈判进度,加方开始问一些很直率的问题:中方到底对坎沃公司的哪些方面不满意?还有哪些问题需要再次讨论?在最后两次会谈期间,伯顿和雷恩斯试图将谈判的重点转移到那些尚未解决的问题上,可是中方好像并不配合。

虽然许多问题还有待解决,但是第二天中午告别宴会还是如期举行。此前一直争论不休的价格问题似乎快要解决了,但付款方式仍悬而未决,这项最后的议题显然是难以逾越的。另外,由于中方的付款日期受制于市政府的截止日期与某些要求,因而中方难以确定付款日期。尽管如此,李经理还是面带微笑地表示,双方有未来开展合作的前景,并高度赞扬了中加的友好合作关系,还说他本人及他的公司都从加方代表身上学到了不少宝贵的东西。此外,他们还签署了一份9个月前在加拿大签署的合作意向书的增补版本。伯顿和雷恩斯怀着失望的心情离开了,但双方都表达将通过邮件、传真进一步商谈的意愿。

两周后,当得知中国壁纸厂已决定从日本某制造商那里购买设备时,伯顿和雷恩斯惊讶得目瞪口呆。他们确信自己的产品质量优良,价格合理。那么,到底是什么导致他们的生意失败了呢?

案例讨论题

1. 加拿大坎沃公司在谈判时忽视了哪些跨文化差异并导致本次生意失败?

2. 中方为什么会指出"两名加拿大代表所说的内容与坎沃公司的生产总监(该人为工程师)所说的有出入"?

3. 如果你是加拿大坎沃公司雇佣的谈判中间人,将如何促成本次谈判?

第8章　跨文化团队管理

教学目的和要求

1. 掌握团队和跨文化团队的概念；
2. 了解跨文化团队的类型；
3. 掌握跨文化团队的优缺点；
4. 掌握如何管理跨文化团队。

开篇案例

王钊的困惑

就职于某跨国公司北京分部的王钊最近遇到了很多困惑。他所在的团队是一个全球化团队，团队里有一半是美国人，在加州总部工作；一半是中国人，在北京分部工作。加州的子团队管理者名叫拉吉，王钊是上海子团队的管理者，同时也是这个全球化团队的管理者。

最近这个月，由于公司系统升级，他们的任务量大了很多。然而，他却总是感觉和总部的团队成员在沟通上存在一些隔阂，安排的任务总是执行不下去，他十分沮丧。比如，这天开会的时候，王钊就和总部的拉吉产生了如下对话：

王钊：有件事情我想提一下，我还是希望麦克（美国子团队员工）能够与小李（上海子团队员工）紧密合作，一起讨论一下A项目。现在这个项目还有一些问题，而且这个项目很紧急，目前是咱们团队里最要紧的事情了。

拉吉：是的，今天麦克下班之前过来跟我说过了……我想，你是正确的，他应该跟小李紧密合作。

过了一段时间，当被问到和美国子团队的合作怎么样时，王钊抑郁地说："唉，到目前为止，感觉不是很顺利。我总是感觉拉吉对这份工作可能不是很感兴趣，我们让他传达的很多事情他都没有传达到，项目进展得很慢。"

上海子团队成员这边的很多人都开始来找王钊，抱怨美国那边的同事总是把不该他们做的事情扔给他们做。这天，团队的小张过来找王钊。

> 小张：今天加州那边扔了一堆故障给我，不该归我们做，我决定扔回去。
>
> 王钊：如果是跟我们正在做的工作相关，你可以让小李和小刘看一下，其他的你可以推回去，但是要有合理的理由。
>
> 小张：我已经把所有跟我们相关的问题都回答了，我只把其他的推回去。事实上我们觉得他们的解决方案根本不合理，一点意义也没有。
>
> 王钊：好吧，如果这样你可以推回去。但是要记得，你可千万不能跟他们说"你们的解决方案根本没意义"，找个其他理由推回去。
>
> 小张：我知道。（画外之音好像是认为找个其他理由推回去是必须的，不可能直接说对方的解决方案没有意义）
>
> 后来，小张写了封邮件给美国那边说，"我今天跟小李聊过了，她现在被其他任务缠住了，你可不可以找其他人来研究这个问题？谢谢。"
>
> 当问到在这个跨文化团队中工作的感受时，美国员工和中国员工都很沮丧。中国员工说："我们的团队用一个词来形容，就是混乱。要做的事情永远在变，最开始是要做项目可靠性，用特定的数据来提高项目的可靠性，很快就变成了做另外一个项目。现在每个计划周期都有新的任务进来……就拿我做的工作来说吧，本来是在上海分部这边有个团队在做的，去年组织变革以后这块内容被拿到美国去做，只剩我一个人，马上到8月份了，我做的这块内容也要被拿走……我也不知道做什么是对的。"
>
> 作为团队的管理者，王钊该何去何从？

8.1 团队概述

8.1.1 团队的定义

团队是由两个及以上的人为了完成共同目标或目的，相互协调工作而组成的一个单元①。这个定义包含三个要素：首先，团队需要由两个或者两个以上的人构成。其次，团队中的人们需要常规性地在一起工作，如果仅仅是经常在公司的咖啡间偶遇，或者是一年聚一次讨论下工作计划，都谈不上是团队成员。最后，团队中的人们有共同的目标，如完成项目预算、研发新产品、共同写文章等。不论是在现代企业中，还是高校教学当中，团队的形式都很常见。在高校中，学生经常需要在课程中组建课程学习团队，共同完成课程的

---

① Carl E. Larson and Frank M. J. LaFasto, *Team Work*[M]. Newbury Park：Sage, 1989.

学习或汇报任务。在企业中,员工经常需要组建不同的工作团队,如研发团队、销售团队等,以高效地完成组织任务。

团队是一群人,然而,并非所有的群体都是团队。仍然以高校为例,班级是否属于团队呢?往往不属于。回忆一下你的高校生活,毕业的时候,班级里的同学你都认识吗?都说过话吗?都共过事吗?有一些极端的情况,甚至从未说过话或者仅点头之交,那就更谈不上在一起共事了,也就无法看成是一个团队。

尽管团队成员的规模小到可以是2个人,但如果仅仅有2个人,这一团队存在的意义就不大了。但人数也并非越多越好,人数越多,出现小团体的概率越高,协调起来的难度也就越大。此外,如果人数过多,很容易出现社会懈怠的现象,也就是团队中有些人可能会"搭便车"。一般而言,理想的团队规模在5~12人之间,最理想的规模是7个人。美国盖洛普民意调查(Gallup poll)的一项调查发现,大概有82%的美国人认为小团队会更有效率,而仅有16%的人倾向于在大团队中工作[1]。此外,从团队人数上来讲,相比起偶数数量的团队成员,奇数团队成员的效率会更高一些。这是由于在决策的时候更容易形成多数人的意见。

8.1.2 团队的发展阶段

一般而言,一个团队的发展要经历四个阶段:形成期、风暴期、规范期以及执行期[2]。顾名思义,形成期就是团队刚刚形成的时候。这时候团队成员彼此都不熟悉,甚至是还不太认识。因此,在这一阶段,团队的主要任务是通过一些活动使得团队成员迅速熟悉起来。读者可以设想一下刚刚进入大学、分到同一宿舍时的情况。我们在班上调研的时候,大多数情况下,为了尽快熟悉宿舍同学,女同学可能选择一起逛街,一起吃饭;男同学可能选择一起打游戏或一起吃饭的方式迅速熟悉起来。这也就解释了为什么在企业里经常会有团队建设活动,其主要目的是使得彼此熟悉起来,以期为默契地工作做好准备。

团队破冰小游戏:两个谎言一个真理(Two Lies & A Truth)。

团队中的每个人依次说关于自己的三件奇事,其中两件是真的,一件是假的。请团队的其他成员猜测哪件事是假的。通过这种方式,可以让别人迅速了解自己,同时也增强了团队内部的融洽气氛。例如,在之前一个跨文化团队的破冰会议上大家选择玩这个游戏,有一名印度裔男高管分享了这样三句话:"我早晨刷牙的时候错把洗面奶当成牙膏了";"我经常在洗澡的时候唱歌";"我曾经不小心走错厕所"。在猜测哪个为真哪个为假的过程中,团队成员爆笑不止,游戏结束后的很长时间,团队成员想到这个事情还想笑,无形之中大大拉近了彼此的距离。

当团队中的人们彼此熟悉后,就到了团队发展的第二个阶段——风暴期。由于每个

---

[1] Vive La, Difference, box in Julie Connelly, All Together Now[J]. *Gallup Management Journal*, 2002: 13-18.
[2] Egolf, D.B. *Forming storming norming performing: Successful communication in groups and teams*[M]. New York: IUniverse, 2013.

人成长背景、性格、文化等的不同,团队中的人们很难对所有的事情都保持同样的观点。在风暴期,很多彼此不同的意见甚至是冲突不断浮现出来。团队成员可能会对团队的目标、自己的任务安排等有不同的想法;可能会为了部分人的利益而形成小团体;也可能为了某些职位而暗暗较劲。因此,这一阶段的团队可以用缺乏凝聚力以及缺乏团结精神来形容。有冲突的观点和想法是浮现出来更好,还是自己消化不提更好?尽管很多人不喜欢冲突,想要尽可能地避免不和谐的场景,然而,为了组织的长远发展,在风暴期,管理者应当鼓励所有的团队成员都参与到组织事务中,并尽可能地将所有的不同观点都表达出来。唯有如此,人们才能了解彼此不同的想法,才能更好地形成团队的规则和规范。

一对夫妻同一天的日记①

妻子日记:

昨天晚上他真的是非常非常古怪。我们本来约好一起去一家餐厅吃晚饭。但是我白天和我好朋友去逛街了,结果就去晚了一会儿——可能因此他就不高兴了。他一直不理睬我,气氛僵极了。

后来我主动让步,说我们都退一步,好好地交流一下吧。他虽然同意了,但是还是继续沉默,一副无精打采、心不在焉的样子。我问他到底怎么了,他只说没事。后来我又问他,是不是我惹他生气了。他说,这不关我的事,让我不要管。

在回家的路上我对他说,我爱他。但是他只是继续开车,一点反应也没有。我真的不明白啊,我不知道他为什么不再说"我也爱你"了。

我们到家的时候,我感觉我可能要失去他了,因为他已经不想跟我有什么关系了,他不想理我了。

他坐在那儿什么也不说,就只是闷着头看电视。继续发呆,继续无精打采。

我决定要跟他好好地谈一谈。但是他居然已经睡着了!我只好躺在他身边默默流泪,后来哭着哭着睡着了。我现在非常地确定,他肯定是有了别人了。这真的像天塌下来了一样。天哪,我真不知道我活着还有什么意义。

丈夫日记:

今天切尔西居然输了。

可以看出,原本丈夫只是因为喜欢的球队输球而心情不好,由于没有将这个事情讲出来,导致妻子开始胡思乱想,从最初的"因为我迟到而不高兴",发展到最后"他肯定是有了别人"。虽然只是一个生活小例子,却深刻地反映出当有问题不公开地表达出来可能导致的后果。因此,在风暴期,管理者应鼓励所有成员都将不同的观点和态度分享出来,诚恳地为组织发展建言献策。

团队形成的第三个时期是规范期。得益于风暴期团队成员对不同观点的分享和表

---

① 顾建梅.别跌进自己的"脑洞"[J].检察风云,2017(24):48-49.

达，在这一阶段，团队开始形成自己的规范，这些规范可能是外在清晰的团队规则，也可能是团队成员彼此都认可或默认的内在规则。团队成员彼此相互理解和支持，分歧也不断得到解决，此时，团队的凝聚力开始逐渐形成并增强，引导团队走向下一阶段——执行期。

在执行期，团队工作的重点是完成既定的任务目标。团队成员均为这个目标而努力。因此，团队成员以成熟的方式提出建设性的意见，促进组织任务的有效完成。

8.1.3 团队凝聚力

团队凝聚力指的是团队成员为了追求一个共同目标而团结在一起并保持团结的程度。具有高度凝聚力的团队的成员致力于积极参与团队活动，完成团队任务，并认为他们做的事情非常有意义，为团队的成功而感到高兴。相反地，在凝聚力较低的团队中，成员很少关注团队的成功与否，对于参与团队任务也并不积极。因此，凝聚力往往是衡量一个团队吸引力的重要特性。对于团队而言，凝聚力的高低主要取决于以下因素。

（1）团队互动程度。团队成员之间的互动越是频繁，联系越多，在一起的时间越长，团队的凝聚力往往就越高。

（2）共享目标。当团队成员有着共同的目标或者是在组织目标上达成一致时，团队的凝聚力就会更强。以销售团队为例，如果团队中有人的目标是希望能取得公司的销量冠军，而有人的目标是只要团队不是垫底就可以，团队就很难有较强的凝聚力。

（3）团队对个人的吸引力。如果团队成员之间有共同的爱好、共同的价值观等，很喜欢在一起，团队对个人的吸引力就很强，团队的凝聚力就更强了。这一点，在各明星的粉丝团上表现得特别明显。尽管彼此可能在现实生活中并不认识，但仅仅因为共同喜欢同一个明星，会有组织地去完成很多有利于明星的任务。

（4）团队的积极绩效。对于团队而言，尤其是在和其他团队竞争的时候，如果取得了较为优异的成绩，或者外部人员对团队给予了高度的认可，都会让团队成员更有动力去为团队投入。

8.2 跨文化团队的类型和特征

跨文化团队是指来自不同文化背景的人为了共同的目标，在一起相互协调共同完成任务而形成的团队。因此，跨文化团队具备团队的一切特点，而且多了一个要素，即团队成员的文化背景不同。基于团队成员文化背景差异的程度，跨文化团队可以分为三种类型：象征性文化团队、双文化团队以及多文化团队。近年来，除了传统类型的、在同一地区工作的跨文化团队，很多跨国公司开始在全球范围内组建异地同步工作的跨文化团队，可以称之为全球分布团队。本节重点介绍这四种团队类型。

8.2.1　象征性文化团队

象征性文化团队是指在团队中,只有一个或两个队员来自不同的文化,其他队员则全部来自同一种文化。比如,在某大型跨国制药企业的一个研发团队中,有7个人来自美国,1个人来自德国;又如,在某跨国高科技公司的程序研发团队中,10个人来自印度,2个人来自美国。在上述两个案例中,虽然只有两种文化,但两种文化背景的团队成员比例差异较大,人数较少的那个文化就是这个团队中的象征性文化。

在组织中,创建象征性文化团队的考虑可能有两个:一是为了组建跨文化团队而组建,为了表明公司对多样性的欢迎,必须要求每个团队中有一定的异文化个体;二是公司希望能够更好地拓展异文化的市场,但又不想过多投入当地市场,因此就简单地吸纳一两个员工到这一团队中来。可以看出,不论出于哪个原因,在象征性文化团队中工作的少数文化成员的日子都不太好过。哈佛大学的坎特(Kanter)曾经专门就这一问题写过一本书——《"O"之寓言》。书中的"O"指的就是象征性文化团队中少数成员的处境和遭遇。

德国女孩米亚在一家全球500强的美国企业工作,她所在的团队里只有她一名德国人,其他人都是美国本地人。最初,米亚因为能留在这家心仪已久的公司而开心不已。然而,才工作了一个月,米亚就发现,自己在团队里实在是太难了。和那些懒懒散散的美国人相比,每天准时来上班的自己显得特别"异类"。明明自己每天特别努力工作,且对于网站的更新提出了一个建设性的方案,导致团队主管将开发另一个网站的任务交给她做,但团队成员的人显然不这么想,他们开玩笑似地跟米亚说:"这是我们在考验你哦。我们部门从来没有过德国人,我们想看看你能不能胜任这项工作。如果你表现得好,我们就多招一些德国人进来。"

为了体现自己的专业水平,米亚只能更加努力,她深深地知道,只有当自己的成绩特别出色并且高出其他人一大截的时候,他们才能看得到自己的专业水平。有一次,团队要开发一个面向德国客户的网站,他们跑过来问米亚:"你觉得德国人会喜欢我们这个设计吗?"米亚一听,压力更大了,自己怎么能代表得了德国人呢?万一我的看法是片面的呢?为了搞清楚德国人对这个设计的看法,米亚去做了一份调查,研究了很久才给出团队成员评估后的答案。

这样的工作对米亚来说太累了。一旦取得点什么成绩,他们认为那是因为自己是德国人而不是自己的专业水平,米亚想,要么我就尽可能"装"得和他们一样,这样他们就会忘记我是一个德国人了,也不会将我的升职加薪归到我是德国人头上,更不会一遇到和德国相关的事情就来咨询我的意见。于是,米亚和团队的其他成员一样,上班时间卡得也没那么准时了,举手投足都向团队里的美国人看齐。然而,没过多久,其他人又跑过来问她了:"嗨,米亚,你怎么不像一个德国人呢?你们德国人不是

很准时的吗?"米亚更累了……心累……①

米亚的故事反映了象征性文化团队中少数成员的困境。很多企业也意识到这个问题了,因此,目前,采用象征性文化团队来工作的组织并不多见。

8.2.2 双文化团队

双文化团队是指一个团队中的成员基本来自两种不同的文化,且来自两种文化的个体数量相当。比如,在某个跨国公司的销售团队中,3个人来自中国,3个人来自美国。

相比起象征性文化团队,双文化团队的优势是,由于来自不同文化的成员彼此数量相当,因此,他们都不会惧怕表达自己的观点,也不必刻意去掩饰自己的文化特色,更能够正视双方的差别,坦率地讨论相关问题。因此,对双文化团队来讲,如果能度过形成期和风暴期,在规范期形成团队的合作范式,建立共同的目标,更可能凸显跨文化团队创新性强的特点,形成富有创意的问题解决方案。

然而,不容忽视的是,由于团队中人员数量彼此相当,双文化团队更容易产生团队的"断层",即每种文化的人形成小团体,彼此拉帮结派,而视另一种文化的团队成员为"异类",两个小团体在很多事情上争执不下。有关团队断层的研究发现,人口统计学变量相同的人们(如性别、种族等)很容易形成团队断层的基础。例如,如果一个团队中有5个印度人,5个日本人。印度人和日本人就很容易形成自己的小团体,当彼此在团队目标理解上一致时,合作会非常融洽,产出效率也相对较高。而当彼此在团队目标理解上有差异时,哪怕仅仅是一个小的差异,经过两个小团队来来回回的辩论,也会激发双方对对方的负面情绪,引发冲突甚至是争吵。

8.2.3 多文化团队

多文化团队是指起码有数量相当的团队成员来自3种或3种以上文化背景。例如,一个团队中有2个中国人,2个美国人,2个印度人。相比起象征性文化团队和双文化团队,多文化团队中的人们来自不同文化,且每种文化的数量相当,因此,更愿意表达自己的观点和态度,且不太容易出现"两军对垒"的局面。然而,由于团队成员来自多种不同的文化,管理起来的难度也相对更大。此外,团队成员更容易因为文化背景的差异而带来沟通的障碍,降低团队的工作效率。

对于象征性文化团队、双文化团队和多文化团队而言,哪一种团队的绩效表现可能会更好?厄利和莫萨科夫斯基(Early & Mosakowski)同时观察了这三类跨文化团队,结果发现,与象征性文化团队和多文化团队相比,双文化团队不论是成员的满意感还是团队绩效,表现都是最差的。这也直接证明了双文化团队最容易出现对峙的局面,不仅会大大降低团队成员的沟通质量,更会导致整个团队绩效的下降。这也解释了为什么在企业中双

---

① 基于 Kanter R M. *A tale of "O": on being different*. Cambridge, MA: Goodmeasure, 1993 改编。

文化团队很难产生较高的绩效。

8.2.4 全球分布团队

全球分布团队是跨文化团队的一种特殊类型。全球分布团队是那些跨国公司设立的、团队成员分散在全球、承担着相互依赖的工作、共同工作以完成团队目标和相应的组织目标的团队。自 2000 年以后,全球分布团队(globally distributed teams),也称全球化团队(global teams)的概念开始在组织和管理领域盛行,全球分布团队也已经成为很多行业非常普遍的组织管理和运营方式。具体来讲,全球分布团队主要有四个突出特征:① 全球分布团队的成员分布在不同的国家和地区,有着不同的文化背景;② 全球分布团队并非是项目导向或者目标导向,而是组织导向的团队,即是跨国组织为了实现其在不同国家的经营而组建的稳定工作团队,承担着实现组织经营目标的任务和责任;③ 全球分布团队的成员来自同一个组织,本质上讲是同一个团队分布在不同国家进行工作;④ 全球分布团队的成员存在高度的异质性,因此,团队可以获得多样性知识,并且利用这种异质性知识来进行创新,从而帮助跨国公司实现可持续发展。与传统团队相比,全球分布团队主要存在以下几个方面的不同。

(1) 成员构成:差异化的人口统计学特征。对于传统团队而言,成员往往来自同一个地区,有着相似的教育背景和成长环境,对于社会规制、规范等的认知相似,更容易建立起共同理解。相比之下,全球分布团队成员的教育背景差异化更高。成员更可能来自不同的社会背景,对于同一件事物有着不同的理解。

(2) 沟通方式:高度依赖电子信息技术进行沟通和交流。对于传统团队而言,成员往往坐在同一个工作区域,很容易进行面对面的沟通和交流,比如,成员可以很容易地在走廊遇到,在休息室聊天,一起进行体育活动,一起吃饭,这种非正式的社会沟通和交流有利于员工及时获取最新的消息。面对面互动提供了富足的社会信息,这些社会信息是多数交流技术难以获得的。团队成员之间流动的社会信息增强了交流的舒适性。同时,相比起通过电话或者打字等媒介进行交流而言,面对面交流更容易[1]。因此,面对面交流的时候,人们更可能谈得很久。然而,这种非正式的交流对于全球分布团队而言则显得非常困难。因此,诸如电话、语音邮件、电子邮件、视频会议以及即时通信短信等交流技术就成为全球分布团队交流的重要手段,帮助团队成员保持联系,并共享信息。然而,这些技术很难提供面对面互动的效果。由于传输的延后以及缺乏社会和非语言的线索,这些信息交流技术可能会干扰团队的正常公开交流、知识共享以及团队识别和解决误解的能力。

(3) 管理方式:柔性管理。对于传统企业来讲,组织管理方式更为固定和稳定,传统

---

[1] Hinds P J, Weisband S P. Knowledge sharing and shared understanding in virtual teams[A]. In Gibson, C. B & Chhen, S. G (Eds.), *Virtual teams that work: Creating conditions for virtual team effectiveness* [M]. San Francisco: Jossey-Bass, 2003: 21-36.

激励方式对团队管理较为有效。相比之下,全球分布团队不论从沟通频度还是从沟通质量上都无法达到传统团队的效果,因此,对全球分布团队的管理更强调柔性管理,尊重员工的自主性,尤其是对于高科技行业、承担创新性工作的员工而言,依赖员工的创意来实现组织创新,柔性管理在这类全球分布组织中起到至关重要的作用。

全球分布团队的突出特点就是面临一系列复杂的边界:地理边界、时差边界以及文化边界等,这些边界进一步导致团队在协调与合作上的困难,对全球合作团队能否实现有效运营提出了严峻的挑战[1]。因此,除了文化背景上的差异之外,全球分布团队还面临以下各种压力。

(1) 地理距离。对于在同一地方工作、有着共同物理环境的团队成员而言,很容易聚到一起讨论工作或是开项目会议。私下里也更容易在走廊、休息室、食堂见面,并聊几句与工作相关的内容。因此,传统团队有更多的机会了解其他团队成员或者其他团队正在做什么、进展如何以及还需完成的任务是什么,并相应地协调自己的活动。相比之下,全球分布团队很难进行这样的正式或者非正式交流,往往难以"收集和记住他们的合作伙伴工作的情境信息,他们也常常无法向远方的伙伴传递自己的工作情境和一些局限性的重要信息"[2]。因此,空间距离阻碍了全球化团队中信息的有效传递。运用来自13个全球分布(美国、加拿大和澳大利亚)的大学团队数据,克拉姆顿(Cramton,2001)识别出5种由于地理分散导致的全球化团队信息分享困境:难以就情境信息进行实时沟通;任务信息等在各个地区的分布不均衡;难以就信息的重要性达成一致;获取知识的速度不同;在远方团队成员保持沉默时难以理解这种沉默的内涵。同时,空间距离也导致全球化团队成员之间的熟悉程度降低。对传统团队而言,个体之间很容易通过闲暇相处了解彼此的家庭生活、休假计划、喜欢的书籍、对组织的感受以及对工作的态度等。个体之间这类知识的增强促进了友情和彼此的认知。但对全球化团队而言,这类沟通需要更多的精力和成本。同样地,同地工作的成员对于组织和公司有着更强的认同感,但对他们的远方团队成员的技能和强项则缺乏了解,并不清楚彼此的特长[3]。因此,地理距离阻碍了全球团队的工作效率。

(2) 时间距离。时差也是伴随地理距离而出现的全球化团队特质之一。时差对全球化团队的负面影响似乎更强。首先,时差使得全球化团队的沟通和交流存在滞后性,进而导致更多的误解和沟通的不一致。全球化团队成员经常将与远方团队成员信息沟通的失败归咎于双方的时差以及信息的滞后性,并认为时间距离大大降低了团队工作的效率。

---

[1] Scott C P, Wildman J L. Culture, Communication, and Conflict: A Review of the Global Virtual Team Literature [A]. In: Wildman J L, Griffith R L (Eds.), *Leading Global Teams*[M]. New York: Springer, 2015: 13-32.

[2] Cramton C D. The mutual knowledge problem and its consequences for dispersed collaboration[J]. *Organization Science*, 2001, 12(3): 346-371.

[3] Hinds P J, Mortensen M. Understanding conflict in geographically distributed teams: The moderating effects of shared identity, shared context, and spontaneous communication[J]. *Organization Science*, 2005, 16(3): 290-307.

此外，不同地区成员间的时差客观上迫使全球化团队更多借助电子邮件等通信设备进行沟通和交流，这一过程则会损失很多的非文字信息，限制了信息交换的有效性，降低了团队的合作和执行效率。但是，时间距离使得全球化团队可以 24 小时不间断地工作，大大提高了团队的产出效率[1]。这也是跨国公司越来越倾向于组建全球分布团队的原因之一。

8.3 跨文化团队的优势和劣势

8.3.1 跨文化团队的优势

（1）提高团队创新性。首先，对跨文化团队而言，团队成员来自不同的文化，不同的文化有不同的观点以及不同的处事方式。团队成员对同一问题的观点可能并不相同，丰富的观点将会为团队带来更多的知识。其次，由于不同文化的价值观以及社会规范等存在较大的差异，在进行群体讨论的时候，这些不同的背景会潜意识地触发团队成员从不同的角度出发来思考同一个问题，这也进一步导致团队成员之间更容易与他人发生思想上的碰撞，进而产生创新性的想法，例如，如何设计流程更优、如何制定任务能更好地激励员工完成、如何设立有效的团队运营规则等。

一个经常被提及的案例是巧克力月饼。对于热衷于吃巧克力的西方人而言，他们可以想到做各种口味的巧克力，在巧克力的形状上可能有心形、方形等，很难想到巧克力可以做成月饼。同样，对月饼有深厚感情的中国人能想得到各种食材做成的月饼：广式月饼、苏式月饼、大白皮月饼以及冰皮月饼等，然而，很少能想到月饼也可以用巧克力来制作。只有当团队中同时具备不同文化的个体时，才能迸发出这种创新性的想法或者创意。因此，跨文化团队往往能给组织带来意想不到的创新产出。

（2）避免群体盲思。每个文化的人们都对自己的文化有着根深蒂固的认同，很多情况下，他们并不能意识到自己习以为常的基本假设和其他文化是相悖的，很难被他人说服，或者是改变自己的观点。因此，跨文化团队的成员在团队中陈述自己的观点时会更自信（根深蒂固地认同自己的文化及相应的观点），团队不太会陷入群体盲思的困境。所谓"群体盲思"，是指由于群体压力使得个人的心智效率、对事实的认识以及道德判断等发生偏差，而导致思考问题的能力下降甚至退化。比如尽管可能部分成员并不赞成团队的最终决定，但源于从众压力或者对自己观点的不自信，而没有提出有创意的想法或者观点，或者是即便提出也被群体中的大多数人所忽略而导致群体的思维封闭，作出创新性低甚

---

[1] Carmel E, Espinosa J A, Dubinsky Y. "Follow the Sun" Workflow in Global Software Development[J]. *Journal of Management Information Systems*，2010，27(1)：17-38.

至在一些情况下不合理的决策。群体盲思的直接后果就是,由于对目标以及解决措施等的信息搜集不充分、讨论不彻底,没有全面衡量所提方案的风险,而对组织带来负面影响甚至是一定的危害。

在跨文化团队中,由于团队成员教育背景的差异导致员工从多个维度来思考问题,并对不同的观点和意见进行激烈的讨论,极大地促进组织避免群体盲思现象,同时,经过讨论过后形成的决策将会更能得到团队成员的支持和承诺[①]。

微软公司设计 X-BOX 的案例很好地体现了跨文化团队如何有助于避免群体盲思。最初设计 X-BOX 时,考虑到玩游戏的大部分人为青年或中年男性,因此,团队成员按照美国青年和中年男性的身体特征,尤其是手部特征设计了尺寸较大的游戏控制器。然而,他们忽略了亚洲人和欧美人在身体特征上有较大的差异。显然,如果这一产品销售到亚洲地区,很难获得亚洲消费者的认可。恰好在设计产品的时候团队中有几个来自日本的成员,这几名日本团队成员看到控制器后立刻提出了这一问题,于是在产品大规模生产之前修改了控制器的设计。因此,跨文化团队有助于团队成员从多个视角来思考问题,避免陷入群体盲思[②]。

(3) 增强企业的竞争优势。跨国公司成立跨文化团队的核心目的是研发更能适应不同文化的产品或服务。跨文化团队的成员来自不同的国家或地区,他们对特定文化及该地区消费模式有着深入的了解,对当地消费者有着相比单文化团队更强的理解力和洞察力。因此,这样的团队设计的产品或服务更能适应不同地区的消费者,从而增强了企业的全球业务水平,提高了企业的竞争优势。

以第一章章末案例肯德基为例,之所以能在中国快餐行业取得一骑绝尘的业绩,与其优秀的跨文化团队有很大的关系。首先,从产品上讲,肯德基在美国本土的产品基本以鸡肉制品为主,如鸡翅、鸡腿、全家桶等,小食也不过就是鸡米花、薯条。再来看肯德基在中国推出的产品:主食有老北京鸡肉卷、榴莲芝士鸡腿堡、深海鳕鱼堡等;小食有骨肉相连、无骨鸡柳、凤尾虾、上校鸡块、虾米花等;更不要提其专门为了迎合中国顾客而推出的油条、豆浆以及各类粥点。不仅如此,肯德基为了迎合中国消费者,在营销上相比美国本土也作出了非常大的改变。在美国本土,肯德基的广告非常简单:基本上就是在介绍肯德基的套餐多么便宜。然而在中国,我们可以看到,肯德基每年的广告请的几乎都是流量小生:鹿晗、TFBOYS、朱一龙等,画面也拍得特别诱人,看上去很有食欲。这也解释了为什么肯德基在中国如此火爆。实际上,从全球的营业收入来讲,肯德基是远远比不上麦当劳的,然而在中国市场,麦当劳要远远落后于肯德基。这种成绩得益于肯德基的跨文化团队不断研发适合中国消费者的产品。

---

① Jackson S E. Team composition in organizational settings: Issues in managing an increasingly diverse work force. In S. Warchel, W. Wood, & J. Simpson (Eds.), *Group Process and Productivity* [M]., Newbury Park, CA: Sage, 1999: 138-171.
② 陈晓萍.跨文化管理(第三版)[M].北京:清华大学出版社,2016.

8.3.2 跨文化团队的劣势

（1）价值观多样化带来的冲突。相比单文化团队，由于跨文化团队的成员来自不同的文化，成长背景、教育背景以及价值观念等均存在一定的差异，这就导致团队成员合作时可能会有较多的冲突，而这些冲突很可能和工作内容无关。相比之下，单文化团队的成员成长背景相同，因此，在沟通的时候更容易相互理解，因为文化差异而产生的冲突很少。然而，这种同质的成长背景易于使团队成员在思考问题时的方向相同，也就难以出现创新性的想法。

跨文化团队成员的价值观多样化为全球化团队的经营带来了更多的不一致意见。这方面的研究成果异常丰富。例如，对于同样一项任务，重视速度的员工认为按期完成工作最为重要，因此不太重视工作的细节，力图在规定的任务期限内提交项目成果；而重视质量的员工则可能秉持慢工出细活的观念，期望能提交完美的成果，这就导致持有两类价值观的员工难以就工作如何开展达成一致意见，进而对全球化团队的运营产生负面影响[1]。克里希纳（Krishna）等人对跨文化团队的研究发现，在印度工程师看来，美国客户和日本客户的沟通和工作方式截然不同：美国客户更重视制度，双方合作时通常依赖于大量的协议和文档，且频繁使用电子邮件进行沟通；日本客户则更倾向于"隐性的、持续协商的协议，运用电子媒介并不频繁，但是非常正式"[2]。相比英国，印度人有着更高的文化距离，作为展示其礼貌的一种方式，印度软件工程师倾向于在面对面沟通时保持沉默，会后给英国管理者发邮件，陈述自己的想法和意见。佩罗（Perlow）等人发现，中国、印度以及匈牙利的研发团队工作模式完全不同。具体来讲，中国工程师在日常工作中着眼于自己的任务和责任，很少与同事沟通，仅仅在必要的时候与项目经理互动；印度工程师在日常工作中倾向于向彼此寻求帮助，而非项目经理；但在布达佩斯团队，项目经理要比印度的项目经理与工程师的互动更多，团队成员之间要比中国的团队互动更多[3]。克拉姆顿和汉兹（Cramton & Hinds）发现，德国工程师是高度的任务聚焦型员工，倾向于在任务开始之前进行规划，并依照规划完成任务，不希望在工作的时候被别人打扰。相反，印度工程师对于打扰则持更开放的态度，他们倾向于在相对热闹、有着较好社交氛围的地方工作，工作时间更为灵活[4]。可以看出，不同国家的员工价值观的差异导致他们在团队中倾向于不同的工作方式，当彼此的工作方式很难协调时，冲突也就产生了。尤其是当团队为双文化团队时，如上一节所述，这种冲突可能更为明显。

（2）语言多样化带来的沟通困难。正如第四章"语言与跨文化沟通"中所讲，当团队

---

[1] Jehn K A, Northcraft G B, Neale M A. Why differences make a difference: A field study of diversity, conflict and performance in workgroups[J]. *Administrative Science Quarterly*, 1999, 44(4): 741-763.

[2] Krishna S, Sahay S, Walsham G. Managing cross-cultural issues in global software outsourcing [J]. *Communications of the ACM*, 2004, 47(4): 62-66.

[3] Perlow L A, Gittell J H, Katz N. Contextualizing patterns of work group interaction: Toward a nested theory of structuration[J]. *Organization Science*, 2004, 15(5): 520-536.

[4] Cramton C D, Hinds P J. Intercultural interaction in distributed teams: Salience of and adaptations to cultural differences[C]. *Academy of Management Annual Meeting*, 2007.

成员彼此的语言不熟悉时,很容易给有效沟通带来误解和障碍。基于亨德森(Henderson)的研究,语言多样性可能的消极结果有两个方面:由于不理解、不熟悉的语句词语、语速太快或者口音太强而导致沟通的误解;或者是信息接收者认为自己已经理解了,但其实并没有理解信息的内容。由于信息倾向于以信息接收者的方式被理解进而被付诸实践,这就导致了沟通中的误解。第二类的沟通误解往往是很难注意到的,且对于团队更有害[①]。

此外,团队成员说不同的语言最主要的挑战就是构建信任和关系,这两者都与语言相关。事实上,语言多样化对于社会化过程和团队构建有着重要的影响,也影响沟通方式以及相互的感知。汉兹等人的研究描述了语言如何成为德语和非德语员工之间的问题,语言的不对称和情绪规制如何导致团队断层的出现[②]。由于德国人习惯于使用德语交流而非英语,导致团队里的美国人非常愤怒:

> 去年,我们有一位同事不断地用德语发送电子邮件,你知道吗?这是通过群发进行的,他们认为群发的每个人都是德国人吗?实际上,我们早就以英语作为官方语言了。部门领导人一直说,每次交流都应该以英文撰写。所以我回复了他们,说:"您知道的,我真的很抱歉,我不懂德语。我正在尝试学习,但是在此之前,您能给我发送英文版吗?"

(3)降低团队工作效率。语言多样化带来的沟通障碍以及价值观多样化带来的冲突导致跨文化团队更容易产生误解,需要花费更长的时间去了解并理解对方的观点和文化背景。如果能处理好,则会极大地增强跨文化团队的工作效率。然而,正如本书前面诸多章节所讲述,一旦团队成员因为文化上的差异而产生冲突,很可能会给团队带来沉重的打击。因此,和单文化团队相比,跨文化团队的绩效或者特别高,或者特别低,很少居于中间,如图8-1所示。

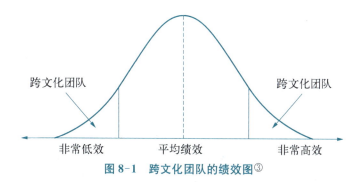

图 8-1 跨文化团队的绩效图[③]

---

① Henderson J K. Language diversity in international management teams[J]. *International Studies of Management & Organization*,2005,35(1):66-82.
② Hinds P J, Neeley T B, Cramton C D. Language as a lightning rod: Power contests, emotion regulation, and subgroup dynamics in global teams[J]. *Journal of International Business Studies*,2014,45(5):536-561.
③ 陈晓萍.跨文化管理(第三版)[M].北京:清华大学出版社,2016:190.

8.4 跨文化团队管理

尽管跨文化团队存在一些天然的劣势,然而,不可忽视的是,一旦团队能平稳地度过形成期、风暴期并进入规范期,建立起团队成员认可的运营规范,它很可能到达图 8-1 的高绩效水平区域,这一绩效成果是单文化团队无法企及的。因此,越来越多的跨国公司开始将重点放在如何管理跨文化团队上。本节从个体层面、团队层面以及组织层面来展开探讨如何管理跨文化团队。

8.4.1 个体层面:贝利的文化适应模型

从个体角度来讲,当团队成员面对不同的文化时,需要考虑两个因素:① 是否保持自己的文化特色;② 是否接触异族文化。基于个体在这两个因素上的不同回答,贝利(Berry)提出了四种文化适应方式(见图 8-2)。

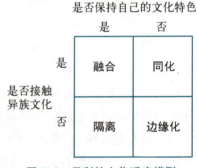

图 8-2 贝利的文化适应模型

如图 8-2 所示,如果个体既想保持自己原来的文化身份以及文化特征,又希望能和异族文化接触并保持良好的关系,则属于融合策略;如果个体不想保持自己原来的文化身份和文化特征,而是更想融入异族文化当中,和异族人保持良好的关系,则属于同化策略;如果个体只想要保持自己原来的文化身份和文化特征,并不想接触异族文化,也不强求自己和异族人保持良好的关系,则属于隔离策略;如果个体既不想或者不能保持自己原来的文化身份和文化特征,也不想或者不能和异族人们建立联系,则属于边缘化[①]。

贝利用一个虚构的案例来解释这四种文化适应模型。意大利的一家四口移民到加拿大生活。出于职业生涯发展的考量,父亲非常积极地学习英语和法语(加拿大的通用语言是英语和法语),同时积极参与当地人举办的政治和经济活动。与此同时,他也是加拿大意大利人社区联合会的负责人,在工作之余也积极地参加意大利人或者意大利裔加拿大人的社交活动。综上,父亲采用的是文化融合策略。母亲仅仅会说意大利语,她不在当地工作,也不愿意参加当地人举办的一些活动。她的社交范围基本是自己家庭以及一些意大利人组织的活动。母亲虽然身在加拿大,其生活模式与其在意大利时并没有太大的差别,因此属于文化隔离策略。家庭中的女儿英语讲得很好,在学校里积极参加各类活动,并很喜欢和加拿大的朋友在一起玩。与此同时,她对在家只讲意大利语的母亲以及仅提

---

① 孙进.文化适应问题研究:西方的理论与模型[J].北京师范大学学报(社会科学版),2010(05):45-52.

供意大利食物不开心,对家里要求她有时间多和自己家的人在一起而不满,因此属于同化模式。相比姐姐,弟弟则表现出很强的边缘化特点:一方面,他不再是完全认同和接收意大利的传统,因为在加拿大,似乎学习意大利的传统以及文化等意义不大;另一方面,因为他的英语带有意大利口音,又对当地学生喜欢的曲棍球等不感兴趣,同学也不太能接受他。因此,他相当于游离于意大利和加拿大两个文化群体的认同之外,既不接受这两种文化,也不被这两种文化的人们所接受。

将贝利的这一模型应用到跨文化团队成员的文化适应上,我们可以发现,对跨文化团队的成员来讲,可以选择在保持自己文化的同时积极融入有着不同文化背景的群体,通过融合策略,既可以了解不同文化的特点,也可以将自己文化的特点传递给团队的其他成员,可以极大地提高团队成员相互理解的程度,进而降低了团队成员之间因为价值观等问题而产生误解的程度。

8.4.2 团队层面

(1) 增加不同文化团队成员之间的接触,形成团队文化。持有动态文化视角的学者认为,文化和自我是动态递归的:文化在个体思考和行为模式上发挥强有力的作用,而个体的思考和行为规范也会反过来影响文化的内涵[1]。对跨文化团队研究而言,这一动态的文化研究视角非常重要。由于团队成员在工作中面临的是团队和组织文化;离开工作就面临着不同的情境,需要遵从地方规制、范例以及价值观。增加双方团队成员之间的正面接触,会导致这种不一致的文化随着时间的推移而不断演化。最终,成功的跨国团队成员会互相学习,认真聆听和观察吸收文化知识和行为,整合不同的文化并形成适合团队发展的混合文化[2]。

团队成员之间的正面接触不局限于工作,更多的情况是工作之外的接触。如团队之外的社交场所、一起吃饭、一起去酒吧、一起看电影、一起旅游等,这些活动可以让团队成员在轻松愉快的情境下展露真实的个性特征,没有工作目标的影响,大家可能更容易发现原来很多时候不是对方不想和自己合作,而是对方的文化特色如此。团队成员也更有可能发现,其不同文化的成员之间并非完全不同,也是有很多共同点的,彼此之间可能就某一个话题聊得很开心,发现很多共同的兴趣爱好,甚至是相似的个性特征。随着了解的不断深入,团队成员就开始了解不同的文化规范,放下原来的成见,并调整自己的思维方式:不再以自己的文化背景去揣测对方的行为模式,而是从对方的文化出发,理解对方的行为。也就是说,当多文化背景的成员调整自己的心智模式并开始构建共同的理解方式时,就形成了团队的第三类文化。当跨文化团队建立起自己的文化规范之后,可以在更高的

---

[1] Markus H R, Kitayama S. Cultures and Selves: A Cycle of Mutual Constitution[J]. *Perspectives on Psychological Science A Journal of the Association for Psychological Science*, 2010, 5(4): 420-430.
[2] Earley C P, Mosakowski E. Creating hybrid team cultures: An empirical test of transnational team functioning[J]. *Academy of Management Journal*, 2000, 43(1): 26-49.

程度上实现相互理解。

(2) 设立团队的愿景或超常目标。对跨文化团队而言,一个行之有效的管理决策就是设置团队层面的超常目标,让不同文化的团队成员不要过多关注自身文化群体的目标,而是更关注团队的目标,关注团队的发展。当团队成员意识到这一超常目标的重要性并愿意为这一目标而奋斗的时候,大家就会有共同的努力方向,遇到工作上的分歧也能积极地想办法处理,而不是形成对立的小团体。这一点对于双文化团队而言更为重要。

设立超常目标的一个典型案例就是联想的跨文化高管团队。2004年12月,当联想宣布并购IBM的PC事业部时,在理论界和实践界都引起了轩然大波。联想总裁到北京大学光华管理学院的EMBA班级去做讲座时讲到这个决策,90多名中国顶尖民营企业家或高管中,只有3个人认为这个并购可以成功,其中还有两个人是联想自己的高管。然而,六年过后,联想的营业额翻了10倍,在全球的份额也直线上升,足以说明这个"蛇吞象"并购案的成功。究其原因,其并购后形成的跨文化高管团队设立的超常目标起到了至关重要的作用。如同诸多管理学家预测,并购后的联想,文化磨合是一个大问题。联想总裁说,发现双方的工作方式等有很大的分歧和距离。但是,联想总裁坚持一点原则:"东西方文化的差异,不如不同企业的差异来得大。也就是说,东方、西方认为好的东西,比如诚信、怎么样对待员工,其实是一致的。只是不同的企业之间还真的是有差异,都是中国企业或都是美国企业,这里面可能也有很大的差异。"事实真的是这样吗?未必。然而,联想总裁的这一观点无形之间弱化了不同文化之间的差异性,更凸显了不同文化之间的共性。因此,也就为跨文化团队不执著于不同文化的差异奠定了坚实的基础。

随后,联想总裁为跨文化团队设立了两个超常目标:说到做到和尽心尽力。通过设置跨文化团队的超常目标,团队成员会更多去关注组织的目标,而不一味地陷入文化差异带来的沟通障碍或冲突中。当团队成员意识到,整个团队的进步和整个组织的成绩有利于将蛋糕做大,从而使团队中的每个人都获益时,就能为组织目标而努力奋斗,设法解决彼此由于文化差异带来的冲突,从而实现文化融合的目标,形成组织的第三类文化。

(3) 选择合适的跨文化团队领导。对于跨文化团队而言,选择一名文化智商较高的领导至关重要。文化智商高的领导对于不同的文化既有较强的包容性,也更愿意去了解不同的文化特点。当对团队成员的文化背景、技术特长、兴趣爱好以及个性特征等因素有较深入了解之后,跨文化团队的领导更能够准确地处理团队中出现的冲突。因此,文化智商较高的跨文化团队领导有助于团队降低文化差异带来的沟通障碍,增强团队成员之间的理解,使得团队为共同目标而奋斗。

本书编者之一马文杰曾经在一个象征性跨文化团队工作过:团队中有3名成员,马博士和两个美国人。因为做质性研究,来自中国的马博士和来自美国的尤尼斯需要同时对不同的文字背对背编码,并讨论编码的一致性。然而,她们在一些问题的编码上存在截然不同的观点。例如,当一名中国管理者说:"这个事情,我觉得这样做可能会更好……(解释应当如何做)",尤尼斯将这句话编码成"中国管理者建议美国员工做……";马博士则编码成"中国管理者希望或者其实是要求美国员工需要这样去做……"。她们两个就这一问题到底应该编码成"建议(suggestion)"还是"命令(order)"争执不下,每个人都举了很多例子并试图证明自己的观点是对的,认为对方简直是不可理喻,讲不通道理。后来团队的领导,也就是那名教授说:"你们两个不觉得这个争论非常精彩吗?你们即便争论到第二天,谁都说服不了谁,因为你们的文化是不同的,基本假设也不同,所以,你们对这个问题的看法有着根本性的差别。"她这样一讲,两个编码者豁然开朗,瞬间明白她们为什么会争执不下,都认为对方"简直是不可理喻,讲不通道理"。从此之后,在合作的过程中再有不同的观点,她们都试图先问清楚对方为什么会这样想,当地人遇到这样的情境都是怎么想的,通过这种方式了解对方的想法是不是由于文化价值观念的差异造成的。团队的沟通也异常和谐,甚至基于相互理解,还讨论出了好多很棒的文化差异研究主题。

从上面这个案例可以看出,当跨文化团队的领导有较强的文化敏感性时,会帮助团队成员解决那些文化差异带来的沟通障碍甚至是冲突。除此之外,跨文化团队领导的第二个责任就是能为团队成员提供反馈。对单文化团队而言,由于成员有着相似的价值观,很快能建立起团队的规则,跨文化团队则由于价值观和社会规范的不同很难建立团队规则。团队领导的责任就是向团队成员提供有关团队运作规范的反馈,尤其是积极地为团队成员提供正面反馈,有助于成员增强团队意识,提高工作动机。

8.4.3 企业层面

目前,从企业角度而言,管理跨文化团队以及公司多样化的主要范式有三种:歧视与公平范式(Discrimination-and-Fairness Paradigm)、获取与合法性范式(Access-and-Legitimacy Paradigm)以及学习与有效性范式(Learning-and-Effectiveness Paradigm)[①]。

(1)歧视与公平范式。采用歧视与公平范式来管理公司多样化的企业通常将工作的重点放在机会均等、公平待遇、公平招聘以及遵守当地平等就业机会上。其基本的逻辑是,为了遵守当地的法律法规,企业需要提供平等的就业机会给不同文化的人,企业要努力改变组织结构,管理企业的工作流程,以确保企业所有的员工都能受到平等对待以及尊重,并且确保某些员工不会比其他员工获得不公平的优势。可以看出,采用歧视与公平范式的企业在构建跨文化团队时更倾向于构建象征性文化团队,因为企业的目标是为了多样化而多样化。尤其对于跨国公司而言,在全球经营的时候,为了避免自己被贴上种族歧

---

① Thomas, D. A. and R. J. Ely, Making differences matter: A new paradigm for managing diversity[J]. *Harvard Business Review*, 1996, 74(5): 79-86.

视的标签,尽可能在员工招聘待遇以及晋升机会上提供平等的机会。

不可否认,采用歧视与公平范式的企业的确给来自不同文化的员工提供了平等的机会,也公平地对待他们。同时,这种管理方式也增强了工作场所的多样化特征,对于促进不同文化成员的平等对待作出了一定的贡献。然而,这种管理范式的基本假设是"不同文化的人都是一样的"或者是"我们希望不同文化、多样性的员工都是一样的",无视了不同文化的人之间较强的文化差异,一味地要求对所有人提供平等的机会,而不去探索员工的多样性如何影响了工作,也就降低了组织能从员工的多样性上学习到的知识。例如,来自加拿大的公司雇佣德国雇员的原因并非是有效地探索德国市场,而是为了使得公司员工的构成更加多元化。沃尔沃公司的跨文化管理策略体现出了歧视与公平范式,还专门设置了一个多样性奖,奖励那些招聘不同文化、不同种族的团队或部门经理:

> 沃尔沃卡车公司在全球140多个国家/地区拥有2万名员工,是一家真正的全球化公司。为了取得成功,一家跨国公司必须以多元化为特征,换句话说,要拥有不同国籍、年龄、性别、文化、技能和经验的员工。增加多样性会产生创新和创造力,进而提高盈利能力和客户满意度。因此,沃尔沃卡车一直在不断努力,以增加和利用组织各个部门的多样性。为了进一步加强沃尔沃卡车内部的多样性,该公司设立了多样性奖。该奖项每年颁发给个人或组织,以表彰其在多样性领域的杰出成就。2007年,首个多样性奖颁发给全球制造业高级副总裁莱夫·霍特曼(Leif Hultman)。

(2) 获取与合法性范式。很多公司随着员工多样化的增加,慢慢意识到不同文化的员工很可能更了解他们自己文化群体的特点,可以帮助企业赢得这一群体的市场。因此,很多跨国公司开始转换对多元化员工的管理理念,提出了这样的观点:

> 我们生活在一个日益多元化的世界中,新的种族群体正在迅速获得消费者的力量。我们公司需要更多样化的员工,以帮助我们进入这些不同的细分市场。我们需要具有多语种技能的员工,以便更好地了解和服务我们的客户,并获得他们的认同。多样性不仅仅是公平的,这具有商业意义。

简言之,采用获取与合法性范式的企业意识到,不同人口统计学特征、不同文化的员工能够帮助了解不同文化消费者的特点,进而能更好地服务全球不同国家和地区的客户。目前,很多服务类的企业都采用这样的多样性管理方法。例如,四大会计师事务所之一的德勤公司的管理者就这样说:

> 我们生活在一个全球市场上,在这里我们与来自世界各地的人们打交道,与来自不同背景和年龄段的人们做生意。因此,我们必须要调整我们的能力以与有不同民族、种族背景的人们相处。真的,包容对于公司和组织的成长与发展是非常重要的。

这种方法的优势显而易见,然而,其局限性也非常明显:过度关注文化差异在赢得不同文化的消费者方面起到的作用,而没有思考这些差异对不同文化的人在一起工作的影响,以及给公司管理员工带来的影响。

ACI是一家美国投资银行,在1980年代初期启动了一项进军欧洲市场的积极计划。最初,ACI在开设办事处时遇到了严重的问题:在国外办事处,美国人对当地的文化规范和市场条件一无所知,根本无法与当地客户建立联系。后来,ACI雇拥了曾就读于北美商学院的欧洲人,并以团队的形式将他们分配到欧洲办事处,该策略取得了显著成功。ACI在欧洲的业务获利丰厚,高管团队为拥有一支真正的国际专业人才队伍而感到自豪。他们称该公司为"世界上最好的投资银行"。

几年过去了,ACI的驻外办事处继续蓬勃发展,但是一些高管开始意识到该公司并未从多元化工作中充分受益。有些人甚至怀疑该银行由于选择这种管理多元化的方式而使其自身变得脆弱。美国的一位高级主管解释:

"如果法国队明天全部辞职,我们该怎么办?我不确定我们能做什么!我们从未尝试了解这些差异和文化能力的真正含义以及它们如何改变经商过程。德国国家队实际上在做什么?我们不知道。我们只知道他们很好,但是我们不知道他们如何做得这么好。我们聘请了拥有美国MBA学位的欧洲人,是因为我们不知道怎么在欧洲开展业务——因为我们没有欧洲的文化底蕴。然而,十年后,我们仍然不知道欧洲文化是什么样的。如果我们知道,也许我们可以探究投资银行业务流程的哪一部分是通用的,哪一部分取决于特定的文化能力?有什么共同点和区别?公司最大的失败是我们知道怎么利用人们的文化优势,但似乎从未向他们学习。"

ACI的这个案例充分体现了获取与合法性这一多样化管理模式的缺陷:没有真正去分析不同文化的员工多样性是如何影响工作的。他们只是利用不同文化的员工来服务当地的客户,诚然,这种方式可以让公司更好地赢得当地客户的青睐,获得一定的竞争优势。然而对公司总部而言,是没有知识积累的。设想一下,如果ACI的法国办事处员工全部辞职,ACI的法国业务将严重受挫,因为知识全部掌握在法国办事处员工的身上。另外,就员工自身而言,他们很多时候可能会感受到自己是在被公司剥削,利用自己的知识来服务客户而已,自己与公司总部的接触并不多,只知道公司在本地区的业务而已,同是也会感到公司对于自己、对于不同的文化并没有从根本上认同。此外,他们也很清楚,如果公司的业务出现萎缩,像自身这样的完全不同于总部的文化群体很可能被率先拿掉。因此,他们的被剥削感也很强。

(3) 学习与有效性范式。近年来,越来越多的跨国公司开始采用学习与有效性的方法来管理跨文化团队和公司的多样化。首先,与采用歧视与公平范式的企业一样,采用学习与有效性范式的企业重视员工的招聘平等、薪酬平等、职业生涯晋升机会平等以及其他公平的举措,促进所有员工之间的机会平等。其次,与采用获得与合法性范式的企业一样,采用学习与有效性范式的企业承认人与人之间的文化差异,并意识到这些文化差异可能会给企业带来的价值。最后,采用学习与有效性范式的企业,真正意识到员工的多样性文化可以如何促进公司的创新以及可持续竞争优势提升,因此,他们尽力将员工的观点融入组织工作中,内化员工之间的差异,使得员工可以彼此学习,共同成长。用一句话来概括这类企业的管理理念,就是:"尽管我们有所不同,我们都是同一个团队。"苹果的跨文化团队管理策略体现了学习与有效性的范式:

> 从一开始,一群来自不同地方的、不同类型的、拥有不同学科背景的个体来到一起工作。我们秉承着一个信仰,即通过我们的产品、我们的价值观、我们的身份改变世界。因此,我们以包容性和多样性为核心,尊重个性、人格尊严和平等。我们希望人们能够活出自我并成就自我,因为这种环境能够激发创造力和创新,让我们所有人一起出色地完成工作。

思考题

1. 跨文化团队有哪些类型?
2. 跨文化团队的优点是什么?缺点是什么?
3. 如何管理跨文化团队?

章末案例

麦戈瑞公司的跨文化团队冲突

麦戈瑞公司是一家总部在加拿大,分部遍布东亚、北美洲、南美洲和北欧的信息技术公司。由于其客户遍布各大洲,麦戈瑞公司组建了大量由在不同国家和地区的员工构成的全球分布团队,他们称之为是24小时无间断工作团队(follow the sun)。麦戈瑞公司的设想很好,希望能通过处在不同时区的员工实现24小时不间断地为顾客服务。

这些跨文化的全球分布团队成立后,公司对客户的响应能力提高了很多。以前,很多客户遇到问题想找客服,都会收到系统消息说"不好意思,人工服务时间是8:00am—9:00pm,请稍后联系"。现在,客户不论什么时候遇到问题,总是可以马上联系客服得到解决。

然而,没过多久,他们却发现,团队成员之间似乎沟通并不那么顺畅,不同地区的团队成员在沟通上存在很多冲突,彼此之间的不满与日俱增。其中,以一个由5个日本人和5个加拿大人组成的全球分布团队冲突最为严重。

其实,这个10人团队的工作模式很简单,就是维护公司信息系统的稳定性。为了提高对顾客的服务质量,公司采用的计划安排是参考敏捷开发中的敏捷迭代计划会议,两周一次小规划,每个季度一次大规划,每两周,团队都要在一起回顾上两周的任务完成情况,并确定接下来两周的任务安排。如果客户没有需求,团队成员稳步开发公司信息系统的更新任务。如果遇到客户因为各种问题无法使用公司网站,在公司内部,这属于非常紧急的任务,需要放下手中的所有工作,全力以赴地完成系统修复,确保客户能顺利地使用公司网站。为了确保任务的有序进行,每周这个团队都会开一次视频会议,探讨任务的完成情况。平时,日本这边和加拿大那边的团队成员通过邮件、电话以及公司的即时通信软件飞讯联系。由于客户大都在加拿大和美国那边,加拿大那边的团队更了解客户的需求情况,因此,团队的任务主要是由加拿大子团队传到日本这边。团队成员之间的冲突主要存在以下几个方面。

(1) 对计划安排的不满。加拿大团队成员对两周一次的敏捷迭代计划这一团队工作模式还较为适应,然而来自日本这边的员工并不适应这种工作模式。日本子团队的加藤一郎迷茫地说:"加拿大那边一定要采取这种sprint的工作模式,两周一次计划,每天都在全力奔跑,然而未来到底是什么?一年以后我们这个团队会变成什么样?两年以后呢?从来没人考虑过这些问题,大家都在为了这两周的目标而冲刺,可是意义在哪里呢?"

(2) 双方地位不平等。尽管这个全球分布团队在制度上两边是平等的，但是，日本这边的子团队却感觉自己的地位似乎要比加拿大子团队低一些。平时的任务都是由加拿大那边的子团队来计划，并通知日本这边。当日本这边有什么意见想反馈的时候，加拿大那边总是说，这件事就这么决定了。平时，一些不属于自己分内的事情，加拿大那边如果发邮件让日本这边解决，日本团队成员也会说"可以"，然后把这个事情做掉。用加藤一郎的话说："我们是一个团队啊，相互帮忙总是应该的。"然而，有一次，一个日本团队成员遇到一个问题需要解决，求助于加拿大那边的团队成员，那名成员竟然说，"抱歉，这不属于我的任务范围之内"，然后就推回来了。这件事情让日本子团队的人很愤怒，小泉说："每次他们需要帮忙的时候我们从来没说过'不'字，可是他们是怎么对我们的？"

此外，开会的时候也是一样。由于时差的原因，双方的会议经常安排在日本的早晨，加拿大的晚上。日本团队成员说："加拿大人生活多么惬意啊，我们经常开会开到一半，他们就说：'不好意思我得去接孩子了，孩子放学了'，然后就挂电话走人了。哪怕我们的工作才交流到一半！根本不拿我们这边当回事。再看看我们，什么时候因为接孩子不工作了？"

然而，加拿大那边的团队成员同样有一肚子的牢骚不知道跟谁去说。在他们眼里，日本同事真的很拼命，怪不得有"拼命三郎"一说。然而，他们做的东西经常不符合要求。团队中的麦克说："跟日本那边的团队成员沟通真的很沮丧，我不明白，本来说好了做这个模块，他们也答应了。我们问他们有没有问题的时候他们也没说有问题。但过了一周我们再开会，讨论任务进展，发现完全不是我们说好的那样，所以，我们只能重新提要求，再重新改，总是这样重复重复再重复，工作效率很低，我们很沮丧。"顿了顿，麦克接着说："有时候，客户那边反馈过来非常紧急的任务，可是我的日本同事根本感受不到这种紧迫感，当我告诉他们需要这样那样操作的时候，他们还总是追着我问：'为什么不能这样？''我想那样去做行不行？'我还要花很多时间去解释为什么不能按他说的办法来，这样来来回回，真的效率很低。我真希望他们能来我们这边看看，就知道我们为什么要让他们那样做了。"

另外，日本那边的团队成员有时候会问加拿大这边，为什么公司没有三年计划或者五年计划，这样团队成员便知道应该朝着什么方向努力。关于这个问题，加拿大这边的团队成员感到非常不可思议：三年时间这么久，五年更久，这期间会发生什么事情又有谁能说得清楚呢？这个团队在不在都不好说呢，为什么要考虑这么长久？

案例讨论题

1. 为什么日本团队成员会不适应两周一次的敏捷迭代计划？

2. 为什么日本团队成员会帮助加拿大成员做不属于自己分内的事情？为什么案例中的加拿大人不帮助日本同事？

3. 你认为日本子团队和加拿大子团队冲突的根本原因有哪些？

4. 基于案例，请阐释双文化团队的劣势。

第9章 跨文化人力资源管理

教学目的和要求
1. 掌握跨国公司人力资源管理的模式；
2. 了解跨国公司招聘员工的标准；
3. 掌握外派人员面临的文化冲击及反向文化冲击；
4. 掌握跨国公司人力资源培训的主要内容。

开篇案例

国际品牌酒店人才趋向"本土化"

前不久，希尔顿酒店集团任命钱进为中国及蒙古区总裁，而此前已有多位中国本土人士加入希尔顿酒店集团大中华区的领导团队。与希尔顿酒店集团一样，万豪、洲际、雅高等知名国际品牌酒店集团也正在大量吸纳中国优秀的管理人才进入高管层面。

"20多年前外资酒店品牌刚刚进驻中国的时候，酒店的总经理、财务总监、市场总监以及公关总监都是外籍人士，但是这个现象现在已经发生了根本改变。"凯宾斯基亚洲首席运营总监迈克尔·亨斯勒（Michael Henssler）近日接受某媒体采访时说。

中国酒店市场的潜力为世界瞩目，国际品牌酒店集团在中国的市场不断扩张，人才缺口不断增大，其人力资源策略正在改变。"一是中国本土专业人才更了解中国市场和中国客人的需求，可以帮助国际品牌更好地'接地气'；二是随着其旗下酒店品牌不断签约，大量酒店落户中国各个城市，短时期内对管理人才的需求量激增，从国外调配总经理也不太现实，而且相较外籍总经理，聘请中国本土管理人才的各方面成本也更合适，可以让其很好地压缩运营成本，实现利益最大化。"一位酒店业界资深人士表示，重要的是，中国的酒店业经过多年的发展，已经培育出很多优秀的管理人才，这些人才完全可以胜任，有的表现还相当出色。

瑞士索梅教育旗下拥有全球著名的酒店管理学院瑞士格里昂酒店管理学院和瑞士理诺士酒店管理学院，其首席执行官边维添认为，中国激烈的酒店行业竞争对于外资酒店品牌来说充满了各种不确定因素。比如,文化差异、中国各地区的经济发展差异以及一些独特的客户偏好消费方式等,都影响着其品牌在中国是否能够运营成功。本土管理人才对此更加了解,有利于外资品牌在中国市场的开发、发展、运营。因此,人才本土化对外资品牌酒店集团在中国的发展至关重要。

另外,"本土人才可以帮助国际酒店品牌缩小它们与中国客人之间在文化和情感上的差异,对其在中国建立强有力的运营以及营销网络也具有重要作用。"边维添表示。外资酒店品牌都已经意识到人才本土化的重要性,比如,洲际酒店集团已在大中华区推出了"锦鲤还乡"计划,吸引更多的本土优秀酒店人才从国外回流,让员工获得更多地域间流动、自我提升的机会。凯宾斯基酒店集团的人才本土化战略也已深入其业务的各个方面。

但是,各大酒店集团在实施人才"本土化"战略中也遇到了一些困难。比如,很多本土人才的专业水平还有待进一步提高,他们需要有更好的语言水平、沟通技巧以及更广泛深入的国际工作经验。"那些了解中国市场,同时又具有国际化背景、优秀的语言能力以及对行业拥有深刻的洞察和理解的人才,最受国际品牌酒店集团欢迎。"

上海理诺士锦江校区校长斯特克林(Sacha Stocklin)说,教育机构需要与时俱进,迫切推进教育体制改革。

资料来源:陈静.国际品牌酒店人才趋向"本土化"[N].中国旅游报,2017-08-31.

随着经济全球化的发展,世界各国市场的相互依存度日益加深,生产要素及资源实现了全球范围内的流动,跨国公司的国际化步伐也越迈越快、越迈越大:从最初偶尔的出口,到在海外建立销售机构,再到在海外建立合资公司甚至是通过绿地投资建立全资子公司。随着跨国公司国际化的逐步加深,跨文化人力资源管理的重要性日益凸显。对于跨国公司来讲,跨文化人力资源是一项重要的议题:不论是人员招聘选拔还是人力资源培训,抑或是外派人员的管理,任何一个环节出错,都可能对跨国公司的海外运营带来致命性打击。因此,本章将重点阐述跨文化人力资源管理的重要性及要点。

9.1 跨文化人力资源管理的模式

9.1.1 跨文化人力资源管理的特殊性

对员工的有效管理与开发对于企业而言是一种投资,员工会以更大的生产效率在更长时期内回报组织。优秀的人力资源管理实践需要能够在组织与员工的目标之间达成平衡：既满足组织的工作需要，又能对员工的职业生涯发展带来积极的影响。从这一角度出发，传统的人力资源管理范围很广，涵盖了人力资源规划、员工的招聘、培训、薪酬和绩效管理以及劳资关系管理等。对于跨国公司而言，跨文化人力资源管理不仅要涵盖以上因素，同时还有一些特殊性。

（1）更广的人力资源功能和活动。相比起传统的人力资源管理，跨文化人力资源管理涉及更广的人力资源功能和活动。例如，当企业建立海外子公司或特殊职能机构之后，就面临外派员工、招聘东道国员工等事宜，这就涉及了解不同国家的劳工政策、所得税标准、如何获取工作签证以及如何安置海外员工等问题，因此，跨文化人力资源管理涵盖的人力资源功能和活动更广。

（2）更多地卷入员工的个人生活。当跨国公司需要外派员工时，人力资源管理人员需要去了解员工的家属情况以及是否需要安置家属，如果子女也跟随一起外派，还需要解决外派人员子女就读问题以及在当地的住宿问题，因此，跨文化人力资源管理人员往往更了解外派人员的家庭构成、子女就读等情况，更多地卷入到员工的个人生活中。

（3）管理更加多元化的员工。来自不同国家和地区的员工生活习惯、对工作的诉求、激励方式、语言情况等都存在较大的差异，对这些员工的培训、管理显得更为复杂。例如，对不同国家和地区的员工来讲，如何推行一项制度，更能得到他们的认可？对权力距离较高的地区，可能直接作出行政命令就足够了，而对权力距离比较低的地区，要如何推行才能让他们认同？对不同国家和地区的员工来讲，什么样的激励措施更加有效？例如，对墨西哥工人的加薪为什么会导致他们工作的时间更短？这些多元化的员工给跨文化人力资源管理带来更高的难度。

（4）风险更高。由于不同地区的价值观存在较大差异，跨文化人力资源管理将面临更多、更复杂的问题，相应地，决策失误的可能性更高，而由于文化因素导致的决策失误给公司带来的影响可能更大。以法国罗克韦尔·柯林斯（Rockwell Collins）公司为例，和不同国家的企业签订合同的处理方式存在较大差异：与美国公司签订合同之后，一个标点符号都不允许再改动；与意大利的企业签订合同并生效后，仍然可以就其中的部分条款进行改动。如果不了解这种区别，贸然改动和美国公司签订的合同，往往会给公司带来重大损失。因此，跨文化人力资源管理需要考虑不同国家的法律差异，其决策风险更高[①]。

9.1.2　跨国公司海外子公司人力资源管理模式

目前，跨国公司海外子公司的员工主要有三个来源：母国人员、东道国人员以及其他国家人员。基于管理和重要岗位的员工来源，跨国公司海外子公司的人力资源管理模式可以分为民族中心法、多元中心法以及全球中心法三种不同的模式。

（1）民族中心法。民族中心法是指子公司的战略决策由母公司作出，国外分支机构

---

① 尚慧.跨国企业的跨文化管理实例研究——法国图卢兹RockwellCollins公司[J].中外企业家，2013(10)：270-271.

基本没有自主权。同时,子公司的核心岗位均由母国派去的人员担任。一般而言,跨国公司采取这种模式主要是考虑如下几个因素:① 保持母公司和子公司沟通畅通。通过派遣母公司的员工到子公司担任核心岗位,有利于保持母公司和子公司之间的有效沟通。母公司派出的核心员工往往已经在总部工作了一段时间,熟悉母公司的经营理念、人事状况以及运营规范,对母公司的战略目标、政策制度等较为熟悉,因此,和总部沟通起来较为顺畅。② 更好地控制子公司。来自总公司的员工往往较为认同母公司的战略理念和运营规范,对母公司的忠诚度较高,因此,当遇到母公司和子公司在某些战略目标等方面的差异时,来自总部的子公司负责人往往更倾向于赞同母公司的意见和观点。因此,民族中心法可以加强母公司对子公司的控制。③ 保护母公司利益。对于高科技企业而言,往往涉及较多的技术机密,来自母国的人员要比东道国的人员更倾向于保护母国的技术和利益。尤其是当母公司和子公司在观点、利益方面发生冲突的时候,来自母国的人员往往更倾向于保护母公司的利益,如果由东道国的人员担任子公司的经理,他们可能会将自己的民族利益放在首要位置,侵犯母公司的利益。④ 培养全球经理人。通过将母国人员派遣到海外子公司担任经理,有助于培养自己的国际经营和管理人才,扩大自身的人才资源池。

然而,派遣母国人员担任东道国的关键岗位也有一定的劣势。首先,如果母公司和子公司所处的国家语言差异较大,而派遣的母国人员不太懂东道国的语言、文化习俗、政治环境、经济情况以及法律法规情况,则会面临较大的沟通障碍,难以对日常的经营活动作出符合当地规范的判断和决策。其次,如果母国和东道国的文化差异较大,母公司的管理风格和管理方式不一定适用于东道国,强行将母公司的文化风格运用到东道国的子公司,可能会导致子公司管理上面临较多的冲突。再次,派遣母国人员往往意味着公司要支付高额的租房补贴、差旅补贴、日常补贴等,对跨国公司而言也是一笔不小的开支。如果管理人员因为各种状况无法继续担任外派岗位,换一名管理人员往往意味着一切都要推倒重来,管理上没有连续性,对子公司的正常运营带来一定的影响。最后,如果东道国子公司的核心岗位全部由来自母国的人员担任,对东道国的员工而言,看不到晋升的希望,不利于东道国员工的工作积极性,也很难招聘到那些有抱负、能力较强的当地员工。

(2) 多元中心法。多元中心法是指跨国公司将每个分支机构看作具有决策自主权的独立单位。因此,跨国公司往往倾向于雇佣东道国的员工来管理东道国的子公司。但是这些管理人员一般不会被提升到总部去。相应地,总部的管理人员也很少被外派到东道国去工作。

采用多元中心法对跨国公司而言有如下优势。首先,东道国子公司的关键岗位由其选派出来的人员担任,他们熟知要如何管理当地员工,语言也毫无障碍,提高了子公司内部沟通的顺畅度。同时,他们也更了解当地消费者的需求,提高了公司对当地市场的响应性,使得公司的产品和服务更符合当地的要求,提升子公司在东道国的竞争力。此外,他们也熟悉当地的文化、法律法规、经济情况、政治情况以及税务要求等,知道如何与当地企业、政府、消费者打交道,从而使得子公司在东道国有良好的社会关系和企业形象。其次,东道国人员担任关键岗位不会像外派人员那样因为家庭等事务经常更替,一般任期会较长,在管理上也就有了一定的延续性。再次,东道国人员担任关键岗位也免去了外派人员高昂的安置费用,公司也可以以相对较高的薪酬吸引到当地的高质量人才,提升公司的软实力。最后,东道国子公司的关键岗位均由当地人员来担任,使当地员工看得到努力工作有职业生涯晋升的潜力,提高了当地员工的士气,进而积极促进公司任务的完成。

然而,多元中心法也存在一定的劣势。首先,东道国管理人员虽然熟悉东道国的运营状况,但往往对总部的战略、制度规范等缺乏一定的了解,因此,不利于母公司信息向子公司的传递。由于不了解母公司的产品、技术以及战略战术,往往在合作和协调过程中产生一定的问题。其次,当母公司与子公司出现利益冲突的时候,由于对母公司缺乏了解和认同感,东道国管理者往往更偏向于子公司的利益,侵犯母公司的利益,甚至可能导致母公司对子公司失去控制权。最后,由于当地的核心员工在子公司中的提升有"天花板效应",也就是说,他们最多也就是能提升为子公司的负责人,无法再进一步到总部担任核心岗位,因此,难以吸引到那些志在成为全球经理人的顶级管理人才。

(3) 全球中心法。全球中心法是指跨国公司采取全球化方法来进行人力资源管理,认识到不管是母公司还是子公司都对公司的发展作出了一定的贡献,因此,他们在招聘人才的时候,不管是母公司还是子公司,都是从全球范围内寻找最优秀的人才,不重视人才的国籍,更重视人才的能力。

跨国公司采用全球中心法主要是出于以下考虑:首先,有能力的管理人员并不仅仅集中在母公司,因此,扩大招聘的视野更能招聘到优秀的人才。其次,对于跨国公司的高管而言,跨国经历是高管成功的重要条件。因此,通过在全球范围内招聘人才到全球范围内去工作,培养管理人员保持开放的心态,可以培养管理人员的文化适应能力,对公司而言直接培养了一大批拥有跨国管理经验的人才。再次,通过全球招聘选拔的人才往往精通外语,了解不同的文化,从一个国家到另一个国家也不受太大的影响,经常这样转换工作岗位更增强了他们对不同文化的适应性。最后,作为职业国际经理人,他们往往是按照国际规章和惯例来进行管理及作决策,不论是对母公司还是子公司,不会有民族中心主义的倾向,更容易被母国和东道国员工接受。此外,企业在全球范围内调配和使用人力资源,也能克服企业内部过分依赖核心员工的情况,避免高管层面的经理人之间的近亲繁殖,使公司能够更好地挖掘国际管理人才。而雇佣全球人才也为跨国公司树立了自身的全球形象,更有助于公司引进具有跨文化沟通和管理技能的人才来处理跨国公司内部的员工关系。

9.2 跨文化人力资源的招聘

9.2.1 外派人员招聘

对采用民族中心法的跨国公司来讲,如何甄选、招聘合适的外派人员几乎直接决定了海外子公司的绩效。由于无法适应文化而导致的外派失败会给跨国公司带来较大的损失。基于美国国家外务委员会等的调查,一次失败的外派所产生的直接成本少达25万美元,多至50万美元。根据摩托罗拉公司的估计,对于年薪为7.5万美元的中层管理人员,外派失败所导致的成本更高。例如,对于一个为期三年的外派,失败而导致的损失在60万~125万美元[①]。除了直接的资金损失之外,不合适的外派人员可能会损害跨国公司在东道国的业务,引发当地雇员的抗议,甚至是损害和东道国的关系,不仅导致跨国公司失去在东道国的商业机会,更有可能引发跨国公司在全球范围内的形象受损。因此,选择合适的外派人员是跨国公司面临的重要任务。基于斯通(Stone,1991)的研究,外派人员的选拔主要是基于其技术能力、适应能力、配偶和家庭适应能力、处理人际关系能力、赴海外工作的意愿、已经具备的海外工作经验、对东道国文化的了解程度、教育水平、掌握的东道国的语言知识以及对母国文化的了解程度等。此外,不同国家的管理人员对这些标准的重要性认识不同,表9-1列出了澳大利亚、亚洲等地区管理人员给这些标准重要性的排序。

表9-1 外派员工筛选标准

标准	澳大利亚管理人员 (n=47)	驻外管理人员* (n=52)	亚洲管理人员 (n=15)
1. 跨文化适应能力	1	1	2
2. 专业技能	2	3	1
3. 配偶及其他家庭成员的适应能力	3	2	4
4. 处理人际关系的能力	4	4	3
5. 赴海外工作的意愿	5	5	5
6. 已具有海外的工作经验	6	7	7
7. 对东道国文化的了解	7	6	6
8. 学历	8	8	8
9. 掌握东道国的语言知识	9	9	9
10. 对母国文化的了解	10	10	10

注:* 跨国公司海外工作的美国、英国、法国、新西兰或澳大利亚管理者。
资料来源:Raymond J. Stone, Expatriate Selection and Failure. *Human Resource Planning*,1999:14(1).

从表9-1可以看出,虽然不同国家的管理者对这些标准重要性的排序略有差异,但这些管理者均认为,跨文化适应能力、专业技能、配偶及其他家庭成员的适应能力、处理人际关系的能力以及赴海外工作的意愿是前五项需要考虑的重要标准。

(1) 跨文化适应能力。从表9-1可以看出,当派遣员工到不熟悉的文化中工作时(例

---

① 张广宁.在华合资企业核心员工跨文化管理问题研究[D].辽宁大学博士学位论文,2008.

如,从澳大利亚派遣到南亚或者从美国、加拿大、法国、新西兰派遣到南亚工作),管理者不约而同地将跨文化适应能力列为最重要的因素。较强的跨文化适应能力能帮助外派员工迅速融入当地的工作和生活,提高工作的积极性和动力。塞尔玛(Selmar)通过研究在中国的外派人员适应性问题,发现这种跨文化适应能力主要体现在4个方面:能自如地应对工作挑战;能够适应新的生活条件及生活环境;很快学会了如何在工作之余和当地的居民交流和交往;保持愉快的心情来面对日常工作[1]。在第三节中我们将重点阐述外派人员的文化适应性问题。

(2) 专业技能。专业技能是指完成外派任务所需要的基本知识和技术能力。对不同目的的外派人员,所需具备的专业技能可能有较大的差异。提供技术支持的外派人员需要掌握基本的技术技能。以福耀玻璃为例,在美国建立工厂后,为了使得当地工人尽快掌握玻璃生产和制造的技术,福耀集团选拔了技术过硬的人员外派到美国,手把手地指导当地工人生产玻璃的技术。旨在管理海外子公司的外派人员还需要掌握与东道国经营管理相关的知识和技能,包括跨文化沟通、跨文化谈判、跨文化团队管理、跨文化人力资源管理以及跨文化营销等。

(3) 配偶及其他家庭成员的适应能力。配偶及其他家庭成员的适应能力是员工赴海外工作需要考虑的重要因素。有关工作生活平衡的研究发现,员工的家庭生活很大程度上影响其工作绩效。如果家庭不幸福,员工无法安心工作,业绩往往也不理想。配偶及其他家庭成员的适应能力包括两种:跟随外派人员一同到海外生活的适应能力;外派人员独自赴外,家属留在母国生活的适应能力。沙弗(Shaffer)和他的同事对来自46个国家的300多名外籍人士的研究发现,外派员工所感受到的组织对其支持程度以及配偶和家庭的支持程度对于其决定是否留在公司有直接的影响[2]。因此,在选聘外派人员的时候,跨国公司往往会与管理者及其家属进行谈话,确保这一外派能得到员工家庭的支持。如果得不到家庭的支持,很容易出现外派人员任期未到就申请提前回国的情况。

(4) 处理人际关系的能力。跨国公司在东道国的外派管理人员,往往需要代表公司与当地政府、各类商业协会、同行业竞争对手、供应商以及客户等打交道,在公司内部还要负责处理员工关系等诸多问题,因此,其处理人际关系的能力对有效开展工作尤为重要。尤其是当跨国公司子公司在当地尚未建立相应的关系网络时,外派人员处理人际关系的能力对公司建立当地的关系网络、提升母公司在当地消费者心目中的形象有重要的影响作用。

(5) 赴海外工作的意愿。波斯托夫(Borstorff)等人的研究证实,员工赴海外工作的意愿与员工的家庭、职业生涯规划、公司对员工及其家庭的支持等有直接的关系。具体来

---

[1] [美] 弗雷德·卢森斯,[美] 乔纳森·P.多.国际企业管理:文化、战略与行为(原书第八版)[M].周路路,赵曙明,等译.北京:机械工业出版社,2015.

[2] Margaret A. Shaffer, David A Harrison, K. Matthew Gilley, and Dora M. Luk. Struggling for Balance amid turbulence on Intentional Assignments: Work-Family Conflict, Support, and Commitment[J], *Journal of Management*, 2001, 27(1): 99–121.

讲，相比起已婚的员工，未婚的员工更愿意接受到海外工作的任命。相比起小孩正在读书的家庭，没有小孩或者小孩已经成年的员工及其配偶更愿意接受海外工作的任命。对自己职业生涯有更高追求的员工也更愿意接受海外工作的任命。配偶的职业和态度也会影响员工是否接受海外工作的邀约。另外，公司对员工及其配偶的支持，对员工是否愿意到海外工作有重要的影响。总体上，当员工赴海外工作的意愿较强的时候，员工对东道国的任务投入程度更高，更能提高跨国公司在当地子公司的绩效水平。

9.2.2 东道国员工招聘

对东道国员工的招聘主要是出于两个目的：为跨国公司的海外子公司配备人员以及为母公司挑选合适的员工。如果主要目的是为海外子公司配备员工，招聘的重点可能放在筛选候选人的专业技能、受教育程度以及相关的工作经验等方面。如果是为母公司挑选合适的员工，招聘的重点可能放在筛选候选人的跨文化适应能力以及专业技能等方面。一般来讲，跨国公司东道国员工的招聘主要是为海外子公司配备人员。

东道国员工的招聘受到东道国文化、价值观念、制度规范等的影响。在不同的国家和地区，人们对于哪些因素是招聘员工的关键有着不同的观点和看法，很多时候，一个国家和地区的招聘标准在另外一个国家里可能被认为是非常不可取的。因此，如何基于母公司文化，在适应东道国文化的基础上选择那些适合的员工非常重要。

瑞典的宜家在总部招聘员工的时候设置了层层测试以筛选出那些和公司的价值观相似的人，这也是他们招聘员工的首要标准。宜家的高管列举了那些成功被宜家录取的候选人特点："这些人是一些接受我们的价值观并愿意按我们的观念进行工作的人。他们比较直率，不腼腆，对职位的高低不是特别在意。他们必须勤奋努力地工作，并可以与从普通顾客到老板再到收银员等都能有融洽的关系。但是，对一个宜家人而言，最重要的就是谦逊、温良和尊重他人。"然而，当宜家扩张到欧洲南部的俄罗斯时，当地人并不认同这一条招聘标准，对当地人来说，个性和工作经验是招聘员工的最重要准则。正如一位俄罗斯的人力资源经理所说："一家公司可以教会或者培训任何人做某些特定的工作。但是如果这个人的态度不端正，就不会成为一个好的员工。因此，有时候我们更喜欢招聘那些条件稍微差一点，但是有正确工作态度的员工。"[1]

在东道国员工的招聘和选拔过程中，跨国公司要格外注意如何在不同的劳动力市场获得相对"等价"的劳动力群体。不同国家的教育体制、培养模式的不同导致劳动力进入就业市场的情况存在较大差异。例如，在欧洲国家学制改革之前，德国的大学通常需要主修一个专业并辅修一个专业，因此，学生学习的时间可能长达 6 年，再加上需要 1 年服兵

---

[1] ［美］弗雷德·卢森斯，［美］乔纳森·P.多.国际企业管理：文化、战略与行为（原书第八版）[M].周路路，赵曙明，等译.北京：机械工业出版社，2015.

役或者从事社会服务工作,真正进入劳动力市场时可能已经27—28岁。而在美国、英国、印度以及日本等地区,学生可能21—22岁就已经大学毕业进入劳动力市场。因此,在不同国家招聘的时候应届毕业生的年龄可能存在差异,同等年龄的候选人其受教育程度以及工作经验等也可能存在一定的差异。

在不同地区招聘员工时,另一个需要注意的现象就是受当地文化和价值观的影响,不同国家和地区的候选人在能力以及技术专长上通常存在一些区别。例如,在印度,最优秀的人才往往去学习信息技术,在印度电影《三傻大闹宝莱坞》中,主人公之一的法汗虽然从小的理想是做一名野生动物摄影师,然而迫于家里压力却不得不上工程学校,读信息工程。在法国,人们更加尊重那些拥有哲学学位的人;在西班牙,许多高层的经理往往具备经济学或相关领域的学位;在德国,高层经理往往拥有理学博士学位或者是工程领域的高级学位。利用不同国家人才的特长来招聘合适的候选人,往往会给跨国公司带来意料之外的收益。

世界领先的信息技术外包公司印度的印孚瑟斯公司将目标瞄准那些正在就读的学生,提出"领先一步解锁信息技术"的培训,选择那些仍在印度各地学校就读的学生,从而培养印孚瑟斯公司未来的员工。这一战略似乎已经获得了预期的汇报:在它被提出的两年后,印孚瑟斯公司共收到超过150万份的简历申请,录用了其中最顶尖的1‰,从而提升了公司在当地的劳动力质量。

9.2.3 第三国员工招聘

跨国公司招聘第三国员工的主要目的是将其作为海外分公司的驻外管理人员。对于大多数第三国员工的招聘,录用的员工往往不能在本国工作,而是要派往其他国家和地区,因此,第三国员工招聘的标准在很大程度上与外派人员的选拔标准类似,需要考量候选人的跨文化适应能力、专业技术能力、人际关系处理能力、家属及其他家庭成员对员工海外工作的支持程度以及员工本人的海外工作意愿等。除此之外,对第三国员工的招聘给跨文化人力资源管理带来更多的挑战:人力资源经理需要考虑员工的工作许可证办理问题、东道国政府是否允许该第三国员工入境工作等。能否获得工作许可证是第三国员工招聘的关键条件,因为各国政府都更希望本国人员得到就业机会,而第三国员工在当地越多,本地员工的就业机会可能就越少。

不同国家的企业在招聘第三国员工时往往有不同的倾向性。例如,美国的跨国企业在招聘第三国员工时往往倾向于那些在美国各大高校商学院就读的外国学生,而欧洲的跨国企业更多是在公开渠道(如报纸等)发布招聘通知。以在中国的跨国公司为例,IBM大中华区的董事长陈黎明于1960年出生于新疆石河子,并在1989年获美国康奈尔大学硕士学位,2003年完成美国哈佛商学院高级管理课程(MBA)。苹果大中华区总经理葛越出生于辽宁沈阳,在西蒙弗雷泽大学电气工程专业获得学士学位和硕士学位,并在加州大学伯克利分校获得工商管理硕士学位。

9.3　外派人员文化管理

一名中远经理的外派故事[①]

中远的主要业务是国际航运,因此,中远早年就开始了外派经理的储备工作。面对全球化的业务,中远还曾专门招聘了一批"小语种"的外语人才。

1970年出生的冯波在北京外语学院学习的是西班牙语,1995年加盟中远,先后在中远集运做过南美线、美国线、日本线的远洋业务。1998年4月,公司总经理鲍旭安排冯波到智利开发南美线,负责商务和销售。

"老实讲,当时很自信,一定要在那里干一番事业,做出一番成就。"年轻的冯波觉得自己语言适应能力强,而且已经很熟悉南美线的业务。中远的管理在国外和其他公司相比还是比较先进的,管理比较国际化,中远品牌在国际上也比较被认可。因此,当地的智利人也比较愿意来中远工作。"觉得到智利不会有什么大困难和大挑战。"冯波说。

到智利的半年内,冯波都相当兴奋。但是随着时间的推移,冯波渐渐平静了,觉得在智利工作也没有什么,只不过换了环境,还是要按部就班地做事。而且,各个国家的法律不一样,常常在中国很正常的事,在国外就不正常了。

"冲突还是挺大的。生活上就感觉挺困难——找不到用来做中餐的材料,智利根本没有醋!甚至没有面粉,想吃烙饼都很难!在中国,单位有食堂,而在智利,就只能到外面就餐。每天都到外面吃麦当劳、炸鸡,我感到很不适应。在业务方面,我是学西班牙语的,一直感觉语言上没问题,可是和当地人比,我的语言基本是小学生水平,在深层次的交流上还有障碍。"

在工作方面,智利人的思维方式比较开放、直率,所以,中国人习惯的"暗示"对他们来说通常不起作用。在关键业务的安排上,如果你不明说,不用书面的指示,他们根本就不做。即使和他们面对面谈一项工作,也要书面通知。这就是当地的商务习惯。

3年的派遣合同到期了,鲍旭问冯波是否愿意继续留在智利。"很多中国人留在智利开着餐馆和贸易公司。华人在国外的这种生活和工作状态,我很不喜欢。"冯波说,"特别是在中国接受完高等教育,到了国外,很希望主流社会能够承认你。但是在那边,你永远也不能融入主流社会。"于是,冯波和妻子商量了一下,决定回国,毕竟孩子太小,家里还很需要他。

近年来,跨国公司在全球范围内调遣员工已经成为国际商务活动的大趋势。尽管跨

[①] 邓羊格.外派经理为何成了鸡肋[N].经理日报,2005-05-16.

国公司在选择外派人员时已经尽力选择那些有较强文化适应能力的员工,但面临完全陌生的文化环境,外派人员还是会面临预料不到的障碍,冯波的案例就说明了这个问题。因此,本节重点阐述跨国公司外派人员面临的文化适应问题。

9.3.1 文化冲击

文化冲击(Culture Shock)是指外派人员被迫学习大量的文化所遭受的挫折。对外派人员来说,新环境的语言和文化与自身成长的语言和文化存在的差异越大,自己感受到的文化冲击就会越大。在进入陌生文化的初始阶段,外派人员会对周围的一切感到不适应:周围人的思维方式、行为习惯、饮食、交流、沟通等与自己之前生活的环境存在较大的差异,他们自己的行为习惯也不像在自己国家那样,能够产生预期的效果。他们既没有办法迅速融入新的环境,也没有简单快捷的解决办法,这些都会给外派人员带来较大的压力。

透过电影看文化

在电影《世界是平的》中,主人公陶德被派到印度去培训当地的员工。刚下飞机,主人公就被印度文化震惊了:当地人的一举一动、一言一行与美国人的言谈举止相差甚远。几个场景说明了这种文化的差异以及给陶德带来的文化冲击。

(1) 乘坐火车。

陶德拖着行李还没等到上火车,火车就已经开了。他以为自己赶不上了,旁边一个热心的当地人说,你得跑着跳上去。陶德看了看火车,每个车厢门口都挤满了人,一点空间都没有,他说:"不可能啊,怎么可能跳得上去。"热心的当地人一把接过他的行李从窗口扔到火车上,转头把他推上已经缓慢行驶的火车。陶德东倒西歪地终于走到自己的座位上,座位上已经坐了一个小男孩,小男孩看到他来了,主动站起来给陶德让座。陶德道了谢,然后坐下了。没想到小男孩顺势就坐到他的腿上。对陶德来说,和陌生人离得近一些都很难,何况是这样的身体接触,但是在异国他乡,他没敢说话,眼睛不自在地飘向窗外,看到每一列火车上都人挤人的场景,他慢慢感觉到,这可能就是印度的文化吧。

(2) 走在街上。

公司的印度同事普洛终于接上了陶德,开车送陶德去他的酒店。一路上,陶德看到了加拉普利破破烂烂的建筑、当街撒尿的男性以及被几头牛堵住的街道,拥挤、破落、脏乱是陶德对加拉普利的印象。此外,口渴的陶德买了街边小摊的刨冰,当普洛还在调侃说陶德强壮,很多外国人吃了刨冰都会拉肚子而陶德没有的时候,陶德已经起了反应,急切地想要寻找洗手间。

(3) 会见阿吉姨。

热情的普洛认为陶德订的酒店太无聊了,一定要带陶德去阿吉姨的民宿。在这里,发生了一段让陶德极为不适应的对话。

阿吉姨：陶德先生，你父亲是做什么的？你工资多少？你结婚了没有？

陶德：我没结婚。

阿吉姨：你有女朋友吗？

陶德：本来有，但几个月前分手了。

阿吉姨：为什么分手？你们应该结婚才对。

陶德：她想结婚，但我还没准备。

阿吉姨：没准备？我的天呐，你都老到可以当爷爷了！你在等什么呢?!

气氛很尴尬，阿吉姨接着说：请用，很好吃噢！

陶德用左手去拿事物，放到嘴里，说：味道很棒！还舔了舔手指。一旁一直没说话的印度老头哼了一声。陶德莫名其妙：怎么了？

普洛：你不应该用左手拿食物，在印度，我们都用右手吃饭。左手不干净。

陶德更奇怪了：为什么？

旁边的印度老头站起来，给陶德示范了一遍：在印度，左手是用来擦屁股的。

对于极度注重个人隐私的美国人来说，工资水平、个人的家庭关系等都是聊天的时候不会提起的话题，而对印度人来说，这就是普通的闲聊话题。尽管陶德已经给自己做了很多的心理预设，然而当真正面临这些场景时，仍然会感到不适。另外，原本在美国的时候，自己用左手或右手吃东西随心而欲，现在到了印度，突然间左手变得"不干净"了，自己也不能再用左手吃东西，对陶德来说也是很难适应的。

陶德面临的文化冲击可以说是大多数跨国公司的外派人员到新文化中面临的文化冲击的代表。外派人员离开了自己熟悉的组织和文化，到一个陌生环境中面临许多变化。价值观和社会规范的差异甚至是冲突给外派人员带来诸多压力，使得他们可能面临很多生理性和心理性的困扰，如失眠、胃疼、头疼、焦虑、挫败感、急躁等。即便是跨文化适应能力较强的外派人员，仍然需要一定的缓冲时间来适应新的文化。

适应性较强的外派人员会采取多种途径来缓解文化冲击带给自己的不适。从工作的角度看，外派人员要适当地改变自己的期望和行为，适应当地的文化和价值观念，以此来促进工作的稳定推进，同时，要积极和母公司汇报子公司这边有关文化、商务规范、法律法规等方面和母国的不同之处，将这种文化冲击反馈给母公司，以期为母公司更好地管理子公司做好铺垫。

9.3.2 文化适应

进入新环境生活3~6个月之后，大多数外派人员就已经通过跨文化适应能力摆脱了文化冲击带来的挫败感，开始正常的国外生活。他们逐渐了解了在新文化中，哪些事情可以做，哪些事情不可以做；哪些事情是对的，哪些事情是错的；什么时候可以说"可以"，什么时候要坚决拒绝等。开始学会用当地的文化和价值观念来处理工作和生活事宜。同时，大多数的外派人员开始学习当地语言，在和员工的日常交流过程中尝试用当地语言慢慢交流。实现这种文化适应的前提是外派人员的跨文化沟通和管理能力。

阿德勒（Alder，2004）曾经描述过他的一名被外派到美国的意大利同事的文化适应过程：有一天他交给秘书一沓信件和手稿，并交代她去打印。每天他都在期待她能交上来已完成的东西，但每天什么也没收到。终于，在一个无比失望、挫折和无望的周末后，他的一位意大利朋友跟他解释："在美国，秘书比在意大利有更高的地位。你必须问他们能否给你打印，而不是直接吩咐他们给你打印。美国企业比意大利更加平等，等级制度更少。"这名意大利同事才开始学会拜托，慢慢地，他收到了打印的稿件①。

文化适应主要依赖于两个因素：外派人员的跨文化适应能力以及时间。图 9-1 展示了外派人员在新环境中从最初的情绪高涨到文化冲击带来的情绪低落再到文化适应的阶段图。可以看出，在刚到新环境的一两个月之内，由于都是全新的体验，外派人员也立志在海外公司成就一番事业，情绪饱满，热情高涨。然而，这种热情在面临持续不断的文化冲击之后迅速下降甚至是消失，情绪开始低落；和家人的分离导致自己思念家乡，再加上发出的指令总是得不到员工的认可，语言不通导致自己难以理解和适应当地生活……经过一段时间的调整，3～6 个月之后，外派人员渐渐进入了文化适应期。

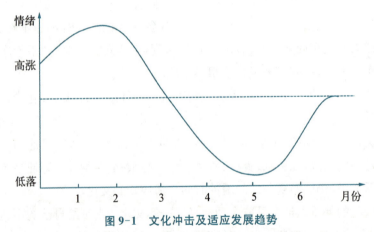

图 9-1　文化冲击及适应发展趋势

资料来源：[美]南希·阿德勒.国际组织行为(第四版)[M].杨晓燕，主译.北京：北京大学出版社，2004.

9.3.3　反向文化冲击

反向文化冲击（Reverse Culture Shock）是指外派人员在国外生活了一段时间之后，学习到在当地生活和工作的一些经验，回到国内之后又不适应而带来的挫折。当外派人员从外国被调回母国之后，需要重新适应母国的工作和非工作环境。外派人员的召回往往出于三个原因：① 海外协议期满，按原计划召回；② 外派人员出于家庭因素的考虑，希望能回国工作；③ 外派人员难以适应海外的文化，工作遇到较大的阻力，难以实现预期绩

---

① [美]南希·阿德勒.国际组织行为(第四版)[M].杨晓燕，主译.北京：北京大学出版社，2004.

效,因此申请召回。

在20世纪80年代以前,跨国公司认为,相比起被外派到国外,外派人员重新返回母国是一种轻松、容易的转变,毕竟,从原本陌生的环境回到了自己熟悉的环境,会更亲切。然而,大量跨国公司的外派人员回国后的表现使公司意识到:外派人员重新回国也需要进行文化上的适应,这并不是一件容易的事情。因此,很多人力资源管理方面的研究将外派人员回国后的工作和生活适应问题作为重要的研究领域。

大多数外派人员会怀着兴奋的心情重返母国,这种兴奋的心情持续时间非常短暂,就进入了文化的冲击和适应期。这种冲击往往要比当初被外派的时候来得还要早。

本书的编者之一马老师在复旦大学读博士期间,受复旦大学管理学院资助,到波士顿的哈佛商学院进行了为期一年的联合培养。在国外的这一年,去超市或者商场买东西,几乎都是要现金支付或者刷信用卡支付。在美国的网站上买东西,也无一例外地需要输入自己的信用卡号码、有效期等信息来购买相关的产品。出一趟门要带好地铁卡,刷卡进站出站。习惯了从网站上买东西大概要过一个星期左右的时间才能寄到。这一年也是国内移动支付等飞速发展的时期。当刚回国的时候,第一个感觉就是自己已经太落伍了。去超市或商场买东西,大家都已经习惯不带现金,手机可以搞定一切支付,马博士和好朋友一起去商场买东西,好朋友看到她从口袋里拿出信用卡支付,略带嘲笑地看着她说:"现在谁还用信用卡,微信或支付宝扫码就行啦!"从淘宝或京东买东西,快的时候当天下单当天就寄到了。乘坐公交车也可以直接使用手机的NFC支付,真正实现了无纸化、无卡化的生活。再回想在美国的一年生活,顿时感慨我国的技术发展速度之快,创新性之强。大概花了一个多月的时间,马博士才慢慢适应过来。

除了生活上需要适应外,大多数外派人员对于重返母公司的工作适应问题更大。许多公司本着培养国际经理人的目的将员工派到海外去锻炼,然而当他们回国之后,原先的工作岗位已经被顶替,很难找到合适的岗位来安置他们。《纽约时报》的一篇文章调查了外派人员回国之后的感受,结果发现,大约有75%的员工认为他们回国之后的职位变低了,而且长期得不到晋升;有60%的员工认为在国内的工作岗位上根本用不到自己之前的国际工作经验;还有60%的员工表示,公司对于回国后如何安置自己并没有给出明确的沟通。更为糟糕的是,这些外派人员回国后离开母公司的概率高达25%,每4个人中就有1个人选择离职[①]。一名外派回国人员这样阐述自身的经历:

我的同事对我的海外任命反应冷漠……他们认为我做的是过去的事情,根本没看到我在海外这段时间学习到的任何东西。

组织改变了……工作习惯、规则和程序全都改变了,我和所有的那些都失去了联系……我又变成了一个新人!

---

① Jobert E. Abueve, Return of the Native Executive[N]. *New York Times*, May 17, 2000, C1.

回来后我没有指定的工作。当初我想回到国内是因为在海外工作需要处理很多问题,有些问题在国内很容易处理,在国外却很难处理。但是现在我回来了,国内的同事并不能理解我,从管理的角度来讲,我和他们失去了联系。

我对工作烦透了。我上楼去看看另一位从海外回来的同事在干什么。他说,无所事事。我也一样①。

对于那些举家搬往海外任职,又举家搬迁回国的员工来讲,面临的困境可能更大。首先,自己原先在海外任职的时候,公司给予大量的租房补贴、生活补贴、差旅补贴等,现在自己回国了,这些补贴统统都没有了,生活质量下降了一个层次。其次,当初海外任命的时候可能连自己的房子都卖掉了,本想回来买个更合适的房子,却发现房子涨价了,自己这些年的收入还不够付房子涨的差价。孩子在海外的时候读的是国际学校,现在回国重新就读公立学校,条件也没有之前的好。许多人开始怀念在海外的生活。霍华德(Franch,2000)的研究发现,大多数日本驻海外的员工在国外的经历要比在国内更愉快。

为了有效地应对外派人员召回后的反向文化冲击,跨国公司也在不断探索新的政策,很多跨国公司在外派员工的同时和员工签署召回协议,双方协商好海外任期的时间以及员工回国之后的工作安排。为了保障员工回国之后工作上不会有陌生感和疏离感,在海外任职期间,公司总部与外派员工保持密切的联系,并及时沟通总部的信息和战略决策,使其保持高度一致,回国之后能很快适应。很多跨国公司(如美国联合碳化物公司和美国铝业公司)与外派员工约定在海外任职期间承租或保留员工的住房。通过这种方式,降低外派员工回国后的落差,保障其生活质量,使其能尽快适应归国后的生活。

9.4 跨文化人力资源培训

对跨国公司而言,在管理海外业务或海外子公司的时候,很容易犯民族中心主义的管理倾向,认为母国的经验、知识、工作理念要优于东道国,从而在管理的时候带有一定的优越感,激起东道国员工的反感,甚至导致母公司和子公司之间的冲突。因此,跨文化人力资源培训有助于跨国公司海外子公司的管理者克服民族中心主义的观念,更好地和当地员工交流,管理其海外业务。同时,跨国公司雇佣的东道国员工以及第三国员工往往对母公司的价值观、经营理念等并不了解,通过跨文化培训也能促进东道国员工和第三国员工对母公司的认同感,增强他们和母公司之间的联系,实现有效沟通。此外,通过有效的跨文化培训,可以促进跨国公司在全球各地的国际商务活动中尽量减少或者避免因为文化差异而带来的沟通误解以及冲突,更好地促进其业务发展,促进跨国公司运营效率的提升,最终增强跨国公司的核心竞争优势。因此,跨文化人力资源培训是跨国公司开展业务

---

① [美]南希·阿德勒.国际组织行为(第四版)[M].杨晓燕,主译.北京:北京大学出版社,2004.

的重要内部活动。具体来看,跨国公司的跨文化人力资源培训主要包括语言培训、文化适应性培训以及跨文化沟通培训。

9.4.1 语言培训

当跨国公司与东道国的母语不同时,语言培训成为跨国公司人力资源培训的重要内容。这种语言培训主要包括两个方面:一是对外派到东道国的员工进行当地语言培训;二是对雇佣的东道国员工进行母国语言的培训。在外派之前,对外派人员进行东道国语言的培训,有助于迅速拉近外派人员和东道国员工的距离,增强彼此的相互理解,维持组织内部的人际关系。同时,语言培训有助于促进外派人员和东道国员工之间的顺畅沟通,促进公司内部信息的稳定流通,并增强决策过程的效率。此外,语言培训也有助于加强团队的相互协作,增强公司的凝聚力。胡修竹(2007)针对69家跨国公司(47家坐落在上海,15家坐落在北京,7家坐落在广州)进行了调查,发现79.1%的跨国公司在将员工外派到中国之前对员工进行了语言培训[1]。以日立高科为例,为了促进外派人员和东道国员工良好的沟通,公司规定,每一名外派人员可以参加最多为期6个月的在职语言培训项目。韩国三星的外派人员也需要在外派之前接受为期3个月的语言培训[2]。跨国公司已经普遍意识到,语言是了解当地情况、融入当地文化以及和当地员工建立良好工作关系的关键因素,因此在语言培训上花费了较大精力。

跨国公司语言培训的另一个重点就是对东道国员工进行母国语言的培训。这种培训主要出于两个目的:一是通过培训增强东道国员工对母公司的认同感;二是对东道国员工而言也是一种公司福利,提高员工个人的技能水平,对员工的职业生涯发展起到积极的促进作用。例如,eBay中国研发中心每周都会有半天的时间是英文课程培训,公司特意招聘英文教师为员工进行口语和写作的相关培训,凡是对课程感兴趣的员工均可以参加。因此,eBay在中国连续多年被评为最受欢迎的雇主之一。

9.4.2 文化适应性培训

除了基本的语言培训之外,许多跨国公司也意识到员工对不同国家和地区文化的理解非常重要。在跨国公司内部,无论是外派员工到东道国地区经营,还是东道国员工与母公司的沟通,或者是不同国家和地区之间的管理人员之间的业务往来,都离不开基本的跨文化沟通,因此,如何在沟通中规避文化因素带来的误解至关重要。文化适应性培训则是解决这一问题的关键。

针对外派人员的文化适应性培训非常重要。外派人员在东道国的工作几乎就是与不同文化背景的人打交道。工作交流越多,需要掌握的文化适应性技能也就越多。虽然很

---

[1] 胡修竹.在华跨国公司外籍员工薪酬福利管理研究[D].华东师范大学硕士学位论文,2007.
[2] 林叶.跨国企业外派人员绩效管理问题研究[D].海南大学硕士学位论文,2012.

难通过培训做到和东道国的员工沟通无障碍,但培训可以帮助外派人员适应当地文化,掌握跨文化沟通的基本要领。如第四章所讲,跨文化沟通涉及信息发出者如何对信息编码以及信息接收者如何对信息解码的过程,不同的文化价值观、风俗习惯、宗教背景等都会影响这一信息沟通过程,因此,文化适应性的培训主要针对当地人的风俗习惯、价值观念、社会规范等展开。以福耀集团美国工厂为例,看过纪录片的读者应该对福耀集团对外派工人的跨文化培训项目印象深刻:

> 我相信在来到美国以后,你们会遇到很多事情,发现跟中国不一样。你们就是要了解对方。在美国这个地方似乎就是一个释放的地方,只要不违法,你就随心所欲。美国人的汽车,宽宽大大的,很舒适。这就表现了美国的那种随意性,只要舒适,对于穿戴打扮的要求并不是那么严格。你们要是到欧洲去旅行的话,有的时候你走在一个人的后面,你看前面那个人,大裤衩子,大背心,一双运动鞋,一看就是美国人。美国人说话直言不讳,他不会遮遮掩掩的,会表现得非常明显。在日常生活中,他不会搞那些特别抽象的、理论的东西。

除了对外派人员的文化适应性培训之外,对东道国中层管理者展开的跨文化培训项目对于提高子公司和母公司之间的沟通质量至关重要。美国盖洛普(Gallup)公司对在华外国投资企业的调查结果表明,许多跨国公司在中国开办子公司之后,在跨文化沟通上面临着一定的难度。他们认为,聘请的中国经理有着较强的分析能力、学习能力,技术水平也较高,然而与外企的沟通方式、经营理念、与上级和下属沟通的技巧以及跨文化谈判技巧等方面都还欠佳。因此,通过跨文化培训,可以使东道国员工更加了解母国的经营理念和经营战略,对于增强东道国员工的归属感、提高工作效率有重要的作用。近年来,越来越多的中国企业开始走出去,在海外建立研发中心,建立工厂,也同样需要采用跨文化培训来增强东道国员工对母公司的理解和认同。

从培训方式上来讲,这种文化适应性的培训主要有三种方式。一是通过公司内部的培训人员以及培训部门等进行培训,或者聘请公司内部有丰富跨文化管理和沟通经验的员工或管理者来开展培训;很多跨国公司在中国开设自己的中国研究院,是内部培训的有效途径。二是利用外部培训机构,如一些大学的研究机构或者咨询公司的人来展开相应的培训。大多数的跨国公司选择这种方式,主要是因为专业的科研机构或咨询公司有着丰富的跨文化适应性案例以及相关的经验可供分享,当公司参与的人数不多的时候,采取这种方式可以降低公司的培训成本[①]。当然,对东道国员工开展的文化适应性培训更多是针对中层及以上管理者开展的。因为中层及以上管理者更多涉及和母公司的沟通问题。三是实地体验培训。这种培训主要针对跨国公司的高层管理者,对东道国进行短期实地参观,在不影响日常工作的情况下,增强管理者对不同文化的了解,以期更好地调整自己的行为来适应和不同东道国管理者的沟通和交流。此外,通过实地体验培训,加深了

---

① 赵曙明.跨国公司在华面临的挑战:文化差异与跨文化管理[J].管理世界,1997(3):75-80.

不同地区的管理者之间的理解,并通过工作的磨合,建立起良好的人际关系网络,从而为跨国公司不同地区子公司之间的内部合作与交流作出贡献。

9.4.3　专业知识技能培训

专业知识技能培训主要是针对东道国普通员工展开的。尤其是对于制造型企业而言,在不同的国家和地区建立子公司往往是为了利用当地较低成本的人力资源,将母公司的技术转移到东道国,因此,如何培训当地员工掌握专业知识技能十分重要。这种专业知识技能培训多以生产部门培训和质量控制部门培训为主。培训目的是培养当地员工掌握相关的知识技能并能熟练运用到生产过程中。例如,福耀玻璃美国工厂投入运营之后,前期母公司派遣了大量技术工人去培训当地员工生产玻璃的专业技术。类似地,在电影《超级魔鬼干部》中,当日本人投资了美国的汽车工厂之后,也是派遣日本的技术人员去培训美国员工如何以精益生产的标准来生产汽车。尽管当地工人掌握了一定的技术,然而相比起中国人和日本人,美国工人在生产过程中对标准的把握没有那么精确,因此,需要母公司的技术人员对当地工人进行手把手的培训,以增强其专业知识技能。

同样地,就服务业而言,不同的公司有不同的服务标准。以咨询公司为例,当跨国公司在全球其他国家和地区建立子公司之后,为了更好地服务当地客户,需要更多地雇佣当地的咨询人才,尽管他们对于本地客户的文化、价值观以及工作习惯等较为了解,对于母公司的专业咨询流程等却不够了解。总公司需要花费一定的时间和精力来对东道国员工如何展开咨询调研、如何撰写咨询报告、如何给客户提出咨询建议等展开一系列专业的技能培训,以增强其提供专业咨询服务的能力。

9.4.4　企业文化培训

对跨国公司而言,尽管意识到不同国家和地区子公司的差异性,但一个不可忽视的客观现实是:全球的雇员均是母公司的雇员,其在工作中的言行举止代表了跨国公司的国际形象,因此,需要对全球员工进行企业文化培训,使其认同公司的价值观和理念,并按照公司的规章制度来进行工作。

大多数跨国公司招聘新员工之后的第一件事情就是对员工进行公司的企业文化培训,将母公司的历史、当前发展情况、企业价值观、经营理念、对产品的标准、对客户的服务要求以及企业承担的社会责任等阐述给新入职的员工,使得员工不管在全球哪个子公司工作,都能熟悉并认同总公司的经营理念。跨国公司尤为重视这一点。以迪士尼为例,员工正式工作的前3天就是在迪士尼大学接受为期3天的培训。第一堂课就是关于公司的文化理念:迪士尼制造快乐。因此,不论在全球哪一个迪士尼乐园,都可以看到迪士尼的员工努力给顾客带来欢乐。接下来,迪士尼会通过师傅带徒弟的方式进行实地培训,细致到在哪一个项目的哪一个位置,需要表现出什么样的表情、做出什么样的动作等。因此,你在全球不同的迪士尼乐园的体验基本是一致的。这就是跨国公司企业文化培训的成效。在中国的跨国公司招聘员工之后的前期培训也主要是围绕公司的价值观展开的。同样,在美国的中国跨国公司也会在公司内部播放母公司的文化理念以及全球不同的子公司如何践行母公司的文化理念,使得员工清楚地了解在这一跨国公司工作,公司对自己的期待以及应当按照何种标准进行产品生产,为顾客提供服务。

思考题

1. 跨国公司人力资源管理的模式主要有哪几种?
2. 如何选择合适的外派人员?
3. 什么是文化冲击及反向文化冲击?
4. 跨国公司人力资源培训主要包括哪些内容?

章末案例

何去何从的跨文化人力资源管理

康拉德·阿登纳是一名土生土长的德国人,曾在德国一家知名药企的印度分公司工作。在去印度之前,阿登纳已经在总部工作了十几年,任总部市场营销部的经理,与董事会成员以及公司的高管有良好的关系。也正因如此,当公司成立了印度分公司之后,董事会一致认为阿登纳是分公司经理的最优人选。

阿登纳去印度分公司工作后,坚持每周和总部开至少一次视频会议,将印度分公司的人事、市场、研发、营销的各类重要事件及任务的进展积极向总部汇报。总部对阿登纳的工作也非常满意。然而,年末考核的时候,印度分公司的员工对阿登纳的评价并不高,很多人反馈阿登纳的管理太严格:开会迟到仅仅5分钟,惩罚力度就特别大;一旦员工哪里出了事情,阿登纳常常一点情面都不留地批评和谴责;每一次总部给什么任务总是不断地逼迫他们去做,一点缓冲的余地都没有,他们感觉自己一点尊严都没有。

考虑到阿登纳和印度员工的冲突,总部决定将他调回总部,在印度当地选择一名更了解印度人的经理,后来,他们选中了毕业于印度理工学院的伊尔凡·可汗接替阿登纳来做印度分公司的经理。这一次,印度当地的员工很满意,然而,总部却发现,和子公司的沟通难度越来越大了:明明说好的任务,印度子公司总是一拖再拖,每次问起来,可汗总是找各种各样的理由。总公司觉得,再这样下去印度子公司就失去控制了。然而公司并不想放弃印度市场。

吸取这两次选择经理的经验和教训,总公司决定,在全球范围内寻找合适的人才。经过一番搜索,他们选中了目前正在公司的美国分部工作的乔治·罗斯福。乔治·罗斯福是美国人,在麻省理工学院就读MBA,加入公司之前曾经在一家美国的IT企业工作,公司里有很多工程师都来自印度,因此,他有和印度人打交道的丰富经验。公司将这一消息告诉乔治的时候,他并不想去。原来,乔治已经结婚,有三个孩子,大女儿9岁,一对龙凤胎才6岁,正是需要父母陪伴的时候。他的妻子不想离开自己在波士顿的朋友们。他们也刚刚在剑桥附近买了一套房子,才住了没多久。现在要举家搬往印度,孩子们和妻子都不太愿意。对公司来说,没有比乔治更合适的人选了。于是,经过协商,公司为乔治在印度租了一套西式公寓,每月仅租金就超过3 000美元。公司给乔治提供在印度德里生活的补贴,每天的补贴为200美元。除此之外,公司还许诺给乔治每年报销4次往返探亲假的差旅费用。这些均是工资之外的福利。即便如此,乔治也是勉为其难地同意了这一计划。

于是,乔治走马上任了。乔治可以胜任印度子公司经理的职务吗?以乔治和印度人工作的经验,他能顺利地接管这个公司吗?尽管工资在公司内部是保密的,但当地员工还是很清楚所租的酒店的租金的,当地员工的工资每个月只有1 500美元,仅仅是乔治房租的一半。面对经理所拥有的这么高的福利,他们会不会有不满的情绪?

案例讨论题
1. 本案例中出现了哪几种跨文化人力资源管理的模式?分别是什么模式?
2. 阿登纳和印度员工冲突的主要原因是什么?

第 10 章 跨文化营销

教学目的和要求

1. 掌握跨文化营销的特殊性；
2. 了解如何进行跨文化市场调研；
3. 掌握如何进行跨文化产品研发；
4. 掌握文化对广告的影响。

开篇案例

传音手机的跨文化营销策略①

肯尼亚首都内罗毕市中心的卢图利大道上人群熙来攘往，鳞次栉比的户外标识中一幅幅蓝底白字的传音手机广告牌格外抢眼。手机店老板本森·姆温德瓦在这条街上卖了7年手机，见证了当地手机市场的变迁。

姆温德瓦店里的展示柜上，整齐地摆放着上百部来自世界各地的手机，价格从1 999肯先令（约合人民币130元）到19 999肯先令不等。其中，深圳传音控股股份有限公司（以下简称传音）旗下品牌占了绝大多数。姆温德瓦说，他的店铺每月平均售出约120部手机，其中的近七成为传音手机。

"质量好，操作方便，电池待机时间长……"姆温德瓦一口气向记者道出传音手机的几大卖点。他还补充说，就连文化程度不高的顾客也能轻松地使用传音手机。

传音，这个在国内鲜为人知的手机品牌畅销非洲。知名数据分析机构国际数据公司（IDC）发布的数据显示，截至2019年年底，在超过12亿人口的非洲市场，传音手机占有率达52.5%，排名第一。传音发布的2020年上半年度报告显示，尽管全球手机行业均受到新冠肺炎疫情的影响，公司上半年仍实现营业收入约138.46亿元，同比增长31.81%。

"80后"王翀是传音第一批到非洲开拓市场的销售员。初到肯尼亚时，王翀和

---

① 王小鹏,白林.中国品牌手机"圈粉"非洲市场[N].经济参考报,2020-11-05;相均泳.世界那么大,靠啥去看看？[N].中国环境报,2017-05-10.

当地销售人员一起背着背包，走街串巷，推销传音手机，但是经常被店家质疑产品质量而一次次碰壁。"记得当时，被问最多的问题是：'和其他品牌相比，传音不同的地方是什么？'"王翀回忆说。

善于洞察当地用户消费习惯并解决其痛点，推行本地化，通过产品迭代来满足不断变化的消费需求，是传音在非洲市场站得越来越稳的关键。他们在非洲第一人口大国尼日利亚的拉各斯、肯尼亚首都内罗毕都有研发中心，并引进了一批曾在知名手机厂家工作过的本地员工，致力于推进本地化的工作，改善 App 功能应用，提升用户体验。这种努力很快就看到了成效。

传音手机一个被广为称颂的原因是解决了非洲消费者的自拍难题。之前，在非洲市场上销售的手机很难实现准确的面部识别，特别是在光线不佳的情况下，拍出来的照片几乎一团漆黑。然而非洲消费者喜爱拍照，并热衷于在社交媒体上进行分享。传音手机对此进行了大量本地化生产调研和分析，广泛收集非洲当地人的照片，对其进行脸部轮廓、曝光补偿、成像效果分析，研发出深肤色用户的美肤模式，开发出适合黑肤色用户的特种美颜相机，成功地帮助非洲消费者拍出更加满意的照片。

同时，传音公司发现，不少非洲消费者拥有两个或以上的手机卡，却不具备购买多个手机的能力。瞄准这一需求，传音在非洲推出双卡双待甚至三卡三待、四卡四待手机，产品推出后颇受消费者欢迎，目前已在非洲积累了数以亿计的粉丝。

此外，传音手机还开发了防汗、防摔等符合非洲消费者特定需求的产品功能，以及针对能歌善舞的非洲人而开发的主打音乐功能手机等。这种充分反映非洲消费者诉求的本地化策略，成就了中国手机的非洲传奇。

如今，传音埃塞俄比亚工厂生产的手机不仅能满足本地用户的需求，还能辐射邻近的东非国家，成为当地出口创汇企业。传音在非洲当地开设了门店、生产制造中心、营销管理中心、售后服务中心等，并与当地供应商、渠道商、经销商等合作伙伴共同成长，带动周边产业（如广告业、物流业和金融业等）协同发展。目前，传音的售后服务品牌 Carlcare 已经在全球拥有 2 000 多个服务接触点，专业化的售后服务体系提升了消费者的购买体验，增强了企业与终端用户的产品黏性。

10.1 营销与跨文化营销

10.1.1 市场营销的基本概念

市场营销是指企业为了获得利益回报而为顾客创造价值并与之建立起稳固关系的过

程。市场营销主要是通过承诺企业产品或服务卓越的价值来吸引新顾客,并通过高质量的服务来留住现有顾客。市场营销的整个过程共包含四个步骤:首先,企业需要理解市场需求以及顾客的需要和欲望;其次,基于对顾客需求的理解,设计能够满足顾客价值的市场营销战略(包括相关的产品、服务和顾客体验);再次,在此基础上,通过构建能传递卓越价值的营销计划,将产品或服务向顾客推广;最后,建立起盈利性的企业顾客关系,以实现企业和顾客的互利共赢。顾客从企业那里获得令人愉悦的产品和服务,企业从顾客那里获得价值以创造利润和顾客权益。整个过程如图10-1所示。

图 10-1　市场营销的过程模型①

10.1.2　跨文化营销

跨文化营销是指跨国公司为了利益回报而为东道国顾客创造价值,并与其建立稳固关系的过程。相比在母国的市场营销,对跨国企业来说,跨文化营销更为复杂,一旦出现失误,面临的风险更高,损失更大。因此,在不同的国家和地区开展业务,尤为需要注意在跨文化市场调研的基础上,对产品进行研发,并针对性地开展跨文化营销。在不同的国家和地区开展市场经营活动面临如下三个跨文化营销的要素。

(1) 跨文化市场调研。市场调研是市场营销中重要的初始步骤。由于不同国家和地区的人们在行为模式等方面的差异,相比起在母国的市场调研,跨文化市场调研需要更为重视东道国的消费者市场调研,了解清楚当地的特征对消费者的需求和购买意愿带来哪些影响,进而针对性地开展后续的市场营销活动。

(2) 跨文化产品设计。不同国家和地区的消费者对产品往往有不同的需求,例如开篇案例讲到的,如何在光线条件较差的情况下拍出高质量的照片,就是非洲地区消费者对手机的特殊需求。同样,基于英国等地区汽车驾驶室在右侧也是当地消费者对汽车产品的特殊需求。因此,跨文化产品设计是满足消费者购买意愿的重要手段。

(3) 跨文化促销设计。对同一项产品,是"买一送一"的时候消费者更愿意去购买,还是"两件五折"的时候消费者更愿意去购买?本质上两种促销手段并没有差异,然而,两种方式的促销对不同国家和地区消费者的吸引力可能存在明显的差异。因此,如何通过促销刺激当地消费者的购买欲望也是跨文化市场营销需要考虑的重要因素。

---

① [美] 菲利普·科特勒,加里·阿姆斯特朗. 市场营销:原理与实践(第17版)[M]. 楼尊,译. 北京:中国人民大学出版社,2020.

10.1.3 跨文化市场营销的特殊性

（1）更为复杂的外部环境。相比起在本国的营销而言，跨文化市场营销面临更为复杂的政治环境、经济环境以及法律环境等，这些环境的不同为跨国公司在当地的产品销售带来更大的挑战。

首先，政治环境的变化很可能带来跨国公司在东道国市场需求质的变化。例如，2020年，当韩国政府宣布中央政府、地方政府以及各级的公共机构中使用的计算机从Windows系统切换为基于Linux的操作系统之后，微软公司在韩国的业务就受到了一定的影响。类似地，丰田公司也曾经遇到过这方面的挫折。它在一则广告中雇佣了好莱坞影星布拉德·皮特（Brad Pitt）作为形象代言人，遭到了马来西亚政府的封杀。基于马来西亚信息部副部长再努丁·迈丁（Zainuddin Maidin）的解释："在广告中使用西方人的面孔会在亚洲人心目中造成一种自卑的感觉……这类广告是对亚洲人的一种羞辱……我们的广告为什么要用西方人的面孔呢？我们自己人难道不够帅吗？"[1]

其次，经济环境直接决定了当地消费者的消费水平，对跨国公司的产品生产和销售产生重要影响。以诺基亚1100为例，这款手机是诺基亚公司于2003年专门为印度市场而研发的。其设计初衷是，印度居民的消费水平不高，对手机的需求也仅限于打电话，因此，诺基亚公司设计的这款手机不带照相功能，但内置了一个闪光灯，价格定位在10～20美元，一经推出在印度农村市场广受欢迎。

此外，法律环境决定了跨国公司在当地进行市场营销需要恪守的规范。例如，马来西亚对广告的要求包括所表现的文化要适应马来西亚主流社会的价值观，女性主角着装应达到颈际线，裙子长度没过膝盖，所有的镜头必须在马来西亚拍摄，如果必须要涉及外国镜头，不得超过20%且必须获得相关部门的批准，不得宣传不在马来西亚播放的外国节目或活动等。对跨国公司来说，在有着特殊市场营销规定的地区进行宣传活动，一定要事先了解东道国的法律法规，以免违反当地规定。

（2）差异化的消费者需求。不同国家和地区的消费者对同一类产品可能有不同的需求。以洗衣粉或者洗衣液为例，日本人通常将衣服放入冷水中洗涤，因此，对日本消费者而言，洗衣液当中的表面活性剂含量很重要，有助于在冷水中去除油污，将衣服洗得更干净。欧洲消费者则通常将衣服放在温水中洗涤，因此，欧洲的研发人员则着重研发带有漂白性质的酶，以使其在高温下也能发挥作用。美国消费者则更加青睐能够去除重油重垢的洗衣液[2]。再如，可口可乐在西班牙地区销售两升装的可乐，却发现几乎推销不动。后来他们才意识到，西班牙人的冰箱比其他国家要小，装不下这种两升装的瓶子。于是，可口可乐公司不得不重新设计西班牙地区的瓶子，在此期间当地的可口可乐销量受到较大

---

[1] Malaysia Bans Toyota Ad，http：//www.asiamarketresearch.com.
[2] [美] 克里斯托弗·A.巴特利特，[加] 保罗·W.比米什.跨国管理：教程、案例和阅读材料（第七版）[M].赵曙明，周路路，主译.大连：东北财经大学出版社，2017.

的影响①。

不同国家和地区的宗教等价值观念的差异导致消费者对产品不同的偏好。例如,在印度,大部分人都是印度教的教徒,印度教教义规定不能吃肉,因此,在印度有很多纯素食主义者。麦当劳在印度的分店就推出由大豆制品制成的蔬菜汉堡,以适应当地消费者的偏好。

文化差异也会导致不同国家和地区的营销策略差异。例如,汉字和大多数的西方文字都是从左向右读,而阿拉伯语和希伯来语的文字则是从右往左读,这种区别带来的是两种文化的逻辑差异。以香皂广告为例,在文字从左向右读的国家,一个由三幅照片构成的广告可能是这样的:最左侧是脏衣服和一块香皂,中间是消费者拿着香皂洗衣服,右侧则是干净的新衣服和香皂。然而,如果仅仅将这个广告的文字转成当地语言,拿到文字从右往左读的国家,广告的含义可能就变成一件干净的衣服被洗成了脏衣服。因此,文化差异导致不同国家和地区营销策略的差异,跨国公司无法直接将在一个地区奏效的广告转移到另一地区,需要重新基于当地的文化评估这一广告的有效性。

(3) 更高的营销风险。文化差异导致跨国公司在东道国的市场营销活动面临更高的风险。更为糟糕的是,一旦跨国公司因为触犯东道国的文化因素而导致营销失败,对跨国公司往往是致命性的打击。

10.2 跨文化市场调研

从理论上讲,跨文化市场调研和在母国市场调研的目的相同,均是为了清楚市场行情,了解消费者的需求,减少决策失误。然而,相比国内市场,国际市场中不同国家和地区的社会结构不同,通用语言各异,消费者的生活方式差异也相对较大,因此,跨文化市场调研相比起国内市场调研要考虑的因素更多。一般而言,跨国公司可以从消费者的需求特征以及市场环境因素两个方面着重考虑跨文化市场调研。

10.2.1 消费者的需求特征

对东道国消费者需求特征的调研主要集中在当地消费者的经济状况、购买方式、购买动机、购买地点以及习惯等。

(1) 需求习惯。消费者需求习惯与跨国公司提供的产品和服务直接相关。一般来讲,相比起耐用品,不同国家和地区的消费者对消耗品的需求差异可能更大。以家电为例,大多数地区的消费者对空调的需求无外乎制热、制冷、除湿、送风等;对电视的需求也不过就是屏幕大而清楚、运行速率高、对眼睛友好。尽管不同地区的消费者需求可能略有

---

① [美]保罗·A.郝比格.跨文化市场营销[M].芮建伟,李磊,孙淑芳,译.北京:机械工业出版社,2000.

差异,但共性远远大于个性。相比之下,对消耗品的需求可能是个性大于共性。以总部位于美国波士顿的快餐连锁品牌唐恩都乐为例,在美国,唐恩都乐的甜甜圈外面裹着巧克力酱,内部填充细腻的果酱和奶油,深受顾客的青睐。在中国,唐恩都乐的甜甜圈可能填充的是芒果布丁。在俄罗斯,甜甜圈的内部则是塞满了热奶油。在韩国,唐恩都乐一款名为Chewisty的甜甜圈则是由橄榄油和木薯淀粉制作出来的[①]。

(2)需求稳定性。如果跨国公司提供的产品是生活必需品,如香皂、洗发水等,受到季节的影响较少,市场更为稳定,且在当地有较大的市场潜力。如果跨国公司提供的产品是奢侈品或者艺术品等,可能对普通民众而言需求并不强,受到当地消费者的偏好影响也较大。然而,这并不意味着在经济发展水平较高的国家人们才会有这类奢侈品或艺术品的需求。这就需要跨国公司进行深入的市场调研。另外,如果跨国公司提供的是季节性产品,市场需求的波动往往较大。但是,随着反季营销概念的流行,利用反季来促销也已经成为跨国公司采取的重要策略。

(3)尚未被满足的需求和欲望。在跨国公司调研的过程中,也要着重了解东道国市场发展的情况以及未来发展的可能性,深入探究自身产品和服务在当地的接受程度以及当地消费者对这一产品需求的迫切程度。这一跨文化市场调研的成功可能直接为跨国公司开辟一个新的市场,而其失败也可能导致跨国公司的重大损失。

在以茶闻名全球的中国,咖啡的发展可以说是跨国公司开发并满足消费者需求和欲望的典范。星巴克1999年进驻中国的时候,当时的消费者对咖啡的了解非常有限,消费能力更加有限。一杯星巴克的售价约为20元人民币,而当时北京的房价也不过每平方米2 000元。可想而知,中国消费者对星巴克的购买力并不高。星巴克公司的名誉主席曾表示,多年的亏损在星巴克内部和外界都形成了离开甚至放弃中国市场的巨大压力。然而,星巴克最终顶住了这种压力,经过对中国市场的系统调研,他们认为,相比起当前的亏损,中国消费者有巨大的咖啡消费潜力,他们对中国的经济发展以及消费者的购买力都有较强的信心。事实证明,这一跨文化市场调研是成功的。到2020年年底,星巴克已经在中国内地的200个城市拥有了超过4 800间门店[②]。可以说,星巴克见证了中国经济的腾飞和中国市场的开放,也在这一过程中渐渐融入较强的中国文化。2020年,在全球经济受新冠肺炎疫情冲击的情况下,星巴克发布的2021年第一季度财报表明,其在中国的门店销售额增长了5%[③]。上海也已经超越纽约,成为全球咖啡店最多的城市[④]。

星巴克在中国的成功充分证明了在跨文化调研中,探究不同国家和地区消费者那些尚未被满足的需求和欲望很可能给公司带来新的市场,成为跨国公司绩效增长的重要源动力。

---

① [美]菲利普·科特勒,加里·阿姆斯特朗.市场营销:原理与实践(第17版)[M].楼尊,译.北京:中国人民大学出版社,2020.
② 刘菁等.星巴克的"中国速度""中国味道"[N].新华每日电讯,2021-01-23(003).
③ 吴卫群.立足上海深耕中国——全球业绩同比下滑,中国市场不跌反涨[N].解放日报,2021-03-03(002).
④ 肖书瑶等.全球咖啡馆最多的城市,上海区域分布有"玄机"[N].解放日报,2021-02-20(005).

10.2.2 市场环境因素

基于营销学家杰罗姆·麦卡锡(Jerome Mccarthy)的"4P"营销理论,跨国公司的市场营销主要依赖于产品(Product)、价格(Price)、促销(Promotion)以及渠道(Place)。这也是跨文化调研时需要格外注重的要素。

(1) 产品调研。跨国公司对不同国家和地区的产品调研主要包括产品的设计情况以及功能情况、产品品牌的设计情况、产品的外观以及包装等。不同国家的消费者对产品的要求以及偏好存在的差异,产品本身所处的生命周期对消费者购买意愿的影响,本企业产品的质量和性能是否符合外国消费者的需求以及本企业的服务水平是否满足外国消费者的要求等。

家乐氏(Kellogg's)是世界最大的即时谷物食品制造商,其产品在欧美很受欢迎。典型的美国家庭,早餐往往就是从冰箱里取出鲜牛奶,里面加入家乐氏的即时谷物。在印度开始招商引资后,家乐氏将目光瞄向拥有第二大人口总数的印度市场。1994年,家乐氏开始在印度市场推广其玉米片、麦片以及印度长粒米片。推广初期,由于其广告效应,销量颇为可观。然而,仅仅一年之后,销量几乎停滞。原来,印度人的早餐习惯和美国人完全不同。印度人喜欢喝热牛奶或者温牛奶,酥脆的家乐氏用热牛奶冲泡后变得湿软,且会溶于牛奶,口感大打折扣。于是,基于印度消费者的需求,家乐氏在印度推出了无需往牛奶中添加,可以直接当点心吃的可可脆片,小勺状的麦片外面裹了一层巧克力,在当地市场大受好评,获得了印度消费者的喜爱。随后,家乐氏根据印度消费者的需求习惯开发了一系列产品,大大提升了在印度市场的销售份额[①]。

(2) 价格调研。产品定价是跨国公司跨文化调研过程中不可忽略的要素之一。影响产品价格的主要因素包括不同国家市场上相关产品供求弹性的大小、产品在本国的现行定价、符合当地消费者需求的提价或降价方法以及可能产生的反应、不同细分群体的消费者对本企业产品价格的反应以及不同分销渠道的产品价格情况等。此外,在跨文化市场调研中,还要格外关注不同国家和地区消费者对数字的喜好,这直接影响了产品的定价以及消费者的购买欲望。

霍宁格(Hornig)等人探究了文化对奢侈品定价的影响,结果发现,奢侈品的定价策略和一般的耐用品有较大区别,奢侈品主要是通过其特有的象征意义为拥有者带来一定的身份象征和优越感。他们利用专业的市场人员在 2001 年 3—4 月份,从分别属于 4 个国家的 5 个城市(中国香港、英国伦敦、美国纽约、德国的汉堡和慕尼黑)的 31 家商店收集了 68 个奢侈品的零售价格,结果发现,在成就导向的国家,奢侈品的定价明显高于在

---

① [美] 苏珊·C.施奈德,[中] 张刚峰,[法] 让-路易·巴苏克斯,[奥] 京特·K.斯塔尔.跨文化管理(第三版)[M].北京:机械工业出版社,2019.

生活质量导向的国家,因为人们倾向于将奢侈品看作自己成就的象征。同时,在权力距离较高的国家,奢侈品意味着较高的权力距离,因此,其奢侈品的定价也高于权力距离较低的国家。

(3)促销调研。跨国公司的促销调研主要包括进入不同国家和地区可以选择的促销方案,目标市场所在地的广告媒介情况(例如在中国,小红书等的推广已经成为企业产品促销的重要途径),国外的合作伙伴或者中间商能在广告宣传上起到多大的帮助,是否具备能够有效推广公司产品的推销人员以及想要达到预期的促销效果需要的成本费用等。

(4)渠道调研。跨国公司的渠道调研主要包括企业国际化运营过程中可供选择的分销渠道,主要经营商的规模、推销能力和资信状况,以及国际分销渠道的变动情况等。也有很多跨国公司在渠道调研的时候重点选择那些在目标市场已经拥有成熟分销渠道的当地企业进行合作,以省却跨文化渠道调研的成本以及由于不熟悉当地市场带来的损失等。

日本养乐多(Yakult)公司的主要产品是发酵的酸奶饮料。在日本,养乐多公司为这种产品设计了一套独特的送货上门服务系统:由公司的女员工穿着公司统一的制服、帽子以及手套,挨门挨户地在她们自己的邻近地区发送产品。

1994年,养乐多公司第一次向荷兰出口这种产品,这一送货上门的服务系统却失效了:首先,荷兰人比日本人更偏重隐私,他们将这种突然的家庭拜访视为对他们隐私的侵犯;其次,荷兰人的个体主义导致很难找到愿意穿着统一的制服、帽子和手套在自己周围的地区销售产品的妇女。因此,日本人引以为傲的体现亲密、集体主义的送货系统并不能为荷兰人所接受。相反,荷兰人认为去大型超市购物的效率更高。可以看出,不同国家和地区的价值观对于产品的分销渠道有着重要的影响[①]。

10.3 跨文化产品研发

对跨国公司来讲,如何在不同国家和地区提供满足当地消费者需求和欲望的产品或服务是需要考虑的重要问题:产品如何设计?是提供标准化的产品还是差异化的产品?品牌如何设计?是直接将母国的品牌向其他国家和地区推广吗?产品如何包装?东道国有哪些法律法规可能影响产品的包装?这些均影响跨国公司的跨文化产品研发。本节重点探讨这些问题。

10.3.1 跨文化产品设计

跨国公司在不同地区开拓市场所采用的策略主要有三种:跨文化产品延伸策略、跨

---

① [英]弗恩斯·特朗皮纳斯,[英]彼得·伍尔莱姆斯.跨文化营销[M].刘永平,等译.北京:经济管理出版社,2011.

文化产品适应策略以及跨文化产品创新策略。

(1) 跨文化产品延伸策略。跨文化产品延伸策略是指跨国公司将在母国的产品直接复制到国外市场。这一策略也被称为产品标准化策略。一般而言,选择跨文化产品延伸策略主要考虑如下三个方面的因素。① 海外消费者对产品需求的差异性不大,共性需求占主导地位。例如,一般工业品的原材料、生产设备、零部件等,或者诸如可口可乐、百事可乐等软饮料,各国消费者的需求是相同的。② 经济全球化、世界人口流动频繁的当下,很多跨国公司希望能够通过提供标准化的产品来提升企业的形象,赢得顾客认同。例如,苹果公司在全球提供的产品和服务就是跨文化产品延伸策略的重要反映。③ 不同国家和地区的消费者对产品的需求可能略有差异,然而,从生产的角度看,产品生产的固定成本较高,企业能够通过规模化生产大大降低生产成本,因此,这种差异化的需求就被忽略,而选择生产标准化的产品,以最大可能地利用规模经济和范围经济带来的效益,降低产品在研发以及生产方面的成本,从而提高利润水平。日本的很多企业往往更倾向于采用跨文化产品延伸战略。例如,松下、丰田、索尼、佳能等在不同国家和地区提供的产品是同质的,仅仅是将母国的产品复制到海外市场。

采用跨文化产品延伸策略有利于树立产品在全球范围内的统一形象,强化消费者对其产品和服务的认知,提高跨国公司的国际声誉。同时,标准化的产品也有利于跨国公司集中其市场营销的资料,降低跨文化市场营销的难度,同时加强了母公司对海外子公司的控制。

跨文化产品延伸策略对于那些消费者对产品或服务需求完全同质的产品而言尤为奏效。然而,不同国家和地区的消费者对同类产品的需求并非完全无差异,尤其是电子产品或家电,当面临差异化的需求时,跨文化产品延伸策略将不利于跨国公司满足东道国消费者的需求。

(2) 跨文化产品适应策略。跨文化产品适应策略是指跨国公司基于东道国的市场环境和消费者需求等调整自身的产品和服务,以适应当地的需求。一般而言,选择跨文化产品延伸策略主要考虑如下三个方面的因素。① 受地理位置、气候、文化习俗以及生产技术水平等的影响,产品的使用条件可能也有较大的不同,因此,不同国家和地区的消费者对同类产品有差异化的需求。标准化的产品在当地可能销量有限,甚至是受到抵触,因此,跨国公司需要对产品和服务进行相应的调整。例如,在中国、韩国、新加坡、印度尼西亚等国家和地区普遍采用 220 V 交流电,美国则采用 120 V 交流电,加拿大、墨西哥等国家和地区则采用 110 V 的交流电。如果产品受这种电压的影响,则需要针对不同国家的具体情况进行产品的适应性调整。② 受不同国家和地区经济发展水平的差异,当地人的购买力存在明显的差异,因此,当企业在当地进行产品推广时,需要针对当地的具体情况进行产品的适应性调整。在经济发展水平较高的国家和地区,消费者可能更注重产品的性能、款式以及产品特色;在经济发展水平较低的国家,消费者可能更多关注产品的性价比。如开篇案例中所提到的,针对非洲地区消费者手机卡较多,但是购买力又有限的情况,传音公司在当地研发了三卡甚至是四卡手机。类似地,联想集团的摩托罗拉分部开发出外观朴素、功能齐全、价格实惠的MotoG智能手机,首先将其引入规模最大和增长最快的新兴市场之一——巴西,随后进入南美、中东、印度和亚洲其他国家。③ 不同国家和地区的法律法规的差异可能导致跨国公司不得不对其产品和服务进行调整,以符合当地的法规要求。例如,在美国,允许在动物生产中添加瘦肉精,中国的法律不允许将瘦肉精用于各类动物生产。因此,跨国公司如果想将美国的猪肉输送到中国,必须要符合中国的法律法规,不得添加瘦肉精来进行生猪饲养。

美泰公司(Mattel)曾经试图在日本市场推广其经典的芭比娃娃,却没有取得成功。后来,美泰公司将产品授权于一家叫作多美的日本公司。多美公司的研究发现,绝大多数日本女孩认为芭比娃娃的胸部太大了,而且她的腿也长得不切实际。因此,多美公司将日本的芭比娃娃进行改造,包括使用棕色的眼睛和头发等。两年之内,该公司在日本销售了200多万个芭比娃娃①。

(3) 跨文化产品创新策略。跨文化产品创新策略是指跨国公司根据国外的市场环境和消费者需求生产全新的产品或采用全新的营销策略。采用这种策略的跨国公司往往不拘泥于公司已有的产品种类,而是以全球市场作为目标市场,寻求全球市场中尚未被满足的需求,并进行产品研发和生产。例如,海尔集团的市场调研显示,新兴市场的农民很多时候不仅用洗衣机洗衣服,还用来洗土豆,普通的轻便型洗衣机经常因为被泥巴堵住而无法工作,因此,海尔公司特地为新兴市场的农村用户开发了更结实的洗衣机②。

10.3.2 跨文化品牌设计

相比其在本国运营,跨国公司将产品推往国外市场遇到的第一个问题就是品牌和产品的译名问题。对于跨国公司而言,其产品在母国的知名度已经相对较高,在转换到语言背景不同的国家时,如何既能够突出产品母国的特色,又能够切合东道国的文化需求,是值得考虑的重要问题。在跨文化营销的历史上,因为品牌译名失误或者失败而导致当地消费者购买意愿降低的案例比比皆是。例如,福特公司将向一些欠发达的拉美国家推销的一种低价卡车命名为Feira,而在使用西班牙语的这些国家,这个词的意思是"丑陋的老妇人",可想而知,当地消费者对这款车的抗拒。无独有偶,奥林匹亚公司在智利推广的Roto牌复印机销量也十分低迷,其原因是这个词在智利语中的意思是"末流",谁愿意花钱去买一个末流的复印机呢?类似地,西班牙人想将百威啤酒翻译成"啤酒国王",然而却错误地使用了性别词汇(类似于中文的"他"和"她"这类性别词汇错误),翻译成了"啤酒女王"。

解决这类品牌译名错误的主要办法是背对背的双向互译。以中文和英文的双向互译为例,先由两名翻译者背对背地将中文翻译成英文,并讨论翻译的准确性,达成一致意见,然后再找不同的两名译者将翻译成的英文再重新翻译成中文,看是否与原本的名字一致。

---

① [美]保罗·A.郝比格.跨文化市场营销[M].芮建伟,李磊,孙淑芳,译.北京:机械工业出版社,2000.
② [美]菲利普·科特勒,加里·阿姆斯特朗.市场营销:原理与实践(第17版)[M].楼尊,译.北京:中国人民大学出版社,2020.

如果一致,则证明这一翻译是准确的;如果不一致,则需要对翻译内容进行分析,并再次重复双向互译的过程,直到最后翻译回的中文和原来的中文品牌名字一致为止。

然而,品牌的译名很多时候并不是直接将一种语言译成另一种语言,尤其是在品牌并无实际含义的时候,此时,信、雅、达的翻译则更为重要。如第四章中所讲,将 Coca Cola 翻译成"可口可乐"就是这种信、雅、达翻译的体现。已有的跨文化实践已经表明,产品译名很多时候直接决定了产品的成败。例如,瑞典流媒体音乐服务平台 Spotify 进入中国市场时将其名字翻译成"声破天",让诸多消费者匪夷所思:这种短语组合似乎并不是一个合适的品牌名称。德国啤酒 WARSTEINER 曾用"沃斯乐"作为该啤酒的中文名,尽管中文中并没有这一词且这个名字的最后一个字"乐"在中文中意味着开心、高兴和快乐的意思,然而听上去很像"我死了",可想而知对其销量的影响,因此其后来改成"沃斯坦"。

除了品牌的译名之外,广告语的翻译也需要适应当地的文化情境。肯德基最初入驻中国的时候,推出了一款鸡块 Finger-lickin' good,被译成"吃掉你的手指",后来又重新被翻译成"吮指鸡块"。类似地,百事可乐的标语"Pepsi Brings You Back to Life",在中国也曾引发争议,短语"brings sb/sth back to life"意思是"使某人/某物复苏/复活/苏醒",因此它曾被翻译成"百事可乐,将你从坟墓中带出来",令人毛骨悚然。后来,这一标语被翻译成"百事可乐,让你重焕生机"[1]。瑞典家电制造商伊莱克斯(Electrolux)在美国推出真空吸尘器时,广告语是"Nothing sucks like an Electrolux",这句话是瑞典语直译过来的,其本意是想强调伊莱克斯强大的吸力,原意是"没什么能像伊莱克斯一样有这么强的吸力"。然而,在美国,"suck"这个词除了有"吸"的含义之外,也有"非常糟糕、恶心、讨厌"的意思,因此,这一广告语也可以被理解成"没什么像伊莱克斯一样糟糕"。可想而知,当地消费者对这一产品的好感并不高[2]。

10.3.3　跨文化产品包装策略

(1) 跨文化产品包装的原则。包装是跨文化产品决策的重要一环。跨文化产品包装首先需要准确传递商品价值。这也是产品包装的基本要求,例如,食品类的产品一般需要标明生产日期以及保质期等。其次,在跨文化产品包装的时候,不同的国家对产品的包装物有着不同的规定和要求。跨国公司需要特别注意遵守东道国的法律法规。例如,丹麦的法律规定,销售的饮料必须装在可以回收再用的瓶子中。德国的法律则要求所有的啤酒和软饮料类的容器应当是可以废弃的。在澳大利亚,烟盒里有多少支香烟必须印在烟盒的前面。在委内瑞拉,商品的价格需要印在产品的标签上,在智利则不允许将价格印在标签上,甚至也不允许用任何方式给出零售价格建议[3]。

---

[1] https://www.sohu.com/a/139176689_668217.
[2] [美]苏珊·C.施奈德,[中]张刚峰,[法]让-路易·巴苏克斯,[奥]京特·K.斯塔尔.跨文化管理(原书第三版)[M].北京:机械工业出版社,2019.
[3] [美]保罗·A.郝比格.跨文化市场营销[M].芮建伟,李磊,孙淑芳,译.北京:机械工业出版社,2000.

(2) 跨文化产品包装类型。跨国公司在不同国家和地区的产品包装主要有两种类型：统一包装策略和差异包装策略。

统一包装策略是指跨国公司在不同国家和地区推广产品的时候在包装上采取相同或类似的图案、色彩以及标识，使得全球消费者不论在哪个地区都能够很容易地识别出这家企业的产品。这种包装策略的优点是可以加深顾客对品牌的印象，提高跨国公司在全球范围的知名度。很多跨国公司采取这种包装策略。例如，全球不同地区的星巴克，其产品的包装基本是一致的（阿拉伯地区除外）。肯德基、麦当劳基本上也是采用统一包装策略。消费者不管在哪个国家和地区，在这些店里消费的感受基本类似。

差异包装策略是指跨国公司对销往不同国家和地区的产品采用不同的图案、色彩以及包装材料。差异化包装可能会增加跨国公司的包装设计费用以及新产品或者新服务的促销费用。但是，如果原来的包装不适用于目标市场，跨国公司只能采取差异化的包装策略。

以宝洁公司的帮宝适尿不湿为例，其在美国市场的包装图案是一只飞行的白鹳衔着一个布包，布包上面写着"帮宝适"这个品牌名字。这个广告的创意源自在西方家喻户晓的白鹳送子的传说。传说在西方有一种鸟，名字叫鹳，这种鸟是专门运送孩子的。送子鸟落在谁家的屋顶造鸟巢，谁家就会喜得贵子，幸福美满。所以，西方国家很多和婴儿有关的产品，比如婴儿服装、毯子、襁褓甚至是贺卡，都会被印上白鹳的图案或照片。

当帮宝适进入日本市场时，直接复制了这一设计，并将英文改成了日文。然而，一段时间之后，宝洁公司发现，帮宝适的市场表现并不好。经过市场部的调研，他们发现在日本并没有白鹳送子这一传说，因此，当地消费者对这一形象设计没有任何感觉，他们看不懂这个图案到底是什么意思，为什么一只白色的鸟衔着个布包？在日本相似的民俗故事叫"桃太郎"，说婴儿是从顺着河流漂流而来的巨型桃子里钻出来的。后来，宝洁公司改变了帮宝适在日本的包装设计，以一位护士妈妈的形象来打造其"育婴专家"的品牌形象，契合了日本的工匠精神。随后，帮宝适在日本的销量剧增，一度成为最受日本消费者欢迎的尿不湿品牌[①]。

10.4 跨文化促销

10.4.1 跨文化广告

广告通过文字、语言以及视觉结合的形式，引发消费者对产品和服务的兴趣。跨文化

---

① ［美］苏珊·C.施奈德，［中］张刚峰，［法］让-路易·巴苏克斯，［奥］京特·K.斯塔尔.跨文化管理（原书第三版）[M].北京：机械工业出版社，2019.

情境下广告的设计在很大程度上决定了跨国公司产品推广的成功与否。在海外市场进行广告推广,涉及的要素更为复杂,既涉及语言和翻译的准确性问题,也涉及这一广告是否符合当地的文化和价值观要求等要素。

(1) 文化对广告类型的影响。不同国家和地区的价值观以及社会规范的差异会影响跨国公司的广告策略。例如,在集体主义较强的国家,人们一般较为注重彼此之间的和谐,企业也是如此,因此,企业的广告大都主要凸显自己产品和服务的特色,不会涉及其他品牌,尤其是竞争性的品牌。实际上,竞争性广告在集体主义价值观导向的国家和地区也不为接受。所谓竞争性广告,是指在广告中将一个品牌与另一个存在竞争关系的品牌进行直接或含沙射影的对比。成就导向价值观较强的国家和地区更加强调竞争,因此,在一定程度上可以接受对比性的广告。基于霍夫斯泰德的个体主义—集体主义以及事业成功—生活质量这两个维度,不同国家和地区对于竞争性广告的观点和态度如图10-1所示。

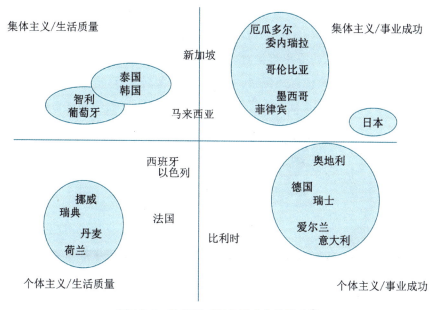

图 10-1　价值观对竞争性广告的影响①

由图 10-1 可知,左上角的象限是集体主义价值观较强且更为重视生活质量的国家,如泰国、韩国、智利、葡萄牙。在这些国家和地区,竞争性广告往往很难被接受,因为这种竞争性会使被对比的一方"丢面子",不利于社会和谐。同时,相比起事业成功,人们更注重生活质量,也不过分追求自己比其他人有多突出。右上角的象限是集体主义价值观较强且较为重视事业成功的国家,如日本等。在这些国家,竞争性广告同样也不能被接受,因为和其他品牌的对比不利于社会和谐,过于尖锐。然而,因为这些国家更重视事业成功,因此,广告商可以拿自己本公司的一种产品和其他产品进行对比,以此来证明新产品

---

① 资料来源:Marieke de Mooij, *Global Marketing and Advertising*[M]. Thousand Oaks, CA: SAGE Publications, 1998.

在多大程度上比老产品好。左下角的象限是个体主义价值观较强且较为重视生活质量的国家,如法国、挪威、瑞典等。在这些国家,对比性广告如果能以一种较为温和的方式来展开营销,效果可能会非常好。例如,丹麦啤酒制造商嘉士伯公司使用的口号是"可能是世界上最好的啤酒",这一广告营销在这些地区受到消费者的认可。右下角的象限是那些个体主义价值观较强且更为重视事业成功的国家,竞争性广告在这些国家和地区的效果最好。例如,奥迪和宝马的竞争性广告一直被人们津津乐道。2006年,宝马汽车打出一则广告"恭喜奥迪荣获2006年'南非年度车大奖'",乍一看,似乎是宝马汽车在为竞争对手做广告,然而,仔细看下面的落款,竟然是"来自2006年世界年度车奖获得者","世界年度车大奖"对比"南非年度车大奖",高下立见,可以说是竞争性广告的典范。

汉堡王和麦当劳:专业互怼五十年

汉堡王和麦当劳的相爱相杀(互怼)最早可以追溯到1973年,汉堡王发起了"Have it your way(我选我味)"的竞争性营销活动,在广告中抨击麦当劳是"高度自动化但缺乏灵活性"的汉堡机器,进而凸显汉堡王能够满足个性化口味的特色。随后,两家企业在自家的广告中揶揄对方成为常态。最为经典的是麦当劳叔叔乔装打扮到汉堡王店里去买汉堡包的视频(见图10-2),拿到之后,看到四周无人,开心地打开吃汉堡王。连麦当劳叔叔都要到汉堡王店里吃汉堡,可想而知这则广告有多狠。

图10-2　来汉堡王店里买汉堡的麦当劳叔叔

麦当劳也不甘示弱,有一年在法国小镇的路边打了一则广告,贴心地给自己和汉堡王的门店指路(见图10-3):麦当劳的门店直行五公里就到了,而汉堡王的门店,需要左拐右拐、千绕万绕,要经过258公里才能到,最后的广告语是"With more than 1000 McDrive™, McDonald's is closer to you.",潜台词是麦当劳哪里都有店,而汉堡王的店很少,且很难找。

图10-3　麦当劳广告

不甘示弱的汉堡王迅速作出了反击,直接在麦当劳的广告后面续写了结尾。一对夫妻按照指示牌开车到麦当劳,只买了大杯咖啡提提神,然后继续奔向253公里外的汉堡王,并感谢无处不在的麦当劳续航,他们才能吃到美味的汉堡王[①]。

(2) 文化对广告代言人的影响。不同的文化对于广告中选择哪一类型的代言人也有不同的观点和态度。在中国、美国,广告中使用名人进行代言是习以为常的事情。一定程度上,选择的名人名气越大,代表品牌的名气越大。然而在爱尔兰,跨国公司很少采用名人代言的方式,因为爱尔兰人并不喜欢别人告诉他们该做什么、不该做什么,他们更希望能自己为自己作决策。此外,爱尔兰人也并不信任富人或社会精英人士。如果某位成功的百万富翁推销某一款车型,消费者的反应可能是:"他推销的车,是一款好车,我如果也开这款车,更能凸显我的成就。"然而,如果在爱尔兰,消费者的反应可能略带嘲讽:"这种车对他来说是好车型吧!"在英国,尽管跨国公司也倾向于借用名人代言,这种代言往往不同于美国。他们可能会和善地嘲笑名人或以搞笑的情形来借助名人对产品进行营销。

在英国,加里·莱因克尔(Gary Lineker)是一位因诚实而受到大家尊敬的著名足球运动员。Warker公司邀请他为公司的松脆土豆片做了一则这样的广告:他为了骗取别人的松脆土豆片,采用了各种有效而又可笑的伪装方法。例如,一位学校的女校长正从孩子们那里收集大量的装满松脆土豆片的包装袋。然而,下一个镜头展示了这位女校长将这些松脆土豆片拿回房间,房间里的真正女校长被捆绑着并正在

---

① 汉堡王VS麦当劳:专业互怼50年,https://www.sohu.com/a/274286918_618348.

挣扎。拿着松脆土豆片的女校长撕下脸上的面具，露出了莱因克尔本人的面目，他又一次成功地骗取了松脆土豆片。这个广告隐含的意思是你最好要小心一点，这些松脆土豆片是那样的美味可口，任何人都可能会想办法骗取它们。在一些文化中，这则广告可能体现了骗小孩、不诚实的价值观，并不能获得当地消费者的认可。在另一些文化中，消费者可能也会认为这样取笑一位民族英雄也是不恰当的①。

(3) 文化对广告内容的影响。随着跨国公司越来越多地在全球进行产品和服务的销售，尤为需要注意尊重当地文化或社会规范，任何营销过程中对文化因素探究不够到位而导致的失误对跨国公司带来的影响是致命的。因为不尊重当地文化而导致的失败营销案例比比皆是。麦道公司(McDonnell-Douglas)在印度为其飞机做的某个广告中，使用了一头非洲大象而非亚洲大象，且广告中的演员戴的竟然是巴基斯坦样式的头巾而非印度样式的，引发消费者的强烈不满②。德国护肤品牌妮维雅在推广一种隐性止汗剂时，是一位女士身穿白色上衣，同时看着窗外的蓝色字母标语，"白色就是纯净"，更糟糕的是，这则广告是针对中东地区的人们而设计的，这就导致很多消费者批判其为广告种族主义者，并引发当地消费者对这一产品的抵制。最终，妮维雅发布了有关该广告的声明，并在意识到其对许多观众构成冒犯之后立即将其撤回。

2018年11月19日，杜嘉班纳为了两天后的上海大秀预热，在社交媒体上发布了名为"起筷吃饭"的宣传视频，视频中一位东方女性向大家展示如何用筷子来吃意大利传统食物。然而，这名女性举止浮夸做作，看似是个喜气洋洋的"吃播"，其表情和奇怪的中文配音(例如，将筷子说成"小棍子"或者"钳子"等)，让人很不舒服。来自国人潮水般的批评声音淹没了杜嘉班纳品牌创始人的 Instagram 账号及品牌的官方账户。随后，诸多中国明星带头拒绝参加其上海大秀，这场原计划有超过1 500名嘉宾的大秀被取消。

事情远远没有结束，几天后，中国各大电商平台——京东、天猫、苏宁易购、唯品会以及网易考拉等纷纷下架全部杜嘉班纳产品。随之，专业奢侈品线上零售商寺库也下架了该品牌所有商品，并表示"始终将社会责任作为服务消费者的首要目标"。来自美国的丝芙兰中国区店铺也停止销售该品牌的美妆类产品。众多名人和有影响力的人纷纷在社交平台上回应。新金融观察报记者的采访表明，80%的购买者均表示近几年不会再购买该品牌商品，也不会穿带有该品牌特色的服饰、包袋出街。

基于新金融观察报的估计，这次的重大丑闻将重创杜嘉班纳的业绩。中国是杜嘉班纳重要的市场之一，为杜嘉班纳贡献了30%的销售额。随着中国消费者抵制该品牌的持续发酵，这可能意味着杜嘉班纳将近30亿元人民币的销售额或将灰飞烟灭③。

这些案例无一不是因为不尊重当地消费者的文化、价值观念和社会规范而导致的失

---

① [英]弗恩斯·特朗皮纳斯,[英]彼得·伍尔莱姆斯.跨文化营销[M].刘永平,等译.北京:经济管理出版社,2011.
② [美]保罗·A.郝比格.跨文化市场营销[M].芮建伟,李磊,孙淑芳,译.北京:机械工业出版社,2000.
③ 刘姝乐.Dolce & Gabbana 30亿销售额或灰飞烟灭[N].新金融观察,2018-11-26(012).

败营销,这种失败的营销对跨国公司带来的消极影响不可估量,甚至会直接导致跨国公司退出当地市场。因此,在跨文化营销的过程中,尊重当地文化和价值观是跨国公司必须遵守的底线。

10.4.2 跨文化促销的方式

(1) 文化对促销手段的影响。对跨国公司来讲,常见的促销方式有送优惠券、捆绑销售、降价、赠送奖品、现金返还等。促销方式对消费者的吸引力也受到文化的影响。例如,法国消费者可能偏爱优惠券以及"买一送一"的促销方式,折扣价对他们来说吸引力不大。而对于相同的产品,英国消费者更喜欢"降价××‰"的促销方式[1]。在美国,彩票这类促销工具对一些收入较低的人群效果更好,而消费者的收入和受教育水平越高,使用的优惠券也就越多。巴西消费者更喜欢被赠送礼品。此外,不同的国家和地区对进行跨文化促销要求可能存在差异,例如,德国不允许使用赠品或者折价券来进行促销,法国则禁止抽奖。

(2) 文化对促销渠道的影响。在深受儒家思想影响、集体主义价值观较强的中国、韩国以及印度等地区,关系营销成为跨国公司促销的重要渠道。同时,从促销渠道上来说,是采用专卖店销售还是加盟店、中间商销售方式? 跨国公司可能需要基于不同国家和地区的具体情况来确定最合适的促销渠道。例如,在拉丁美洲的一些国家和地区,百事可乐和可口可乐采用"游艺游览车"的形式,只要购买一瓶未开封的可乐,就可以免费观看电影,以此来推广其产品。类似地,为了将小米手机推广到卖场较少的农村地区,小米在印度开通了使用卡车的"移动手机卖场"服务,大受当地消费者的好评,这也是小米连年在印度取得手机销量冠军的重要原因。

(3) 文化对促销人员的影响。在跨文化营销中,选择熟悉当地社会规范、深谙当地文化的促销人员,能够帮助跨国公司了解当地消费者的需求,并有针对性地将产品推广出去。以中国为例,直播带货的兴起,使得很多跨国公司通过和某些"带货一哥""带货一姐"合作来进行产品的推销,其成效也是立竿见影的。因此,选择适合当地消费者需求的促销人员有利于提高跨国公司的产品促销效果。

思考题

1. 跨文化营销有哪些特殊性?
2. 如何进行跨文化市场调研?
3. 跨文化产品研发需要重点考虑哪些因素?
4. 文化对广告的影响有哪些?

---

[1] [美]保罗·A.郝比格.跨文化市场营销[M].芮建伟,李磊,孙淑芳,译.北京:机械工业出版社,2000.

章末案例

宝洁公司的跨文化营销

起源于美国俄亥俄州辛辛那提市的宝洁公司,至今已有超过180年的历史。从最初的蜡烛和香皂,到现在的各种日用消费品和护理用品等,宝洁公司的市场和产品遍布全球,在全球制造业遭受新冠肺炎疫情沉重打击的2020年,宝洁公司仍然在世界500强企业中排名第162,年利润超过390亿美元。其在中国的发展也可圈可点。宝洁公司是比较早进入中国市场的外国企业之一,其各类护肤品、清洁用品、护发品等深入中国市场的每一处角落。以2020年宝洁公司的销售总额为例(如图10-4所示),中国地区的销量与整个亚太地区的销量几乎相当,这种成功主要取决于宝洁公司在中国跨文化营销策略的成功。

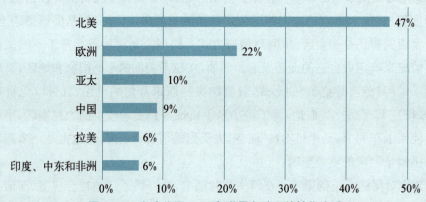

图 10-4　宝洁公司 2020 年世界各地区的销售比重

1. 跨文化产品设计

宝洁公司在产品设计上充分考虑中国的现实情况,设计符合消费者需求的产品。以香皂为例,基于中国中医文化的博大精深,宝洁公司对于中国的中医文化给予了高度的重视,将中医文化很好地融入产品设计中。宝洁公司在对舒肤佳香皂进行设计的时候,通过市场分析与提炼,赋予舒肤佳香皂"美容+杀菌"的概念,还通过中华医学会的权威性来增加人们的认可度。在引入其他海外产品时,宝洁公司的研发部门也针对中国消费者的具体情况对一些原有的海外品牌进行改进,以便更好地符合中国消费者的特征和偏好。例如,在佳洁士牙膏中添加了中草药成分,这种成分对于北方的硬水和南方的软水都有着积极作用,能够进一步对中国消费者的牙齿进行保护,从而促进佳洁士牙膏在中国的销售。

2. 跨文化产品包装

(1) 跨文化产品译名。宝洁公司在中国的跨文化管理战略首先体现在产品译名上。为了抢占中国市场,在进军中国时,宝洁公司在中国产品的跨文化译名上花费了很多精力。中国作为高语境的国家之一,比起相对直接的数据展示和"好""坏"说明,对于不同品牌使用独特品牌名称和品牌图标更能激发中国消费者的联想和认可。舒肤佳系列着重于皮肤的顺滑和清洁,品牌名字中选择了"舒"和"佳"两个代表美好的单字来引起共鸣,飘柔则是主打头发"飘逸"和"柔顺",这些却并不是直白地说出来,而是运用了更加符合意境的词汇来向中国消费者传达宝洁公司的设想,这对于整体处于高语境文化环境的中国消费者来说是非常受用的。再如,海飞丝系列产品主打去头屑,为了体现产品的特点,在译名的时候,这一品牌洗发水抓住了对头发护理,轻羽飞扬的特点,运用蓝天、大海和飞鸟的意象,很容易使中国消费者联想到海风吹拂秀发,无声胜有声的诗意场景。帮宝适(Pampers)是帮助宝宝更舒适。护舒宝(Whisper)会把消费者当宝贝一样精心护理,让女性舒服度过每月的月经周期。这对于文化语境较高的中国来说,更加的委婉而不失雅致,十分符合中国消费者的文化特征。

(2) 跨文化产品图标设计。除了在产品的译名上斟酌之外,宝洁公司在产品图标设计上也尽可能地贴近中国消费者的需求,更多地将中国元素和公司产品结合在一起(见图10-5)。例如,舒肤佳品牌的图标是一面坚实而又亲和的天蓝色盾牌,盾牌与皮肤保护保养遥相呼应,天蓝色则增加了图标的亲和力,侧面展现了其对于消费者的吸引力。

图10-5 宝洁公司在中国部分衣物护理品牌的图标展示

汰渍作为一款重心除了美国便是中国市场的品牌,起初的图标是由黄色和橘色组成的三重同心圆。对于中国传统文化来说,黄色是佛教常用的颜色,佛体被称为"金身"——比如著名的十八金身罗汉,寺庙被称为金刹,这些黄色既代表着尊贵,也代表着平安;橘色作为红色系的一种,在五行八卦之中对应火,经常被用来表示驱逐妖魔鬼怪,净化污垢杂质,这两种颜色对于专注于去除污渍的汰渍品牌来说很容易获得中国消费者的好感和理解。

3. 跨文化营销策略

1924年,宝洁公司就创造性地成立了专门的市场调研部门,负责对不同的市场进行调查研究,对收集的信息进行分析研究,从而为公司下一步的战略提供坚实的数据基础。1988年,宝洁公司进入中国,第一位正式派驻中国大陆的员工便来自这个市场调研部门,以更好更早地对中国大陆市场进行全面的调研分析,抓住中国消费者群体的特点,采取适应中国文化背景的营销设计方案,抢占时机,扩展市场,实现公司利益最大化。以上所讨论的跨文化产品译名、跨文化图标设计以及跨文化产品设计等战略的成功很大程度上要归功于宝洁公司的跨文化营销战略。

宝洁公司的营销并非完全依赖最初进入中国时的研究成果,而是不断了解中国消费群体文化背景的发展情况,并进一步采取相应的营销策略。2018年,在宝洁公司进入中国30年之际,宝洁公司在北京专门划出了一片"消费者之家"的区域,调研人员可以邀请消费者进行现场的采访、反馈和试验,通过对不同消费者的采访和观察,不断地发展和修正目标群体,了解不同市场和消费者的偏好。有时候,宝洁公司甚至在这片区域中重现了普通家庭的真实场景,以便调研人员能够获得更加精准和"亲民"的信息。比如,调研人员发现中国消费者对于香皂的使用是大幅超过沐浴露的,这是属于中国消费者的生活习惯和消费习惯。这个现场采访战略也是抓住了中国消费者整体倾向于集体主义选择和高不确定性规避的特点,通过对现场采访和观察的反复研究,一来能够让消费者切实感觉到宝洁公司在中国相关产品的使用效果和功效,减少对产品的怀疑感和不信任感;二来能够以此作为宣传的卖点之一,更好地吸引更多的消费者关注宝洁公司的相关产品,毕竟,碰上街头卖艺的时候,路过的人们总还是会多看一会儿的。这些跨文化营销设计,也从侧面体现了宝洁公司具有强大的跨文化沟通能力,能够采取多种方式,从多个角度进行直接的和间接的跨文化沟通,为其他公司的跨文化管理提供重要借鉴意义。

此外,宝洁公司也主动承担社会责任,其一系列举动,如支持乡村儿童、大力投资公益、积极参与抗灾救灾等行为,使得宝洁公司多次荣获"杰出贡献企业""中国最佳表现公司"等荣誉称号,成功地将市场营销与企业社会责任相结合,提高了企业声誉,为宝洁公司在中国的长远发展提供了重要基础。宝洁公司积极承担社会责任的行为对于中国消费者具有重要意义。中国自古以来就追求着"修身、齐家、治国、平天下"的家国理念，北宋时期著名理学家张载的《横渠四句》——为天地立心，为生民立命，为往圣继绝学，为万世开太平——可以说是对中国人民理想抱负的完美概括。能够为国家、为整个社会做出自己的贡献，是根植于中国人心中的最高愿望，而对于能够勇于承担社会责任的公司来说，他们无疑会获得消费者的赞赏和好感。

资料来源：改编自袁铁.宝洁公司在中国的跨文化管理策略研究[D],上海对外经贸大学硕士学位论文,2019.

案例讨论题

1. 案例中，宝洁公司体现了哪些跨文化营销的特色？
2. 基于你的体验，宝洁公司在跨文化营销上还有哪些可圈可点的地方？有哪些失败的营销案例？
3. 本案例对中国企业走出去开展跨文化营销活动带来什么启发？

参 考 文 献

一、英文文献

1. Adler, N.J. and A. Gundersen. *International dimensions of organizational behavior* [M]. Boston: Cengage Learning, 2007.
2. Ang S, Dyne L V, Koh C, Ng K Y, Templer K J, Tay C, Chandrasekar N A. Cultural Intelligence: Its Measurement and Effects on Cultural Judgment and Decision Making, Cultural Adaptation and Task Performance[J]. *Management & Organization Review*, 2007, 3(3): 335-371.
3. Bennett M. J. Towards ethno relativism: a developmental model of intercultural sensitivity[A]. In Paige R.M.(Ed.) *Education for the Intercultural Experience*[C]. Yarmouth: Intercultural Press, 1993: 21-27.
4. Boyatzis, R. E. *The Competence Manager: A Model for Effective Performance*[M]. New York: John Wiley & Sons, 1982.
5. Carl E. Larson and Frank M. J. LaFasto. *Team Work* [M]. Newbury Park: Sage, 1989.
6. Carmel E, Espinosa J A, Dubinsky Y. "Follow the Sun" Workflow in Global Software Development[J]. *Journal of Management Information Systems*, 2010, 27 (1): 17-38.
7. Cramton C D, Hinds P J. *An Embedded Model of Cultural Adaptation in Global Teams*[J]. *Organization Science*, 2014, 25(4): 1056-1081.
8. Cramton C D, Hinds P J. *Intercultural interaction in distributed teams: Salience of and adaptations to cultural differences* [C]. Academy of Management Annual Meeting, 2007.
9. Cramton C D. The mutual knowledge problem and its consequences for dispersed collaboration[J]. *Organization Science*, 2001, 12(3): 346-371.
10. Earley C P, Mosakowski E. Creating hybrid team cultures: An empirical test of transnational team functioning[J]. *Academy of Management Journal*, 2000, 43 (1): 26-49.
11. Egolf, D.B. *Forming storming norming performing: Successful communication in*

groups and teams[M]. New York: IUniverse, 2013.

12. Faulconer T. These kids are so bright! Pre-service teachers' insights and discoveries during a three-week student teaching practicum in Mexico[J]. *Cultural Awareness*, 2003, 16(1): 22-31.

13. Gudykunst W B. Uncertainty reduction and predictability of behavior in low-and-high context cultures[J]. *Communication Quarterly*, 1983, 31: 49-55.

14. *Harvard Business Essentials: Negotiation*[M]. Boston: Harvard Business School Press, 2003.

15. Henderson J K. Language diversity in international management teams[J]. *International Studies of Management & Organization*, 2005, 35(1): 66-82.

16. Hildebrandt, H. W. Communication Barriers Between German Subsidiaries and Parent American Companies[J]. *Michigan Business Review*, 1973, 15(3): 21-23.

17. Hinds P J, Bailey D E. Out of sight, out of sync: Understanding conflict in distributed teams[J]. *Organization Science*, 2003, 14(6): 615-632.

18. Hinds P J, Mortensen M. Understanding conflict in geographically distributed teams: The moderating effects of shared identity, shared context, and spontaneous communication[J]. *Organization Science*, 2005, 16(3): 290-307.

19. Hinds P J, Neeley T B, Cramton C D. Language as a lightning rod: Power contests, emotion regulation, and subgroup dynamics in global teams[J]. *Journal of International Business Studies*, 2014, 45(5): 536-561.

20. Hinds P J, Weisband S P. Knowledge sharing and shared understanding in virtual teams[A]. In Gibson, C. B & Chhen, S. G (Eds.), *Virtual teams that work: Creating conditions for virtual team effectiveness*[M]. San Francisco: Jossey-Bass, 2003: 21-36.

21. Jackson S E. Team composition in organizational settings: Issues in managing an increasingly diverse work force. In S. Warchel, W. Wood, & J. Simpson (Eds.), *Group Process and productivity*[M]. Newbury Park, CA: Sage, 1999: 138-171.

22. Jehn K A, Northcraft G B, Neale M A. Why differences make a difference: A field study of diversity, conflict and performance in workgroups[J]. *Administrative Science Quarterly*, 1999, 44(4): 741-763.

23. Jobert E. Abueve, Return of the Native Executive[N]. *New York Times*, May 17, 2000, C1.

24. Krishna S, Sahay S, Walsham G. Managing cross-cultural issues in global software outsourcing[J]. *Communications of the ACM*, 2004, 47(4): 62-66.

25. Malandro, L. A. & Barker, L. *Nonverbal Communication*[M]. Addison-Wesley

Publishing Co., Inc., 1989.

26. Margaret A. Shaffer, David A Harrison, K. Matthew Gilley, and Dora M. Luk. Struggling for Balance amid Turbulence on Intentional Assignments: Work-Family Conflict, Support, and Commitment[J]. *Journal of Management*, 2001, 27(1): 99-121.

27. Markus H R, Kitayama S. Cultures and Selves: A Cycle of Mutual Constitution[J]. *Perspectives on Psychological Science: A Journal of the Association for Psychological Science*, 2010, 5(4): 420-430.

28. McCelland, D. C. Testing for competence rather than for intelligence[J]. *American Psychologist*, 1973 (28): 1-14.

29. Meyer, E. The culture map: Breaking through the invisible boundaries of global business[M]. New York: Public Affairs, 2014.

30. Neeley T B. Language matters: Status loss and achieved status distinctions in global organizations[J]. *Organization Science*, 2013, 24(2): 476-497.

31. Perlow L A, Gittell J H, Katz N. Contextualizing patterns of work group interaction: Toward a nested theory of structuration[J]. *Organization Science*, 2004, 15(5): 520-536.

32. Roger E. Axtell ed. *Do's and Taboos Around the World*[M]. New York: Wiley, 1990.

33. Samovar, L. et al. *Understanding Intercultural Communication*[M]. Wadsworth, 1981.

34. Schermerborn. Jr. John R. *Management for Productivity*[M]. New York: John Wiley and Sons, 1993.

35. Scott C P, Wildman J L. Culture, Communication, and Conflict: A Review of the Global Virtual Team Literature[A]. In: Wildman J L, Griffith R L (Eds.), *Leading Global Teams*[M], New York: Springer, 2015: 13-32.

36. Thomas, D. A. and R. J. Ely. Making differences matter: A new paradigm for managing diversity[J]. *Harvard Business Review*, 1996, 74(5): 79-86.

37. Tichy, Noel & Sherman, S. *Control Your Destiny or Someone Else Will: How Jack Welch Is Making General Electric the World's Most Competitive Company*[M]. New York: Currency/Doubleday, 1993.

38. Ting Toomey S. *Communicating across cultures*[M]. New York: The Guilford Press, 1999.

39. Tsedal Neeley. *The language of global success: how a common tongue transforms multinational organizations*[M]. Princeton: Princeton University, 2017.

40. Vive La. Difference, box in Julie Connelly, All Together Now[J]. *Gallup Management Journal*, 2002: 13-18.
41. Yates J, Orlikowski W J. Genres of Organizational Communication: A Structurational Approach to Studying Communication and Media[J]. *Academy of Management Review*, 1992, 17(2): 299-326.

二、中文文献

1. 柏丹,孙方方,曲红艳.中国企业跨国并购的文化冲突和整合方法探究——基于对吉利收购沃尔沃案例的分析[J].改革与战略,2012(10):113-116.
2. 曹合建.副语言与话语意义[J].外国语(上海外国语大学学报),1997(5):18-21.
3. 陈宝文.跨文化交际中非语言交际的语用功能及外语教学[J].外语与外语教学,2008(6):35-37.
4. 陈静.国际品牌酒店人才趋向"本土化"[N],中国旅游报,2017-08-31
5. 陈晓萍.跨文化管理(第三版)[M].北京:清华大学出版社,2016.
6. 党兴华,弓志刚.我国企业国际化进程中的跨文化管理创新[J].山西财经大学学报,2006(4):72-76.
7. [法]维克多·埃尔.文化概念[M].康新文,晓文,译.上海:上海人民出版社,1988.
8. [美]菲利普·科特勒,[美]加里·阿姆斯特朗.市场营销:原理与实践(第17版)[M].楼尊,译.北京:中国人民大学出版社,2020.
9. 葛唯尔.独家专访耶鲁大学高级研究员罗奇——美国对全球102个经济体赤字国民储蓄率过低是硬伤[N].第一财经日报,2019-6-13.
10. 郭莲.文化的定义与综述[J].中共中央党校学报,2002(01):115-118.
11. [荷]吉尔特·霍夫斯泰德,[荷]格特·扬·霍夫斯泰德,[保加利亚]迈克尔·明科夫.文化与组织:心理软件的力量(第三版)(修订版)[M].张炜,王烁,译.北京:电子工业出版社,2019.
12. [荷]丰斯·特龙彭纳斯,[英]查理斯·汉普登-特纳.在文化的波涛中冲浪:理解工商管理中的文化多样性(第二版)[M].关世杰,主译.北京:华夏出版社,2003.
13. 解淑青.跨国公司的跨文化冲突与策略研究[J].经济理论与经济管理,2008(10):77-80.
14. 雷诺克斯·莫里森,曹劼.说话技巧——沉默所具有的微妙力量[J].国际公关,2017(4):16.
15. 李琦珂,曹幸穗.中日韩三国"风水"文化比较研究[J].东北亚论坛,2013,22(1):108-118+129.
16. 李彦亮.跨文化冲突与跨文化管理[J].科学社会主义,2006(2):70-73.
17. 李元胜.跨文化非语言交际语用失误研究[J].华中科技大学学报(社会科学版),

2004(2):112-116.
18. 李月调,谢朝武.酒店业员工刻板印象的形成机制研究——感知顾客尊重和职业自豪感的中介作用[J].经济管理,2019,41(4):158-174.
19. 刘菁.星巴克的"中国速度""中国味道"[N].新华每日电讯,2021-01-23.
20. 刘璞,井润田.中外合资企业的跨文化冲突研究[J].管理学报,2006(1):113-116.
21. 刘姝乐.Dolce & Gabbana 30亿销售额或灰飞烟灭[N].新金融观察,2018-11-26.
22. [美]艾丽斯·I.瓦尔纳,[美]琳达·比默.跨文化商务沟通(第五版)[M].孙劲悦,译.大连:东北财经大学出版社,2016.
23. [美]保罗·A.郝比格.跨文化市场营销[M].芮建伟,李磊,孙淑芳,译.北京:机械工业出版社,2000.
24. [美]弗雷德·卢森斯,[美]乔纳森·P.多.国际企业管理:文化、战略与行为(原书第八版)[M].周路路,赵曙明,等译.北京:机械工业出版社,2015.
25. [美]克里斯托弗·A.巴特利特,[加]保罗·W.比米什.跨国管理:教程、案例和阅读材料(第七版)[M].赵曙明,周路路,主译.大连:东北财经大学出版社,2017.
26. [美]南希·阿德勒.国际组织行为(第四版)[M].杨晓燕,主译.北京:北京大学出版社,2004.
27. [美]拉里·萨姆瓦,[美]理查德·波特,[美]雷米·简恩.跨文化传通[M].陈南,龚光明,译.北京:生活·读书·新知三联书店,1988.
28. [美]苏珊·C.施奈德,[中]张刚峰,[法]让-路易·巴苏克斯,[奥]京特·K.斯塔尔.跨文化管理(原书第三版)[M].北京:机械工业出版社,2019.
29. 潘倩,杨维东.英语在印度社会发展中的影响[J].教育评论,2012(3):162-164.
30. 苏勇,罗殿军.管理沟通(第二版)[M].上海:复旦大学出版社,2021.
31. 王朝晖.跨文化管理原理与实务[M].北京:北京大学出版社,2014.
32. 王生智.东印度公司在印殖民主义报刊政策的历史流变[J].新闻与传播研究,2018,152(4):95-107.
33. 闻儿.美国:打拼才会赢欧洲:不做工作狂[N].中国财经报,2001-10-27.
34. 下木.印度裔高管"攻占"硅谷背后:提携抱团冲破天花板[N].第一财经日报,2015-08-17.
35. 相均泳.世界那么大,靠啥去看看?[N].中国环境报,2017-05-10.
36. 肖耿,沈联涛.让亚洲的储蓄为亚洲做贡献[N].中国证券报,2017-03-08.
37. 许晓梅.非言语沟通研究的进展[J].浙江社会科学,2002(4):166-171.
38. 薛求知.什么是"文化智力"[J].党政论坛:干部文摘.2014(9):1-1.
39. 晏雄,李永康.跨文化管理(第2版)[M].北京:北京大学出版社,2016.
40. 王小鹏.中国品牌手机"圈粉"非洲市场[N].经济参考报,2020-11-05.
41. 卢俊,陈浩,乐国安.松-紧文化:跨文化心理学研究的新维度[J].心理科学进展,2017,

25(5):887-902.
42. 孙进.文化适应问题研究:西方的理论与模型[J].北京师范大学学报(社会科学版),2010(5):45-52.
43. 王军.对话言语与独白言语的异同[J].西安邮电大学学报,2012(1):110-112.
44. 王自亮.风云纪:吉利收购沃尔沃全记录[M].红旗出版社,2011.
45. 吴卫群.立足上海深耕中国[N].解放日报,2021-03-03.
46. 肖书瑶.全球咖啡馆最多的城市,上海区域分布有"玄机"[N].解放日报,2021-02-20.
47. 许凯.曹德旺遭遇的是"成长的烦恼"[N].国际金融报,2017-06-26.
48. [英]弗恩斯·特朗皮纳斯,[英]彼得·伍尔莱姆斯.跨文化营销[M].刘永平,等译.北京:经济管理出版社,2011.
49. [英]马林诺夫斯基.文化论[M].费孝通,等译.北京:商务印书馆,1946.
50. 赵曙明.跨国公司在华面临的挑战:文化差异与跨文化管理[J].管理世界,1997(3):75-80.

图书在版编目(CIP)数据

跨文化管理沟通/马文杰,苏勇编著. —上海:复旦大学出版社,2022.7
ISBN 978-7-309-16154-0

Ⅰ.①跨… Ⅱ.①马…②苏… Ⅲ.①企业文化-跨文化管理 Ⅳ.①F272-05

中国版本图书馆 CIP 数据核字(2022)第 044083 号

跨文化管理沟通
KUA WENHUA GUANLI GOUTONG
马文杰 苏 勇 编著
责任编辑/郭 峰

复旦大学出版社有限公司出版发行
上海市国权路 579 号 邮编:200433
网址:fupnet@fudanpress.com http://www.fudanpress.com
门市零售:86-21-65102580 团体订购:86-21-65104505
出版部电话:86-21-65642845
上海华业装潢印刷厂有限公司

开本 787×1092 1/16 印张 16.75 字数 356 千
2022 年 7 月第 1 版第 1 次印刷

ISBN 978-7-309-16154-0/F・2878
定价:49.00 元

如有印装质量问题,请向复旦大学出版社有限公司出版部调换。
版权所有 侵权必究